Discurso de ódio

FUNDAÇÃO EDITORA DA UNESP

Presidente do Conselho Curador
Mário Sérgio Vasconcelos

Diretor-Presidente
Jézio Hernani Bomfim Gutierre

Superintendente Administrativo e Financeiro
William de Souza Agostinho

Conselho Editorial Acadêmico
Danilo Rothberg
Luis Fernando Ayerbe
Marcelo Takeshi Yamashita
Maria Cristina Pereira Lima
Milton Terumitsu Sogabe
Newton La Scala Júnior
Pedro Angelo Pagni
Renata Junqueira de Souza
Sandra Aparecida Ferreira
Valéria dos Santos Guimarães

Editores-Adjuntos
Anderson Nobara
Leandro Rodrigues

JUDITH BUTLER

Discurso de ódio

Uma política do performativo

Tradução
Roberta Fabbri Viscardi

Título original: *Excitable Speech: A Politics of the Performative*

© 1997 by Routledge
Todos os direitos reservados.
Tradução autorizada da edição em língua inglesa
publicada pela Routledge, membro da Taylor & Francis Group LLC

© 2021 Editora Unesp

Direitos de publicação reservados à:
Fundação Editora da Unesp (FEU)
Praça da Sé, 108
01001-900 – São Paulo – SP
Tel.: (0xx11) 3242-7171
Fax: (0xx11) 3242-7172
www.editoraunesp.com.br
www.livrariaunesp.com.br
atendimento.editora@unesp.br

Dados Internacionais de Catalogação na Publicação (CIP) de acordo com ISBD
Elaborado por Vagner Rodolfo da Silva – CRB-8/9410

P314d

Butler, Judith
    Discurso de ódio: uma política do performativo / Judith Butler; traduzido por Roberta Fabbri Viscardi. – São Paulo: Editora Unesp, 2021.

    Tradução de: *Excitable Speech: A Politics of the Performative*
    Inclui bibliografia.
    ISBN 978-65-5711-057-7

    1. Comunicação. 2. Discurso. 3. Discurso de ódio. I. Viscardi, Roberta Fabbri. II. Título.

2021-1840   CDD: 302.2
                                                  CDU: 316.77

Editora afiliada:

para Maureen

Sumário

Agradecimentos . 9
Introdução – Sobre a vulnerabilidade linguística . *11*

1. Atos incendiários, discursos injuriosos . *77*
2. Performativos soberanos . *123*
3. Palavra contagiosa: a paranoia e a
   "homossexualidade" nas Forças Armadas . *173*
4. Censura implícita e agência discursiva . *209*

Referências bibliográficas . 269
Índice remissivo . *279*

Agradecimentos

Este projeto não teria sido concluído sem o apoio generoso do Humanities Research Institute [Instituto de Pesquisa em Humanidades] da Universidade da Califórnia (UC), localizado no *campus* de Irvine, e de uma bolsa de pesquisa da divisão de Humanidades da UC em Berkeley. Também agradeço a Wendy Brown, Robert Gooding-Williams, Joan W. Scott, Diana Fuss, Hayden White, Morris Kaplan, Homi Bhabha, Janet Halley, Robert Post e Drucilla Cornell pelos preciosos comentários feitos durante o processo de elaboração do manuscrito. Sou a única responsável por não ter incorporado ao texto todas as sugestões relevantes que me ofereceram. Agradeço também a ajuda de Dave Wittenberg, Valerie Ross, Jane Malmo e Gayle Salamon durante o processo de pesquisa. Como sempre, agradeço a Maureen MacGrogan por sua orientação editorial flexível e generosa.

Agradeço, acima de tudo, aos meus alunos da UC Berkeley e do curso de Crítica e Teoria da Dartmouth College, que, durante o verão de 1995, foram tão compreensivos em relação

Judith Butler

às minhas reflexões e me apontaram caminhos que de outro modo eu não teria vislumbrado.

O primeiro capítulo apareceu no periódico *Critical Inquiry* em 1997, e o segundo capítulo foi publicado em 1995 em *Deconstruction is/in America: a New Sense of the Political* [A desconstrução é a/na América: um novo sentido do político], organizado por Anselm Haverkamp, e republicado no mesmo ano em *Performativity and Performance* [Performatividade e performatização], organizado por Eve Kosofsky Sedgwick e Andrew Parker.

Introdução
Sobre a vulnerabilidade linguística

> "O fracasso [...] é um mal ao qual estão sujeitos *todos os atos* que possuem o caráter de um rito ou de uma cerimônia: portanto, todos os *atos convencionais.*"[1]
> "Há mais formas de se usar abusivamente a linguagem além da mera contradição."[2]
>
> J. L. AUSTIN

Quando afirmamos ter sido feridos pela linguagem, fazemos que tipo de afirmação? Atribuímos uma agência à linguagem, o poder de ferir, e nos posicionamos como objetos de sua trajetória injuriosa. Afirmamos que a linguagem atua, e atua contra nós, e essa afirmação é, por sua vez, uma nova instância da linguagem, que procura bloquear a força da instância anterior. Desse modo, exercitamos a força da linguagem mesmo

---

1 Derrida, Assinatura acontecimento contexto, in: *Margens da filosofia*, p.365. (N. T.)

2 Derrida, Assinatura acontecimento contexto, in: *Margens da filosofia*, p.365.

Judith Butler

quando buscamos conter a sua força, presos a uma trama que nenhum ato de censura é capaz de desembaraçar.

A linguagem poderia nos ferir se não fôssemos, de alguma forma, seres linguísticos, seres que necessitam da linguagem para existir? A nossa vulnerabilidade em relação à linguagem é uma consequência da nossa constituição em seus termos? Se somos formados na linguagem, então esse poder constitutivo precede e condiciona qualquer decisão que venhamos a tomar em relação a ela, insultando-nos desde o princípio, por assim dizer, por seu poder prévio.

O insulto, no entanto, assume sua proporção específica no tempo. Uma das primeiras formas de injúria linguística que se aprende é ser chamado de algo. Mas nem todos os nomes pelos quais somos chamados são injuriantes. Ser chamado de um nome é também uma das condições pelas quais um sujeito se constitui na linguagem; na verdade, esse é um dos exemplos de que Louis Althusser se utiliza para explicar a "interpelação".[3] O poder que a linguagem tem de ferir deriva de seu poder interpelativo? E como emerge a agência linguística, caso isso seja possível, dessa cena que permite a vulnerabilidade?

O problema do discurso injurioso levanta a questão sobre quais são as palavras que ferem, quais as representações que ofendem, sugerindo que nos concentremos nessas partes da linguagem que são enunciadas, enunciáveis e explícitas. Ainda assim, a injúria linguística parece resultar não apenas das

---

3 Althusser, Ideology and Ideological State Apparatuses (Notes towards an Investigation), in: *Lenin and Philosophy, and Other Essays*, p.170-86 [ed. bras.: *Ideologia e aparelhos ideológicos do Estado*, p.93-114].

Discurso de ódio

palavras utilizadas para se dirigir a alguém mas também do próprio modo de endereçamento, um modo – uma disposição ou um posicionamento convencional – que interpela e constitui o sujeito.

Uma pessoa não está simplesmente restrita ao nome pelo qual é chamada. Ao ser chamada de algo injurioso, ela é menosprezada e humilhada. Mas o nome oferece outra possibilidade: ao ser insultada, a pessoa também adquire, paradoxalmente, certa possibilidade de existência social e é iniciada na vida temporal da linguagem, que excede os propósitos prévios que animavam aquela denominação. Portanto, o chamamento injurioso pode parecer restringir ou paralisar aquele ao qual é dirigido, mas também pode produzir uma resposta inesperada e que oferece possibilidades. Se ser chamado é ser interpelado, a denominação ofensiva tem o risco de introduzir no discurso um sujeito que utilizará a linguagem para rebater a denominação ofensiva. Quando o chamamento é injurioso, exerce sua força sobre aquele a quem fere. Mas o que é essa força, e como podemos entender suas falhas?

J. L. Austin propôs que, para saber o que torna um enunciado efetivo, o que estabelece seu caráter performativo, deve-se, primeiramente, localizá-lo na "situação de fala total".[4] No entanto, não é fácil decidir a melhor forma de delimitar essa totalidade. Uma análise da concepção de Austin proporciona ao menos uma razão para essa dificuldade. Ele distingue atos de fala "ilocucionários" de "perlocucionários": os primeiros são os atos de fala que, ao dizer algo, fazem o que

---

4 Austin, *How to Do Things with Words*, p. 52 [ed. bras.: *Quando dizer é fazer*, p. 56].

dizem e no momento em que dizem; os segundos são atos de fala que produzem certos efeitos como consequência; quando algo é dito, certo efeito é produzido. O ato de fala ilocucionário é, ele próprio, o feito que dele deriva; o perlocucionário somente leva a certos efeitos que não são a mesma coisa que o ato de fala em si.

Nos casos ilocucionários, qualquer delimitação do ato de fala total incluiria, sem dúvida, um entendimento sobre como certas convenções são invocadas no momento do enunciado: se a pessoa que as invoca tem autorização para tanto, se as circunstâncias da invocação estão corretas. Mas como delimitar o tipo de "convenção" que os enunciados ilocucionários presumem? Tais enunciados, que fazem o que dizem no momento em que o dizem, não são apenas convencionais mas, nas palavras de Austin, "rituais ou cerimoniais". Como enunciados, funcionam na medida em que se apresentam como um ritual, ou seja, repetidos no tempo, e, consequentemente, na medida em que sua esfera de atuação não está restrita ao momento do enunciado em si.[5] O ato de fala ilocucionário performatiza seu feito *no momento* do enunciado e, uma vez que o momento

---

5 Enquanto Pierre Bourdieu enfatiza a dimensão ritual das convenções que sustentam o ato de fala em Austin, Derrida substitui o termo "iterabilidade" por ritual, estabelecendo desse modo uma explicação estrutural da repetição no lugar de uma concepção mais semântica do ritual social. No capítulo final deste livro, tentaremos chegar a um meio-termo entre essas duas posições e explicar o poder social do ato de fala levando em conta sua iterabilidade social específica e sua temporalidade social. Cf. Bourdieu, *Language and Symbolic Power*, p.105-62; Derrida, Signature Event Context, in: *Limited Inc.*, p.1-23 [ed. bras.: Assinatura acontecimento contexto, in: *Margens da filosofia*, p.349-73].

Discurso de ódio

é ritualizado, ele nunca é simplesmente um momento único. O "momento" no ritual é uma historicidade condensada: ele excede a si mesmo em direção ao passado e ao futuro, é um efeito de invocações prévias e futuras que simultaneamente constituem a instância do enunciado e dela escapam.

A afirmação de Austin, segundo a qual só é possível conhecer a força da ilocução uma vez que a "situação total" do ato de fala possa ser identificada, é ameaçada por uma dificuldade constitutiva. Se a temporalidade da convenção linguística, considerada como ritual, excede a instância de seu enunciado, e se esse excesso não é totalmente apreensível ou identificável (o passado e o futuro do enunciado não podem ser narrados com certeza), então parece que o que constitui a "situação de fala total" é a impossibilidade de se alcançar uma forma totalizada em qualquer uma das instâncias.

Nesse sentido, encontrar o contexto apropriado para o ato de fala em questão não é suficiente para avaliar seus efeitos com precisão. A situação de fala não é, portanto, um simples tipo de contexto, algo que pode ser facilmente definido por limites espaciais e temporais. Ser ferido pelo discurso é sofrer uma perda de contexto, ou seja, é não saber onde se está. De fato, é possível que a injúria de um ato de fala injurioso seja constituída pelo caráter *imprevisível* desse tipo de ato, o fato de deixar seu destinatário fora de controle. A capacidade de circunscrever a situação do ato de fala fica comprometida no momento do chamamento injurioso. Ser chamado de forma injuriosa não é apenas abrir-se a um futuro desconhecido mas desconhecer o tempo e o lugar da injúria, desorientar-se em relação à própria situação como efeito desse discurso. O que se revela no momento de tamanha ruptura é exatamente a

Judith Butler

instabilidade do nosso "lugar" na comunidade de falantes; podemos ser "colocadas em nosso lugar" por esse discurso, mas esse lugar pode ser lugar nenhum.

A "sobrevivência linguística" supõe que certo tipo de sobrevivência ocorre na linguagem. De fato, os estudos sobre o discurso de ódio constantemente se referem a isso. Afirmar que a linguagem fere ou, para citar a formulação utilizada por Richard Delgado e Mari Matsuda, que "as palavras machucam" é combinar vocabulários linguísticos e físicos.[6] O uso de um termo como "machucar" sugere que a linguagem pode ter efeitos semelhantes aos da dor física ou de um ferimento. Charles R. Lawrence III considera o discurso racista um "ataque verbal" e ressalta que o efeito do insulto racial é "como levar um tapa na cara. O ferimento é instantâneo".[7] Certas formas de insulto racial também "produzem sintomas físicos que incapacitam temporariamente a vítima...".[8] Essas formulações sugerem que a injúria linguística atua de forma similar à injúria física, mas o uso do símile sugere que essa é, no fim das contas, uma comparação entre coisas distintas. Consideremos, no entanto, que essa aproximação pode muito bem implicar que os dois termos só são comparáveis metaforicamente. De fato, parece que não existe

---

6 Matsuda escreve sobre a "violência mortal que acompanha a humilhação verbal contínua das vítimas da subordinação" e, depois, observa que "mensagens de ódio, ameaças, ofensas, epítetos e depreciações racistas são um soco no estômago daqueles que fazem parte do grupo visado". Cf. Matsuda et al., *Words that Wound: Critical Race Theory, Assaultive Speech, and the First Amendment*, p.23.

7 LAWRENCE III, C. If He Hollers Let Him Go: Regulating Racist Speech on Campus, in: Matsuda et al., *Words that Wound*, p.68.

8 Id.

Discurso de ódio

uma linguagem específica para o domínio da injúria linguística, que é, por assim dizer, forçado a extrair seu vocabulário dos ferimentos físicos. Nesse sentido, parece que a conexão metafórica entre a vulnerabilidade física e a linguística é essencial para a descrição da vulnerabilidade linguística em si. Por um lado, o fato de parecer não existir uma descrição "adequada" à injúria linguística torna ainda mais difícil identificar a especificidade da vulnerabilidade linguística em relação à vulnerabilidade física e em oposição a ela. Por outro lado, o fato de que metáforas físicas sejam aproveitadas em quase todas as ocasiões para descrever a injúria linguística sugere que essa dimensão somática pode ser importante para a compreensão da dor linguística. Certas palavras ou certas formas de chamar não apenas ameaçam o bem-estar físico; o corpo é alternadamente preservado e ameaçado pelos diferentes modos de endereçamento.

A linguagem sustenta o corpo não por trazê-lo à existência ou por alimentá-lo de maneira literal; ao contrário, é por ser interpelada nos termos da linguagem que certa existência social do corpo se torna possível. Para entendermos isso, precisamos imaginar uma cena impossível, a de um corpo que ainda não recebeu uma definição social, um corpo que, estritamente falando, não é acessível a nós, porém se torna acessível por ocasião de um chamamento, uma interpelação que não "descobre" esse corpo, mas que, fundamentalmente, o constitui. Poderíamos pensar que, para sermos chamados, precisamos primeiro ser reconhecidos, mas aqui a inversão althusseriana de Hegel parece apropriada: o chamamento constitui um ser no interior do circuito possível do reconhecimento e, consequentemente, fora dele, na abjeção.

Poderíamos pensar que a situação é mais banal: certos sujeitos já constituídos corporalmente passam a ser chamados disso ou daquilo. Mas por que os nomes pelos quais o sujeito é chamado parecem incutir o medo da morte e a incerteza acerca de sua possibilidade de sobreviver? Por que deveria um chamamento meramente linguístico produzir o medo como resposta? Não seria, em parte, porque o chamamento atual evoca e recoloca em ação os formativos que deram e continuam a dar a existência? Dessa maneira, ser chamado não é meramente ser reconhecido pelo que já se é, mas sim ter a concessão do próprio termo pelo qual o reconhecimento da existência se torna possível. Começamos a "existir" em virtude dessa dependência fundamental do chamamento do Outro. Nós "existimos" não apenas porque somos reconhecidos, mas, *a priori*, porque somos *reconhecíveis*.[9] Os termos que facilitam o reconhecimento são eles próprios convencionais; são os efeitos e os instrumentos de um ritual social que decide, muitas vezes por meio da exclusão e da violência, as condições linguísticas dos sujeitos aptos à sobrevivência.

Se a linguagem pode sustentar o corpo, pode também ameaçar sua existência. Assim, a questão em torno das maneiras específicas pelas quais a linguagem faz ameaças de violência parece estar ligada à dependência original que todo ser falante tem em virtude do chamamento interpelativo ou constitutivo do Outro. Em *The Body in Pain* [O corpo com dor], Elaine Scarry afirma que a ameaça da violência é uma ameaça à linguagem, à sua possibilidade de constituição de um mundo

---

9 Para uma análise mais completa dessa questão, cf. o meu livro *The Psychic Life of Power: Theories in Subjection.*

Discurso de ódio

e de produção de sentido.[10] Sua formulação tende a opor violência e linguagem, como se uma fosse o inverso da outra. E se a linguagem tiver em si mesma possibilidades de violência e de destruição do mundo? Para Scarry, o corpo não é apenas anterior à linguagem; ela afirma de maneira convincente que a dor do corpo é inexprimível na linguagem, que a dor destrói a linguagem e que a linguagem pode combater a dor mesmo quando não consegue apreendê-la. Scarry mostra que o esforço moralmente imperativo de representar o corpo com dor é confundido (mas não impossibilitado) pela irrepresentabilidade da dor que ele tenta representar. Em sua opinião, uma das consequências danosas da tortura é que o torturado perde a capacidade de documentar o acontecimento da tortura pela linguagem; portanto, um dos efeitos da tortura é a eliminação de seu próprio testemunho. Scarry também mostra como certas formas discursivas, como o interrogatório, auxiliam e reforçam o processo da tortura. Nesse caso, no entanto, a linguagem auxilia a violência, mas parece não exercer *sua própria* violência. Isso coloca a seguinte questão: se certas formas de violência invalidam a linguagem, como explicamos o tipo específico de ferimento que a própria linguagem pode performatizar?

Toni Morrison refere-se especificamente à "violência da representação" na conferência que proferiu ao receber o Prêmio Nobel de Literatura em 1993. "A linguagem opressiva", ela escreveu, "faz mais do que representar a violência; ela é a violência." Morrison nos oferece uma parábola em que a própria linguagem é representada como uma "coisa viva", imagem

---

10 Scarry, *The Body in Pain: the Making and Unmaking of the World*, p.2-27.

que não é falsa nem irreal, indicando algo de verdadeiro sobre a linguagem. Nessa parábola, algumas crianças fazem uma brincadeira cruel ao pedir para uma mulher cega adivinhar se o pássaro que elas têm nas mãos está vivo ou morto. A mulher cega se recusa a responder e desloca a pergunta: "Eu não sei... O que eu sei é que está em suas mãos. Está em suas mãos".[11]

Morrison, então, escolhe interpretar a mulher da parábola como sendo uma escritora experiente, e o pássaro, como sendo a linguagem; ela faz conjecturas acerca do modo como essa escritora experiente pensa a linguagem: "ela pensa a linguagem em parte como um sistema, em parte como algo vivo sobre o qual temos controle, mas, acima de tudo, como agência — um ato que tem consequências. Assim, a pergunta feita pelas crianças, 'Está vivo ou morto?', não é irreal, porque ela pensa a linguagem como algo suscetível à morte, ao apagamento".[12]

Morrison se utiliza da conjectura para escrever sobre o que a escritora experiente conjectura, uma reflexão ao mesmo tempo na e sobre a linguagem e suas possibilidades conjecturais. Dentro de um quadro figurativo, Morrison anuncia a "realidade" do quadro nos próprios termos desse quadro. A mulher da parábola pensa a linguagem como algo vivo: Morrison nos apresenta a performatização desse ato de substituição, o símile pelo qual a linguagem é representada como vida. A "vida" da linguagem é assim exemplificada por essa mesma encenação do símile. Mas que tipo de encenação é essa?

---

11 Morrison, Nobel Lecture.

12 Id.

Discurso de ódio

A linguagem é pensada "principalmente como agência – um ato que tem consequências"; um fazer prolongado, uma performatização com efeitos. Isso é quase uma definição. A linguagem é, afinal, "pensada", isto é, postulada ou constituída como "agência". No entanto, é *como* agência que ela é pensada; uma substituição *figurada* torna possível o pensamento da agência da linguagem. Na medida em que essa mesma formulação é produzida *na* linguagem, a "agência" da linguagem não é apenas o objeto da formulação, e sim sua própria ação. Tanto o postulado como a figuração parecem exemplificar a agência em questão.

Podemos ficar tentados a pensar que não é correto atribuir agência à linguagem, que apenas os sujeitos podem fazer coisas com a linguagem e que a agência tem suas origens no sujeito. Mas a agência da linguagem é a mesma coisa que a agência do sujeito? Existe uma maneira de distinguir as duas? Morrison não apresenta apenas a agência como uma representação da linguagem mas a linguagem como uma representação da agência e com uma "realidade" incontestável. Morrison escreve: "Nós morremos. Esse talvez seja o sentido da vida. Mas nós *fazemos* a linguagem. Essa talvez seja a medida de nossa vida".[13] Morrison não afirma "a linguagem é agência", pois esse tipo de afirmação privaria a linguagem da agência que ela pretende transmitir. Ao se recusar a responder à pergunta cruel das crianças, a mulher cega, segundo Morrison, "desvia a atenção das afirmações sobre o poder para dirigi-la ao instrumento pelo qual esse poder é exercido".[14] Da mesma forma,

13 Id.
14 Id.

Judith Butler

Morrison se recusa a formular afirmações dogmáticas sobre a natureza da linguagem, pois isso obscureceria a maneira como o "instrumento" dessa afirmação participa da própria existência da linguagem; a irredutibilidade de qualquer afirmação a seu instrumento é precisamente o que estabelece a divisão interna da linguagem. O fracasso da linguagem em se livrar de sua própria instrumentalidade ou, na verdade, de sua natureza retórica constitui justamente sua incapacidade de se anular ao contar uma história, ao fazer referência ao que existe ou nas cenas fugazes de interlocução.

De maneira significativa, para Toni Morrison, "agência" não é o mesmo que "controle" nem é uma função da sistematicidade da linguagem. Parece que não é possível primeiramente apreender a agência humana e depois especificar o tipo de agência que os seres humanos possuem na linguagem. "Nós *fazemos* a linguagem. Essa talvez seja a medida de nossa vida."

Nós fazemos coisas com a linguagem, produzimos efeitos com a linguagem e fazemos coisas à linguagem, mas a linguagem também é aquilo que fazemos. A linguagem é um nome para o que fazemos: tanto "o que" nós fazemos (o nome da ação que performatizamos de maneira característica) como aquilo que temos como efeito, o ato e suas consequências.

Na parábola de Morrison, a mulher cega é comparada a uma escritora experiente, o que sugere que a escrita é, em certo sentido, cega, não sabe em que mãos cairá, como será lida e utilizada ou de que fontes deriva. A cena da parábola é uma interlocução na qual as crianças se aproveitam da cegueira da mulher para forçá-la a fazer uma escolha que ela não pode fazer, e a força desse chamamento reside no que a mulher interpreta ao exercer uma agência que o chamamento

Discurso de ódio

pretendia negar-lhe. Ela não toma nenhuma decisão, mas chama a atenção para "o instrumento pelo qual o poder é exercido", indicando que a escolha está nas mãos de seus interlocutores, aqueles que ela não consegue ver. Ela não pode saber, de acordo com a interpretação de Morrison, se a linguagem sobreviverá ou morrerá nas mãos daqueles que usam o discurso com a força da crueldade. Tanto na parábola como na interpretação de Toni Morrison, a questão da responsabilidade é central, representada pelas "mãos" das crianças ou, na verdade, daqueles que herdam a responsabilidade pela vida ou pela morte da linguagem. A escritora é cega; ela ignora o futuro da linguagem na qual escreve. Dessa forma, a linguagem é pensada, por um lado, "principalmente como agência", distinta de formas de domínio ou controle, e, por outro, pelo fechamento do sistema.

A analogia utilizada por Toni Morrison sugere que a linguagem vive ou morre assim como uma coisa viva pode viver ou morrer, e que a questão da sobrevivência é central para a questão de saber como a linguagem é utilizada. Morrison afirma que "a linguagem opressiva [...] *é* a violência", e não uma mera representação da violência. A linguagem opressiva não é um substituto da experiência da violência. Ela coloca em ação sua própria forma de violência. A linguagem permanece viva quando se recusa a "conter" ou a "capturar" os acontecimentos e vidas que descreve. Mas, quando busca efetuar essa captura, a linguagem não só perde sua vitalidade, mas também adquire sua própria força violenta, uma força que Morrison associa, ao longo de toda a conferência, à linguagem do Estado e à censura. Ela escreve: "a vitalidade da linguagem reside na sua capacidade de retratar a vida real, imaginada e possível de quem a fala, lê e escreve. Embora seu equilíbrio às vezes esteja no deslocamento da experiência, esse deslocamento não a substitui. Ela se inclina em direção ao lugar onde o significado pode estar". E mais à frente: "sua força, seu sucesso, está na tentativa de alcançar o inefável".[15] A violência da linguagem consiste em seu esforço de capturar o inefável e destruí-lo, de agarrar-se àquilo que deve continuar sendo inapreensível para que a linguagem possa continuar a funcionar como uma coisa viva.

A pergunta das crianças é cruel não porque elas com certeza tenham matado o pássaro, mas porque usar a linguagem para forçar a mulher cega a fazer uma escolha é, em si, um sequestro da linguagem, que extrai sua força ao evocar a destruição do pássaro. O discurso de ódio que as crianças performatizam busca prender a mulher ao momento da humilhação, mas também busca transferir a violência perpetrada contra o pássaro para a própria mulher, uma transferência que pertence à temporalidade particular da ameaça. De certo modo, a ameaça inicia a performatização daquilo que ela ameaça performatizar; porém, não a performatizando completamente, ela tenta assegurar, através da linguagem, a certeza de um futuro em que será performatizada.

Embora a ameaça não seja exatamente o ato que ela prediz, ainda é um ato, um ato de fala, que não apenas anuncia o ato por vir mas registra certa força na linguagem, uma força que ao mesmo tempo pressagia e instaura uma força subsequente. Enquanto a ameaça tende a produzir uma expectativa, a ameaça da violência destrói a própria possibilidade da expectativa: ela

---

15 Id.

Discurso de ódio

inicia uma temporalidade na qual esperamos a destruição da expectativa e na qual, por consequência, não podemos esperá-la.

Ainda que a ameaça prefigure o ato, seria um erro concluir que, embora ela ocorra apenas na linguagem, o ato anunciado ocorre em uma instância material completamente exterior à linguagem, entre os corpos. O que está implícito na noção de ameaça é o fato de que o que se comunica na linguagem pode prefigurar aquilo que o corpo fará; o ato ao qual a ameaça faz referência é aquele que poderá ser efetivamente performatizado. Mas essa análise não leva em conta o fato de que *falar é em si mesmo um ato corporal*.

No livro *The Literary Speech Act: Don Juan with J. L. Austin, or Seduction in Two Languages* [O ato de fala literário: Don Juan com J. L. Austin, ou Sedução em duas línguas], Shoshana Felman nos lembra que a relação entre a fala e o corpo é escandalosa, "uma relação que consiste, ao mesmo tempo, em incongruência e inseparabilidade [...]. O escândalo consiste no fato de que o ato não sabe o que está fazendo".[16] Felman sugere que o ato de fala, assim como o ato de um corpo falante, é sempre, em certa medida, ignorante daquilo que performatiza, que ele sempre diz algo não intencional e que não é o símbolo de domínio ou de controle pelo qual às vezes se faz passar. Ela chama a atenção para o fato de que o que um corpo falante significa não é redutível ao que tal corpo "diz". Nesse sentido, o falante é tão "cego" como a escritora experiente da parábola contada por Toni Morrison: o enunciado

---

16 Felman, *The Literary Speech Act: Don Juan with J. L. Austin, or Seduction in Two Languages*, p.96. (Esse texto foi publicado originalmente sob o título *Le Scandale du corps parlant*.)

Judith Butler

performatiza significados que não são exatamente aqueles que são ditos ou, na verdade, não são nem mesmo passíveis de ser ditos. Enquanto Morrison chama a atenção para o "instrumento pelo qual [as afirmações] são feitas", Felman identifica esse instrumento como o corpo a partir do qual a fala é pronunciada. Esse corpo se torna um signo de inconsciência precisamente porque suas ações nunca são plenamente dirigidas ou voluntárias de um modo consciente. Para Felman, o que permanece inconsciente em uma ação corporal como a fala pode ser interpretado como o "instrumento" pelo qual a afirmação é feita. Paralelamente, esse corpo inconsciente marca o limite da intencionalidade no ato de fala. O ato de fala diz mais, ou de maneira diferente, do que pretende dizer.

Para Shoshana Felman, no entanto, isso não significa que a fala e o corpo são radicalmente separáveis, e sim que a ideia de um ato de fala perfeitamente intencional é perpetuamente subvertida por aquilo que, na fala, subverte a intencionalidade. Felman escreve:

> Se o problema do ato humano consiste na relação entre a linguagem e o corpo, é porque o ato é concebido – tanto pela análise performativa como pela psicanálise – como aquilo que problematiza simultaneamente a separação e a oposição entre os dois. O ato, uma produção enigmática e problemática do *corpo falante*, destrói desde a sua origem a dicotomia metafísica entre o domínio do "mental" e o domínio do "físico", rompe a oposição entre o corpo e o espírito, entre a matéria e a linguagem.[17]

---

17 Shoshana Felman, *The Literary Speech Act*, p.94; grifo do original. Felman propõe uma leitura inspiradora do humor e da ironia de Austin,

Discurso de ódio

Para Felman, no entanto, esse colapso da oposição entre a matéria e a linguagem não implica uma união simples desses termos. Sua correlação permanece incongruente. Na fala, o ato que o corpo performatiza nunca é totalmente compreendido; o corpo é o ponto cego da fala, aquilo que atua em excesso em relação ao que é dito, mas que também atua no e por meio do que é dito. O fato de que o ato de fala é um ato corporal significa que o ato se duplica no momento da fala: há o que é dito, e há uma espécie de dizer que o "instrumento" corporal do enunciado performatiza.

Assim, do ponto de vista da análise exclusivamente gramatical, uma afirmação pode não constituir uma ameaça. Mas a ameaça surge precisamente através do ato que o corpo performatiza ao falar o ato. Ou a ameaça surge como o efeito aparente de um ato performativo apenas para tornar-se inofensiva graças à atitude corporal do ato (fato reconhecido por qualquer teoria da atuação). A ameaça prefigura ou mesmo promete um ato corporal e, no entanto, já é um ato corporal, estabelecendo assim em seu próprio gesto os contornos do ato por vir. O ato de ameaça e o ato ameaçado são, sem dúvida, distintos, mas estão relacionados na forma de um quiasmo. Embora não sejam idênticos, ambos são atos

---

mostrando como o problema recorrente da "falha" performativa revela como o performativo é constantemente perseguido por um fracasso que não consegue explicar. Nenhuma convenção rege totalmente a performatização do performativo, e nenhuma intenção consciente a determina por completo. Essa dimensão inconsciente de todo ato aparece no texto de Austin como a tragicomédia da falha performativa. Em certo ponto, Felman cita Lacan: "O fracasso (falha) pode ser definido como o que é sexual em todo ato humano", ibid., p.110.

corporais: o primeiro ato, a ameaça, só faz sentido em relação ao ato que prefigura. A ameaça abre um horizonte temporal no qual o princípio organizador é o ato que é ameaçado; a ameaça inaugura a ação pela qual se pode chegar ao cumprimento do ato ameaçado. E, no entanto, uma ameaça pode ser desviada, desarmada, pode fracassar na tentativa de produzir o ato que ela ameaça. A ameaça afirma a certeza iminente de outro ato futuro, mas a afirmação em si não pode produzir esse ato futuro como um de seus efeitos necessários. Esse fracasso em cumprir a ameaça não coloca em questão o estatuto do ato de fala como ameaça – apenas questiona sua efetividade. A pretensão que fortalece a ameaça, no entanto, é a de que o ato de fala que constitui a ameaça materializará completamente o ato ameaçado pelo discurso. Tal discurso é, portanto, vulnerável ao fracasso, e é essa vulnerabilidade que deve ser explorada para combater a ameaça.

Para que a ameaça seja efetiva, ela requer certas condições e um lugar de poder pelo qual seus efeitos performativos possam ser materializados. A teleologia da ação evocada pela ameaça pode ser perturbada por diversas formas de fracasso. Mas a fantasia da ação soberana que estrutura a ameaça supõe que certo tipo de afirmação equivale à performatização do ato referido naquela fala; esse seria o caso, de acordo com Austin, de um performativo ilocucionário, aquele que imediatamente faz o que diz. No entanto, a ameaça pode muito bem solicitar uma resposta que nunca havia antecipado, perdendo, dessa forma, seu próprio sentido soberano de expectativa frente a uma resistência que intencionalmente ajudou a produzir. Em vez de eliminar a possibilidade de uma resposta, fazendo com que o destinatário fique paralisado de medo, a ameaça pode

Discurso de ódio

ser combatida por um tipo diferente de ato performativo, que tira partido do caráter duplicado da ameaça (daquilo que é intencional e não intencionalmente performatizado em qualquer discurso) para opor uma parte daquela fala à outra, confundindo o poder performativo da ameaça.

Como a ameaça é um ato de fala que é ao mesmo tempo um ato corporal, ela já se encontra, em parte, fora de seu próprio controle. Toni Morrison afirma que a mulher cega devolve a ameaça implícita proferida pelas crianças ao se referir às "mãos" de quem segura o pássaro para expor o corpo daquele que fala, enfrentando o ato com um ato que expõe o que é mais inconsciente àqueles que realizam a ameaça, chamando a atenção para a cegueira que motiva o ato de fala das crianças ao questionar o que elas farão, em um sentido corporal, dado o que elas já fizeram, corporalmente, ao falar.

A ideia de que o discurso machuca parece se basear nessa relação inseparável e incongruente entre corpo e fala, mas também, consequentemente, entre a fala e seus efeitos. Se o falante dirige seu próprio corpo ao destinatário, então não é apenas o corpo do falante que entra em jogo: é também o corpo do destinatário. Quem fala está apenas falando ou está conduzindo o seu corpo em direção ao outro, revelando a vulnerabilidade do corpo do outro ao chamamento? Como "instrumento" de uma retoricidade violenta, o corpo do falante excede as palavras ditas e revela o corpo do destinatário, expondo que esse corpo não está mais (ao menos não completamente) sob controle.

Judith Butler

Chamamentos inesperados

Para definir o que é uma ameaça ou, ainda, o que é uma palavra que machuca, não basta um simples exame das palavras. Poderíamos pensar que uma análise detalhada das condições institucionais do enunciado é necessária para a identificação da probabilidade que certos tipos de palavras têm de machucar sob certas circunstâncias. Mas não são somente as circunstâncias que fazem com que as palavras machuquem. Ou poderíamos ser levados a afirmar que todas as palavras são suscetíveis a serem palavras que machucam, dependendo de como são empregadas, e que o emprego das palavras não é redutível às circunstâncias de seu enunciado. Essa última ideia faz sentido, mas não explica por que certas palavras machucam da maneira como o fazem nem por que é mais difícil separar certas palavras de seu poder de machucar.

De fato, as tentativas recentes de estabelecer o poder injurioso incontestável de certas palavras parecem dar origem ao questionamento sobre quem deve interpretar o que essas palavras significam e o que elas performatizam. As regulamentações atuais que regem o direito de lésbicas e gays à autodefinição nas Forças Armadas dos Estados Unidos ou mesmo as recentes controvérsias em torno do *rap* sugerem que não há um consenso claro acerca de haver uma relação evidente entre certas palavras enunciadas e seu suposto poder de ferir.[18] Ale-

---

18 Para uma análise cultural detalhada do *rap*, que complexifica a relação desse gênero musical com a violência, cf. Rose, *Black Noise: Rap Music and Black Culture in Contemporary America*. Para uma boa explicação sobre a forma como a censura ao *rap* visa regulamentar e destruir a memória cultural, cf. Lipsitz, Censorship of Commercial Culture:

Discurso de ódio

gar, por um lado, que o efeito ofensivo de tais palavras é estritamente contextual e que uma mudança de contexto pode exacerbar ou minimizar seu caráter ofensivo ainda não permite explicar o poder que tais palavras parecem exercer. Por outro lado, afirmar que certos enunciados são sempre ofensivos, independentemente do contexto, e que eles carregam consigo seus contextos de tal forma que não conseguem se desfazer deles não nos permite compreender o modo pelo qual o contexto é evocado e reencenado no momento do enunciado.

Nenhum dos dois pontos de vista explica a reencenação e a ressignificação do enunciado ofensivo, empregos do poder linguístico que buscam simultaneamente revelar e combater o exercício ofensivo do discurso. Desenvolverei essas ideias nos próximos capítulos, mas consideremos por um momento a frequência com que esses termos estão sujeitos à ressignificação. Essa duplicação do discurso injurioso ocorre não apenas no *rap* e em diversas formas de paródia e sátira política mas também na crítica política e social a tais discursos — em que a "menção"[19] a esses mesmos termos é essencial para a argumentação que está em pauta — e até mesmo nos argumentos jurídicos que apelam à censura, nos quais a retórica que é

Silencing Social Memory and Suppressing Social Theory (arquivo pessoal), fala apresentada em conferência no Getty Center sobre censura e silenciamento em Los Angeles, em dezembro de 1995.

19 Gottlob Frege defendeu a distinção entre o uso e a menção de certos termos, sugerindo que é possível se referir a um termo, isto é, mencioná-lo, sem propriamente usá-lo. Essa distinção não se sustenta no caso do discurso de ódio, pois os exemplos em que esse tipo de discurso é "mencionado" continuam a ser um tipo de uso. Cf. Frege, On Sense and Reference, in: Geach; Black (org.), *Translations from the Philosophical Writings of Gottlob Frege*.

condenada é invariavelmente proliferada no contexto do discurso jurídico. Paradoxalmente, os argumentos jurídicos e políticos explícitos que buscam atrelar o discurso injurioso a certos contextos ignoram que, mesmo em seu próprio discurso, o discurso injurioso tornou-se citacional ao romper com os contextos prévios de seu enunciado e adquirir novos contextos para os quais não foi proposto. A análise crítica e jurídica do discurso de ódio é, em si mesma, uma reencenação da performatização do discurso de ódio. O discurso atual rompe com aqueles que o precedem, mas não de forma absoluta. Ao contrário, o contexto atual e sua aparente "ruptura" com o passado são, eles próprios, compreensíveis apenas nos termos do passado com o qual eles romperam. O contexto atual, no entanto, elabora um novo contexto para esse discurso, um contexto futuro e ainda não definível e, portanto, que ainda não é exatamente um contexto.

Os argumentos a favor de uma contra-apropriação ou de uma nova representação do discurso ofensivo são claramente minados pela tese que defende que o efeito ofensivo do ato de fala está *necessariamente* relacionado ao ato de fala, ao seu contexto originário ou durável ou, ainda, às intenções que o animam, ao seu emprego original. A reavaliação de termos como "*queer*" sugere que o discurso pode ser "devolvido" ao falante de uma forma diferente, que ele pode ser citado contra seus propósitos originais e performatizar uma inversão de efeitos. Em termos mais gerais, isso sugere que o poder mutável desses termos marca uma espécie de performatividade discursiva que constitui não uma série de atos de fala isolados, e sim uma cadeia ritual de ressignificações cuja origem e fim não são fixos nem podem ser fixados. Nesse sentido, um "ato" não é

Discurso de ódio

um acontecimento momentâneo, mas uma rede de horizontes temporais, a condensação de uma iterabilidade que excede o momento em que ela ocorre. A possibilidade de um ato de fala ressignificar um contexto prévio depende, em parte, do intervalo entre o contexto de origem ou a intenção que anima um enunciado e os efeitos que esse enunciado produz. Por exemplo, para que a ameaça tenha um futuro diferente daquele que pretendia ter, para que ela seja devolvida ao falante de uma forma diferente e para que seja anulada por esse retorno, os significados que o ato de fala adquire e os efeitos que ele performatiza devem exceder os significados e efeitos que pretendia realizar, e os contextos que ele assume não devem ser exatamente os mesmos em que ele se originou (se é que é possível determinar essa origem).

Aqueles que procuram estabelecer com precisão a relação entre certos atos de fala e seus efeitos injuriosos certamente lamentarão a temporalidade aberta do ato de fala. O fato de que nenhum ato de fala *tem* de performatizar uma injúria como efeito significa que nenhuma análise simples dos atos de fala fornecerá um critério que permita julgar adequadamente as injúrias do discurso. Esse afrouxamento da relação entre ato e injúria, no entanto, abre a possibilidade de um contradiscurso, uma espécie de reação que seria impossibilitada pelo estreitamento desse vínculo. Portanto, a lacuna que separa o ato de fala de seus efeitos futuros tem implicações auspiciosas: ela é o ponto de partida de uma teoria da agência linguística que fornece uma alternativa à busca incansável por soluções jurídicas. O intervalo que separa instâncias do enunciado não apenas torna possível a repetição e a ressignificação desse enunciado, mas também indica como as palavras podem, ao longo do tempo, separar-se de seu poder de ferir e recontextualizar-se de modos mais afirmativos. Espero deixar claro que, por afirmativo, me refiro a "abrir possibilidades de agência", em que a agência não é a restauração de uma autonomia soberana no discurso nem uma reprodução de noções convencionais de domínio.

Os principais interesses de *Discurso de ódio* são tanto retóricos como políticos. Segundo a lei,[20] os enunciados "excitáveis" são aqueles realizados sob coação, geralmente confissões que não podem ser usadas em juízo por não refletirem o estado mental equilibrado de quem os enunciou. Minha hipótese é a de que o discurso está sempre, de alguma forma, fora do nosso controle. Em uma formulação que antecipa a interpretação do ato de fala feita por Shoshana Felman, Austin escreve que "ações em geral (não todas) são suscetíveis, por exemplo, de serem realizadas sob coação, por acidente ou devido a esse ou aquele tipo de erro, digamos, ou ainda de maneira não intencional". Em seguida, Austin aproveita a ocasião para desvincular o ato de fala do sujeito em certas instâncias: "em muitos desses casos nós certamente não estamos dispostos a afirmar que tal ato simplesmente foi realizado ou que o sujeito o realizou".[21] Separar o ato de fala do sujeito soberano faz surgir uma concepção alternativa de agência e, em última instância, de responsabilidade, uma concepção que reconhece mais plenamente o modo pelo qual o sujeito é constituído na linguagem, o modo como aquilo que ele cria é também derivado de

---

20 A autora se refere ao Federal Rules of Evidence, conjunto de leis estadunidense dos anos 1970. (N. E.)

21 Austin, *How to Do Things with Words*, p.21.

Discurso de ódio

outras fontes. Enquanto alguns críticos confundem a crítica da soberania com a eliminação da agência, proponho considerarmos que a agência começa onde a soberania diminui. Aquele que age (que não é o mesmo que o sujeito soberano) o faz precisamente na medida em que ele ou ela é constituído como ator ou atriz e, portanto, opera desde o início no interior de um campo linguístico de restrições permissivas.

A noção de soberania surge de diferentes maneiras nos estudos sobre o discurso de ódio. Imagina-se que aquele que profere um discurso de ódio o faz para exercer um poder soberano, para fazer aquilo que ele ou ela diz quando o diz. Da mesma maneira, o "discurso" do Estado muitas vezes adquire um caráter soberano, segundo o qual as declarações são – com frequência, literalmente – "atos" da lei. As tentativas de localizar essas instâncias ilocucionárias de discurso, no entanto, apresentaram dificuldades para Austin e o levaram a elaborar uma série de condições e novas distinções que dessem conta da complexidade do terreno performativo. Nem todos os enunciados que têm a forma de performativo, sejam eles ilocucionários ou perlocucionários, realmente funcionam. Essa percepção tem consequências importantes para a análise da suposta efetividade do discurso de ódio.

De um ponto de vista retórico, a afirmação segundo a qual determinados tipos de discurso não apenas comunicam o ódio mas também constituem atos injuriosos pressupõe não apenas que a linguagem age mas que ela age *sobre* seu destinatário de maneira injuriosa. Essas são, no entanto, duas alegações consideravelmente diferentes, visto que nem todos os atos de fala são do tipo que age sobre alguém com tamanha força. Por exemplo, eu posso enunciar um ato de fala, até mesmo um ato

Judith Butler

ilocucionário, no sentido de Austin, ao dizer "Eu te condeno"; mas, se eu não estiver em posição de dar às minhas palavras um caráter obrigatório, eu até posso ter enunciado um ato de fala, mas o ato é, no sentido de Austin, infeliz ou fracassado: aquele a quem eu dirigi o enunciado escapará ileso. Portanto, muitos desses atos de fala são "condutas" em sentido estrito, mas nem todos têm o poder de produzir efeitos ou desencadear uma série de consequências; na verdade, muitos deles são bastante cômicos e nos permitiriam ler o tratado de Austin, *How to Do Things with Words* [Como fazer coisas com palavras], como um catálogo divertido de performativos fracassados.

Um ato de fala pode ser um ato sem necessariamente ser um ato efetivo. Se eu enunciar um fracasso performativo, isto é, se eu der uma ordem e ninguém ouvi-la ou obedecer a ela, se eu fizer uma promessa e não houver ninguém a quem ou diante de quem essa promessa possa ser feita, eu ainda assim estarei performatizando um ato, mas esse ato terá pouco ou nenhum efeito (ou, pelo menos, não o efeito que o ato supõe). Um performativo de sucesso é aquele em que não apenas eu performatizo o ato, mas uma série de efeitos decorre do fato de que eu o performatizo. Agir linguisticamente não implica necessariamente produzir efeitos e, nesse sentido, um ato de fala nem sempre é uma ação efetiva. Dizer que existe uma ambiguidade entre o discurso e a ação não quer dizer necessariamente que o discurso age de forma efetiva.

Austin propõe uma tipologia das diferentes locuções performativas. O ato ilocucionário é aquele em que, quando alguém diz alguma coisa, está fazendo alguma coisa; o juiz que diz "Eu te condeno" não exprime a intenção de fazer algo nem descreve o que está fazendo: o próprio dizer é um tipo de

Discurso de ódio

ação. Os atos de fala ilocucionários produzem efeitos. Eles se apoiam, segundo Austin, em convenções linguísticas e sociais. Os atos perlocucionários, por outro lado, são aqueles enunciados que produzem uma série de consequências: em um ato de fala perlocucionário, "dizer alguma coisa produzirá certas consequências", mas o que foi dito e suas consequências são temporalmente distintos; essas consequências não equivalem ao ato de fala, mas são, ao contrário, "o que nós produzimos ou obtemos ao dizer algo".[22] Enquanto os atos ilocucionários agem por meio de convenções,[23] os atos perlocucionários o fazem por meio de consequências. Implícita nessa distinção está a noção de que os atos de fala ilocucionários produzem efeitos imediatos, sem nenhum lapso de tempo; que o próprio dizer é o fazer e que eles são um e o outro simultaneamente.

Austin também observa que algumas consequências da perlocução podem não ser intencionais, e o exemplo que ele oferece é o do insulto involuntário, situando, assim, a injúria verbal na esfera da perlocução. Dessa maneira, Austin sugere que a injúria não é inerente às convenções que um determinado ato de fala evoca, mas às consequências específicas que um ato de fala produz.

O trabalho de Austin foi citado recentemente por juristas e filósofas (como Catharine MacKinnon, Rae Langton, entre outras)[24] a fim de demonstrar que as representações pornográficas são performativas, isto é, que elas não afirmam um ponto de vista nem descrevem uma realidade, mas constituem

---

22 Ibid., p.109.
23 Ibid., p.107.
24 Cf. MacKinnon, *Only Words*; Langton, Speech Acts and Unspeakable Acts.

certo tipo de conduta. Essas acadêmicas afirmam, ainda, que tal conduta "silencia" aqueles que são retratados como submissos nas representações pornográficas.

Essas teses serão examinadas mais detalhadamente nos próximos capítulos, mas, para propósitos introdutórios, é importante ressaltar que a pornografia é interpretada como uma forma de discurso de ódio e que sua força performativa é descrita como ilocucionária. É significativo que o argumento de MacKinnon contra a pornografia tenha se deslocado, no plano teórico, de um modelo perlocucionário para um modelo ilocucionário.[25] Na obra de Mari Matsuda, o discurso de ódio é interpretado não apenas como uma *atuação sobre* o ouvinte (uma cena perlocucionária), mas também como uma contribuição para a constituição social do destinatário (e, por consequência, como parte de um processo de interpelação social).[26] Segundo essa interpretação, o ouvinte ocupa uma posição social ou está identificado com essa posição, e as próprias posições sociais são interpretadas como estando em uma relação estática e hierárquica entre si. Em virtude da posição social que ocupa, o/a ouvinte é ferido/a como consequência desse enunciado. O enunciado também obriga o sujeito a ocupar novamente uma posição social subordinada. De acordo com esse ponto de vista, tal discurso reinvoca e reinscreve uma relação estrutural de dominação e constitui a ocasião linguística para a reconstituição dessa dominação estrutural. Embora algumas vezes essa interpretação do discurso de ódio enumere uma série de consequências que ele

---

25 MacKinnon, op. cit., p.21.

26 Cf. a introdução de Matsuda para *Words that Wound*.

Discurso de ódio

produz (a partir de um ponto de vista perlocucionário), há outras formulações dessa posição segundo as quais a força do performativo é assegurada por meios convencionais (um modelo ilocucionário). Na formulação de Mari Matsuda, por exemplo, o discurso não apenas *reflete* uma relação de dominação social; o discurso *coloca em ação* a dominação, tornando-se o veículo pelo qual essa estrutura social é restabelecida. De acordo com esse modelo ilocucionário, o discurso de ódio *constitui* seu destinatário no momento do enunciado; ele não descreve uma injúria ou tem uma injúria como consequência; ele é, no próprio proferimento desse discurso, a performatização da própria injúria, em que a injúria é entendida como uma subordinação social.[27]

O que o discurso de ódio faz, então, é constituir o sujeito em uma posição subordinada. Mas o que dá ao discurso de ódio o poder de constituir o sujeito com tamanha eficácia? O discurso de ódio tem tanto sucesso quanto essa explicação dá a entender ou há falhas que fazem com que seu poder de constituição tenha menos sucesso do que supõe a descrição à qual nos referimos?

No momento, desejo questionar a suposição de que o discurso de ódio é sempre efetivo. Não se trata de minimizar a dor que ele produz, mas deixar aberta a possibilidade de que seu fracasso seja a condição de uma resposta crítica. Se a descrição da injúria do discurso de ódio exclui a possibilidade de uma resposta crítica a essa injúria, essa descrição confirma os

---

27 Cf. os argumentos apresentados por Patricia Williams acerca do poder de construção dos atos de fala racistas em *The Alchemy of Race and Rights*, p.236.

efeitos totalizantes de tal injúria. Ainda que esses argumentos frequentemente sejam úteis em contextos jurídicos, eles são contraproducentes para pensarmos formas de agência e resistência que não estejam centradas no Estado.

Mesmo que o discurso de ódio se esforce para constituir um sujeito através de meios discursivos, essa constituição é necessariamente final e definitiva? Haveria a possibilidade de interrompermos e subvertermos os efeitos produzidos por esse discurso, uma falha exposta que poderia desfazer esse processo de constituição discursiva? Que tipo de poder é *atribuído ao* discurso para que este possa ser representado como possuidor do poder de constituir o sujeito com tanto êxito?

A tese de Matsuda pressupõe que a estrutura social é enunciada no momento do enunciado odioso; o discurso de ódio reinvoca a posição de dominação e a reforça no momento do enunciado. Enquanto rearticulação linguística da dominação social, o discurso de ódio se converte, para Matsuda, no lugar da reprodução mecânica e previsível do poder. De certa forma, a questão da ruptura ou da "falha" mecânica e da imprevisibilidade do discurso é precisamente o que Austin enfatiza repetidas vezes quando insiste nas diferentes maneiras pelas quais um ato de fala pode dar errado. De forma mais geral, entretanto, existem razões para questionar se uma noção estática de "estrutura social" é reduplicada no discurso de ódio ou se tais estruturas sofrem um tipo de desestruturação ao serem reiteradas, repetidas e rearticuladas. Poderíamos entender o ato de fala do discurso de ódio como menos efetivo, mais propenso à inovação e à subversão, se levássemos em conta a vida temporal da "estrutura" que se diz que ele enuncia? Se essa estrutura depende de sua enunciação para ter continuidade,

Discurso de ódio

então é no espaço de sua enunciação que a questão de sua continuidade deve ser colocada. Pode haver uma enunciação que interrompa essa estrutura ou que a subverta por meio de sua repetição no discurso? Enquanto invocação, o discurso de ódio é um ato que evoca atos prévios e requer uma repetição futura para sobreviver. Existe alguma repetição que possa separar o ato de fala das convenções que o sustentam, de modo que sua repetição não consolide, mas sim atrapalhe sua efetividade injuriosa?

Cenas de enunciado

Seria um erro pensar que, ao resolver os problemas teóricos do ato de fala, chegaríamos a uma série de soluções esclarecedoras para o funcionamento político contemporâneo do ato de fala. A relação entre teoria e política tende a funcionar de outra maneira. As posições teóricas são sempre apropriadas e utilizadas em contextos políticos que revelam uma parte do valor estratégico dessas teorias. Uma análise superficial das instâncias políticas em que o ato de fala aparece mostra que existe um desacordo considerável em relação à questão de que os atos de fala, quando existem, devem ser considerados condutas em vez de "discursos" no sentido jurídico do termo. Num sentido geral, os argumentos favoráveis à eliminação da distinção discurso/conduta tendem a reforçar a defesa da regulamentação estatal e a suspender a referência à Primeira Emenda.[28]

---

28 A Primeira Emenda à Constituição dos Estados Unidos garante a todos os cidadãos estadunidenses o direito à liberdade de expressão e de imprensa, o direito ao livre exercício da religião e à livre associação pacífica e o direito a dirigir petições ao governo para a reparação

Por outro lado, argumentos que defendem que os atos de fala sejam considerados discursos, e não condutas, tendem a favorecer a suspensão da intervenção do Estado. No primeiro capítulo, intitulado "Atos incendiários", eu aponto que a decisão majoritária da Suprema Corte no caso *R.A.V. v. St. Paul* revogou um decreto local segundo o qual se interpretaria a queima de uma cruz em frente à casa de uma família negra como "palavras belicosas" [*fighting words*] e se questionaria se esse tipo de "discurso" simplesmente não "comunica uma mensagem" e expressa "um ponto de vista", ainda que esse "ponto de vista" também tenha sido considerado "repreensível".[29] A Corte claramente descartou o recente argumento jurídico segundo o qual a cruz em chamas é *tanto* discurso *como* conduta, isto é, trata-se ao mesmo tempo da comunicação de uma mensagem de inferioridade e de um ato de discriminação (da mesma maneira que uma placa em que se lê "apenas brancos" simultaneamente expressa uma ideia e constitui em si mesma uma conduta discriminatória).

Em *Only Words* [Apenas palavras], de Catharine MacKinnon, a pornografia é interpretada como um discurso e como uma conduta, ou seja, como um "enunciado performativo", e entendida não apenas como um "agir em relação" às mulheres de maneira injuriosa (uma afirmação perlocucionária),

---

de seus agravos. A Primeira Emenda também garante a laicidade do Estado, impedindo o Congresso de fazer leis relativas ao estabelecimento de religião. (N. T.)

29 Para uma discussão mais completa sobre as "palavras belicosas" e uma argumentação particularmente interessante sobre a Primeira Emenda, cf. Greenawalt, *Fighting Words: Individual, Communities, and Liberties of Speech*.

Discurso de ódio

mas também, por meio da representação, como uma forma de constituir a classe das mulheres como classe inferior (uma afirmação ilocucionária). A cruz em chamas é entendida como análoga ao enunciado pornográfico na medida em que ambos representam e colocam em ação uma injúria. Mas a afirmação ilocucionária pode ser feita em relação à pornografia da mesma forma como na cruz em chamas? A teoria da representação e, além dela, a teoria da performatividade que se utiliza é diferente em cada um desses casos. Mostrarei que, de um ponto de vista genérico, o texto visual da pornografia não "ameaça", "degrada" ou "rebaixa" da mesma maneira que a cruz em chamas. Sugerir que se trata do mesmo tipo de conduta verbal não é apenas um erro de julgamento mas a exploração de um signo da violência racial com o propósito de aumentar, por meio de um deslocamento metonímico, o poder injurioso atribuído à pornografia.

Há algum tempo, tomamos conhecimento do discurso que "incita" certos tipos de ação. A imprensa israelense dedicou bastante atenção à retórica incendiária da direita em Israel e ao questionamento acerca da possibilidade de responsabilização dessa retórica pelo assassinato de Yitzhak Rabin. Em tais casos, como é possível imaginar que o enunciado pode se transformar em ação? Como imaginar que o discurso pode ser ouvido e adotado como motivação, induzindo, de maneira mecânica ou por contágio, o ouvinte a agir? Os ativistas "pró-vida" defenderam, com êxito limitado no plano legislativo, que termos como "aborto", quando aparecem na Internet, devem ser considerados em si uma "obscenidade"; recentemente, ao assistir a um filme durante uma viagem de avião, constatei que a palavra "aborto" era substituída por um "bipe" todas as vezes que era enunciada. Entende-se que o enunciado não apenas é ofensivo a um conjunto de sensibilidades mas constitui uma injúria, como se a palavra performatizasse o ato e as vítimas desse ato constituíssem o grupo formado pelos "não nascidos" indefesos. A atribuição de uma efetividade mágica às palavras surge no contexto das Forças Armadas dos Estados Unidos, no qual se compreende que a declaração de que alguém é homossexual comunica alguma coisa de homossexualidade e, por consequência, constitui um tipo de ato homossexual.

É significativo que essa visão mágica do performativo não opere nas instâncias políticas em que o discurso é, por assim dizer, violentamente separado da conduta. A disposição da Corte para tratar da cruz em chamas no caso *R.A.V. v. St. Paul* como "discurso" potencialmente protegido sugere que o campo do discurso não performativo pode ser estendido a fim de proteger certas condutas racistas, uma proteção que manipula a distinção entre discurso e conduta para alcançar certos objetivos políticos. Da mesma forma, o apelo que MacKinnon dirige ao Estado para que a pornografia seja considerada um discurso performativo e, portanto, uma conduta injuriosa de representação não resolve o problema teórico da relação entre representação e conduta, mas elimina a distinção para aumentar o poder de intervenção do Estado sobre a representação explícita da sexualidade.

De diversas maneiras, essa extensão do poder do Estado se torna uma das maiores ameaças à operação discursiva da política lésbica e gay. Diversos "atos de fala" que podem ser — e efetivamente têm sido — interpretados como ofensivos e, inclusive, como condutas injuriosas são centrais para

Discurso de ódio

essas políticas: a *autorrepresentação explícita*, como na fotografia de Robert Mapplethorpe; a *autodeclaração explícita*, como a que ocorre quando um homossexual sai do armário; e a *educação sexual explícita*, como vemos em ações educativas sobre a aids. Nessas três instâncias, é importante notar que representar a homossexualidade não é exatamente o mesmo que performatizá-la, inclusive quando a representação dá a ela uma dimensão performativa evidente. Quando uma pessoa se declara homossexual, a declaração é o ato performativo – não a homossexualidade, a menos que queiramos afirmar que a homossexualidade *é* em si mesma nada mais que uma forma de declaração, o que causaria estranheza. Da mesma forma, parece crucial e correto afirmar que representar as práticas sexuais em ações educativas sobre a aids não significa transmitir o vírus da aids nem encorajar certas práticas sexuais (a menos que entendamos a incitação à prática do sexo seguro como um dos objetivos dessas ações educativas). Do mesmo modo, quando os críticos conservadores sugerem que o *gangsta rap**[*] é responsável pela criminalidade urbana e pela degradação das mulheres, eles interpretam as representações não apenas como performativas, mas como causativas. Ao clamarem por uma oposição pública contra o *gangsta rap*, William Bennett e C. Delores Tucker[30] não buscaram a intervenção do Estado contra as corporações que financiam esse gênero musical, mas fizeram circular a ideia de que essa música e suas letras produziam efeitos perlocucionários e que elas representavam a

---

[*] O *gangsta rap* é um subgênero do *hip hop* que tem como principal característica letras que tratam da violência urbana nos Estados Unidos. (N. T.)

30 Bennet; Tucker, Lyrics from the Gutter.

própria representação ao incitar a violência criminal. O rompimento entre o discurso e a conduta, portanto, permite localizar a "causa" da violência urbana e, talvez, como no caso da inquietação israelense em relação à retórica incendiária, silencie a discussão sobre as condições institucionais mais amplas que produzem a violência da direita. Nos Estados Unidos, a reação contra as letras do *gangsta rap* pode também impossibilitar uma análise mais aprofundada sobre raça, pobreza e revolta, e sobre como essas condições são registradas explicitamente nos gêneros populares da música urbana afro-americana.[31]

Infelizmente, parece que certas apropriações do debate em torno do discurso de ódio tendem a minimizar os efeitos da injúria racial ao expandirem o campo possível de ação da injúria sexual; e, no caso do ataque dos conservadores ao *rap*, os argumentos feministas mobilizados contra a representação ofensiva parecem ser tacitamente apropriados. Novos padrões de "decência" exigem que certas condições de violência urbana não sejam representadas. Ao mesmo tempo, a injúria sexual contra as mulheres deve ser compreendida mediante tropos raciais: entende-se que a dignidade das mulheres é ameaçada não pelo enfraquecimento dos direitos reprodutivos nem pela diminuição generalizada da assistência social, mas principalmente pelos homens afro-americanos que cantam.

Existem pontos de vista que estão de acordo com o modelo efetivo do performativo, em suas formas tanto ilocucionária como perlocucionária, e são feministas e antifeministas, racistas e antirracistas, homofóbicos e anti-homofóbicos. Portanto, não é possível estabelecer uma correlação simples entre

---

31 Cf. Lipsitz, op. cit.

Discurso de ódio

as diferentes teorias da efetividade do ato de fala com as posições políticas em geral ou, mais especificamente, com posições relacionadas à jurisdição mais apropriada da Primeira Emenda. No entanto, parece claro que os precedentes jurídicos para a restrição do "discurso", num sentido mais amplo, apoiam-se no uso do modelo ilocucionário do discurso de ódio. Quanto mais firmemente estiver estabelecido o vínculo entre o discurso e a conduta, e quanto mais encoberta for a distinção entre o sucesso e o fracasso dos atos, mais fortes serão as razões para afirmar que o discurso não apenas produz uma injúria, dentre suas possíveis consequências, mas constitui uma injúria em si mesmo, transformando-se em uma forma inequívoca de conduta. A fusão do discurso na conduta, e a oclusão concomitante da distância que os separa, tendem a constituir um argumento a favor da intervenção do Estado, pois, se o "discurso", em qualquer um dos casos mencionados, pode ser totalmente reduzido à categoria de conduta, então a Primeira Emenda pode ser burlada. Insistir na separação entre discurso e conduta, no entanto, é abrir espaço para formas não jurídicas de oposição, formas de reorganizar e ressignificar o discurso em contextos que excedem aqueles determinados pelos tribunais. Por isso, estratégias elaboradas por movimentos sociais e de defesa de direitos progressistas correm o risco de se voltarem contra esses mesmos movimentos em virtude da ampliação do poder estatal, especificamente do poder jurídico, sobre tais questões. Seja por meio da expansão do escopo da noção de obscenidade, seja por meio da tentativa de implementar a doutrina das palavras belicosas [*fighting words doctrine*] (sem sucesso até o momento), seja ampliando a lei antidiscriminação para incluir determinados discursos como condutas discriminatórias, essas estratégias tendem a aumentar o controle estatal sobre os temas em questão, potencialmente concedendo ao Estado o poder de invocar esses precedentes contra os próprios movimentos sociais que lutaram por sua aceitação como doutrina jurídica.

Os atos de fala como interpelação

Se o discurso de ódio atua de maneira ilocucionária, produzindo ferimentos no e ao longo do momento da fala e constituindo o sujeito por meio desse ferimento, então podemos afirmar que o discurso de ódio exerce uma função interpelativa.[32] A princípio, parece que a noção austiniana de enunciado ilocucionário é incompatível com a noção althusseriana de interpelação. Para Austin, o sujeito que fala precede o discurso em questão. Para Althusser, o ato de fala que dá vida ao sujeito na linguagem precede o sujeito em questão. De fato, a interpelação que precede e forma o sujeito em Althusser parece constituir a condição prévia desses atos de fala centrados no sujeito que povoam o território de análise de Austin. Austin, no entanto, deixa claro que não considera que o funcionamento do performativo dependa sempre da intenção do falante. Ele refuta diversas formas de psicologismo que exigiriam que "atos fictícios internos"[33] acompanhassem a promessa, um dos primeiros atos de fala que ele analisa, a fim de

---

32 Para uma explicação mais detalhada da teoria da interpelação de Althusser, cf. Butler, Conscience Doth Make Subjects of Us All, in: *The Psychic Life of Power*.

33 Austin, *How to Do Things with Words*, p.10.

Discurso de ódio

validá-la. Embora uma boa intenção possa garantir que uma promessa tenha sucesso, a intenção de não performatizar o ato não priva o ato de fala de seu estatuto de promessa; a promessa ainda é performatizada.[34] A força do ato de fala é distinguível de seu significado, e a força ilocucionária é assegurada pelas convenções.[35] Do mesmo modo que, segundo Austin, a convenção que rege a instituição da promessa é verbalmente honrada mesmo no caso de uma promessa que ninguém tem a intenção de cumprir, para Althusser, entramos no "ritual" da ideologia independentemente de haver ou não uma crença prévia e autêntica nessa ideologia.

A ideia de Austin, segundo a qual o ato de fala ilocucionário está condicionado por sua dimensão convencional, isto é, sua dimensão "ritual" ou "cerimonial", encontra uma contrapartida na insistência de Althusser em que a ideologia tem uma forma

---

34 Ibid., p.11.

35 Para um excelente panorama dos debates contemporâneos acerca do estatuto da convenção linguística, cf. Hjort (org.), *Rules and Conventions: Literature, Philosophy, Social Theory*, principalmente o capítulo de Lacour, The Temporality of Convention: Convention Theory and Romanticism. Lewis, *Convention: a Philosophical Study*, tem grande importância para o debate analítico pós-austiniano. Stanley Cavell defende de maneira convincente a extensão da concepção austiniana da linguagem em um sentido wittgensteiniano, incluindo implicitamente a noção de "convenção" em uma concepção mais ampla da linguagem ordinária. Cavell também defende Austin contra todos aqueles que se opõem à concepção austiniana da linguagem no caso da linguagem literária. Cf. Cavell, What Did Derrida Want of Austin?, in: *Philosophical Passages: Wittgenstein, Emerson, Austin, Derrida*, p.42-65. Cf. uma análise semelhante de Cavell em Counter-Philosophy and the Pawn of Voice, in: *A Pitch of Philosophy: Autobiographical Exercises*, p.53-128.

"ritual" e que esse ritual constitui "a existência material de um aparato ideológico".[36] O ritual é material na medida em que é produtivo, ou seja, na medida em que produz a crença que parece estar "por trás" dele. Assim, de maneira provocativa, Althusser faz referência a Blaise Pascal para tratar da crença religiosa quando é chamado a explicar a dimensão ritual da ideologia: "Pascal diz, mais ou menos: 'Ajoelhe-se, mova seus lábios em oração, e você acreditará'". O gesto vazio é preenchido com o tempo, e a ideação é produzida pela repetição ritualizada da convenção. "As ideias", segundo Althusser, não *precedem* essas ações, mas têm sua "existência [...] inscrita nas ações das práticas governadas pelos rituais".[37] Na célebre cena de interpelação que Althusser descreve, o policial chama a atenção do transeunte com "Ei, você aí", e aquele que se reconhece e se vira (quase todo mundo) para atender à chamada não existe, estritamente falando, antes de ser chamado. A cena de Althusser é, portanto, fabulosa, mas o que isso poderia significar? O transeunte se vira precisamente para adquirir certa identidade, comprada, por assim dizer, com o preço da culpa. O ato de reconhecimento torna-se um ato de constituição: o chamamento anima o sujeito à existência.

Nem a promessa austiniana nem a oração althusseriana requerem um estado mental preexistente para "performatizar" da maneira como elas o fazem. Mas, onde Austin supõe um sujeito que fala, Althusser, na cena em que o policial chama a atenção do transeunte, postula uma voz que confere existência a esse sujeito. O sujeito austiniano fala de

---

36 Althusser, op. cit., p.168.
37 Ibid., p.170.

Discurso de ódio

uma forma *convencional*, isto é, fala com uma voz que nunca é completamente singular. Esse sujeito invoca uma fórmula (que não é exatamente o mesmo que seguir uma regra), e essa invocação pode ser feita com pouca ou nenhuma reflexão acerca do caráter convencional do que está sendo dito. A dimensão ritual da convenção implica que o momento do enunciado é informado pelos momentos anteriores e, também, pelos momentos posteriores que são ocultados por esse próprio momento. Quem fala quando uma convenção fala? Em que momento a convenção fala? Em certo sentido, ela é um conjunto herdado de vozes, um eco de outros que falam como o "eu".[38]

Para fazer uma ponte entre os pontos de vista austiniano e althusseriano, seria preciso explicar como o sujeito constituído pelo chamamento do Outro se torna um sujeito capaz de se dirigir aos outros. Nesse caso, o sujeito não é nem um agente soberano com uma relação puramente instrumental com a linguagem nem um mero efeito cuja agência está em cumplicidade total com as operações prévias do poder. A vulnerabilidade em relação ao Outro constituído por esse chamamento prévio nunca é superada na suposição de uma agência (razão pela qual "agência" não é o mesmo que "domínio").

A tese que sustenta que o discurso de ódio é ilocucionário e que ele produz o sujeito em uma posição de subordinação se aproxima do ponto de vista segundo o qual o sujeito

---

38 Essa característica da iteração austiniana é o que leva Shoshana Felman a comparar o trabalho de Austin ao de Lacan. Cf. Felman, op. cit., cap.IV. E, sobre a indiferença da convenção linguística em relação ao "eu" que ela possibilita, cf. a discussão de Felman sobre Émile Benveniste, p.13-22.

é interpelado por uma voz anterior, que exerce uma forma ritual. No discurso de ódio, o ritual em questão parece ser o da subordinação. De fato, um dos argumentos mais fortes a favor da regulamentação estatal do discurso de ódio é o de que certos tipos de enunciados, quando proferidos pelos que se encontram em posições de poder contra seus subordinados, produzem o efeito de ressubordinar aqueles a quem tais enunciados são dirigidos.

Para que esse ponto de vista se torne convincente, é necessário distinguir entre as formas de injúria que são socialmente eventuais e evitáveis e as formas de subordinação que são, por assim dizer, a condição constitutiva do sujeito. É difícil estabelecer essa distinção, embora não impossível, porque parece que o primeiro tipo de discurso explora as possibilidades prévias do segundo. O discurso de ódio revela uma vulnerabilidade prévia à linguagem, uma vulnerabilidade que temos em virtude de sermos seres interpelados, que dependem do chamamento do Outro para existir. A hipótese de que alguém venha a "existir" por meio de uma dependência do Outro — um postulado hegeliano e, de fato, freudiano — deve ser reformulada em termos linguísticos na medida em que os termos pelos quais o reconhecimento é regido, conferido e recusado fazem parte de rituais sociais mais amplos de interpelação. Não conseguimos nos proteger dessa vulnerabilidade e dessa suscetibilidade primárias ao chamado do reconhecimento que concede a existência, a essa dependência primária de uma linguagem que nunca produzimos, a fim de tentar adquirir um estatuto ontológico provisório. Desse modo, às vezes nos apegamos aos termos que nos causam danos porque, no mínimo, eles nos concedem alguma forma de existência social

Discurso de ódio

e discursiva.[39] O chamamento que inaugura a possibilidade de agência exclui, de uma só vez, a possibilidade de autonomia radical. Nesse sentido, uma "injúria" é performatizada pelo próprio ato de interpelação, que elimina a possibilidade de autogênese do sujeito (e dá origem a essa mesma fantasia). Em consequência, é impossível controlar completamente os efeitos potencialmente injuriosos da linguagem sem destruir qualquer coisa de fundamental da própria linguagem e, mais especificamente, da constituição do sujeito na linguagem. Por outro lado, torna-se ainda mais imperativo adotar uma perspectiva crítica sobre os tipos de linguagem que governam a regulação e a constituição dos sujeitos quando nos damos conta da inevitabilidade da nossa dependência em relação à maneira como somos chamados, de forma que possamos exercer qualquer tipo de agência.

Os enunciados do discurso de ódio fazem parte do processo contínuo e ininterrupto ao qual estamos sujeitos, uma sujeição (*assujettissement*) contínua que constitui a própria operação de interpelação, que repete continuamente a ação do discurso pelo qual os sujeitos são constituídos na sujeição. Os termos ofensivos que marcam o lugar discursivo de violação precedem e acarretam o enunciado pelo qual são colocados em ação; o enunciado é a ocasião em que se renova essa operação de interpelação; na verdade, essa operação é exemplificada apenas pela "conduta verbal", mas a operação de interpelação

---

39 Para uma perspectiva semelhante, que enfatiza "o caráter imperfeito das declarações verbais, que as torna refutáveis e faz com que a comunicação humana seja possível", cf. Pocock, Verbalizing a Political Act: towards a Politics of Speech, in: Shapiro, *Language and Politics*, p.25-43.

acontece com ou sem essa conduta. Podemos ser interpelados, colocados no lugar ou indicados a um lugar pelo silêncio, ao não sermos chamados por ninguém, e essa situação se mostra dolorosamente clara quando percebemos que preferimos ser menosprezados a não sermos completamente ignorados.

Poderíamos cair na tentação de buscar entender a existência da linguagem injuriosa ao colocarmos questões éticas como: a que tipo de linguagem deveríamos recorrer? Como a linguagem que usamos afeta os outros? Se o discurso de ódio é citacional, isso significa que quem o utiliza não é responsável por esse uso? Podemos afirmar que alguém inventou esse discurso e que, quando simplesmente o utilizamos, devemos ser absolvidos de toda responsabilidade? Eu diria que a citacionalidade do discurso pode contribuir para aumentar e intensificar nosso senso de responsabilidade. Quem enuncia o discurso de ódio é responsável pela maneira como ele é repetido, por reforçar esse tipo de discurso, por restabelecer contextos de ódio e de injúria. A responsabilidade do falante não consiste em refazer a linguagem *ex nihilo*, mas em negociar o legado de uso que restringe e autoriza seu próprio discurso. Para entender esse senso de responsabilidade, uma responsabilidade afligida pela impureza desde o início, é preciso compreender o falante como alguém constituído na linguagem que ele ou ela também usa. Esse paradoxo aponta para um dilema ético que se forma na origem do discurso.

A questão acerca do uso mais apropriado do discurso é uma questão ética explícita que só pode surgir depois. Ela pressupõe uma série de perguntas prévias: quem somos "nós", de tal modo que, sem a linguagem, não podemos ser, e o que significa "ser" na linguagem? Como é que a linguagem injuriosa

Discurso de ódio

atinge justamente essa condição de possibilidade, de permanência e de sobrevivência linguística? Se o sujeito que fala também é constituído pela linguagem que ele ou ela fala, então a linguagem é a condição de possibilidade do sujeito falante, e não meramente seu instrumento de expressão. Isso significa que o sujeito tem sua própria "existência" implicada em uma linguagem que precede e excede o sujeito, uma linguagem cuja historicidade inclui um passado e um futuro que excedem os do sujeito que fala. E, ainda assim, esse "excesso" é o que permite o discurso do sujeito.

Foucault se refere a essa perda de controle sobre a linguagem quando escreve: "o discurso não é a vida; o tempo dele não é o seu".[40] Com essa afirmação, ele parece querer dizer que a nossa vida não é redutível ao discurso que proferimos ou à esfera do discurso que anima nossa vida. O que Foucault não enfatiza, no entanto, é que o tempo do discurso, mesmo em sua incomensurabilidade radical com o tempo do sujeito, *torna possível* o tempo de fala do sujeito. Esse domínio linguístico sobre o qual o sujeito não tem controle se torna a condição de possibilidade para qualquer domínio de controle exercido pelo sujeito falante. A autonomia no discurso, na medida em que ela existe, é condicionada por uma dependência radical e originária de uma linguagem cuja historicidade excede em todas as direções a história do sujeito falante. E essa historicidade e estrutura excessivas possibilitam a sobrevivência linguística do sujeito, bem como, potencialmente, sua morte linguística.

---

40 Michel Foucault, Politics and the Study of Discourse, in: Burchell; Gordon; Miller (org.), *The Foucault Effect: Studies in Governmentality*, p.71.

Judith Butler

A ação injuriosa dos nomes

Embora algumas formas da linguagem injuriosa dependam do uso de nomes, de chamarmos os outros por nomes, outras formas parecem se basear em descrições ou mesmo em silêncios. E, no entanto, podemos compreender um pouco da vulnerabilidade linguística ao examinarmos o poder do nome. Lacan escreve que "o nome é o tempo do objeto". Mas é também o tempo do Outro. Somos, por assim dizer, situados social e temporalmente ao sermos nomeados. E dependemos dos outros para receber um nome, para a designação que supostamente nos confere singularidade. Se o nome é compartilhado por outras pessoas, enquanto convenção, possui uma generalidade e uma historicidade que não têm nada de radicalmente singular, ainda que pareça exercer o poder de conferir singularidade. Pelo menos é essa a compreensão geral acerca do *nome próprio*. Mas outros tipos de nomes, descrições e posicionamentos linguísticos (incluindo o silêncio) também emprestam e extraem parte do poder constitutivo do nome próprio? Eles também conferem uma especificidade espacial e temporal, inaugurando um tempo do sujeito que não é o mesmo que o tempo da linguagem, reforçando o sentido da finitude do sujeito que decorre dessa incomensurabilidade?

Consideremos, por um momento, as condições mais gerais da nomeação. Em primeiro lugar, um nome é proposto, dado, imposto por uma pessoa ou por um grupo de pessoas, e é atribuído a outra pessoa. Nomear requer um contexto intersubjetivo, mas também um *modo de endereçamento*, pois o nome surge como um *neologismo que é endereçado ao outro, e, por meio de tal endereçamento, esse neologismo se torna próprio*. A cena da nomeação

56

Discurso de ódio

aparece, então, primeiramente como uma ação unilateral: há aqueles que endereçam seu discurso aos outros, que emprestam, amalgamam e criam um nome, derivando-o das convenções linguísticas disponíveis, e estabelecem essa derivação como *própria* no ato de nomear. E, ainda, aquele que nomeia, que trabalha na linguagem para encontrar um nome para o outro, supostamente já foi nomeado, situado na linguagem como alguém que já está sujeito àquele chamamento fundador ou inaugural. Isso sugere que tal sujeito na linguagem está posicionado simultaneamente como destinatário e como destinador, e que a própria possibilidade de nomear outro sujeito exige que o primeiro seja nomeado antes. O sujeito do discurso que é nomeado se torna, potencialmente, alguém que poderá nomear outro sujeito no futuro.

Embora possamos pensar que esse tipo de ação consiste, antes de mais nada, em conferir um nome próprio, ela não assume necessariamente essa forma. O poder perturbador e até mesmo terrível de nomear parece evocar esse poder inicial do nome para inaugurar e manter a existência linguística, de conferir uma singularidade espacial e temporal. Depois de recebermos um nome próprio, estamos suscetíveis a ser nomeados novamente. Nesse sentido, a vulnerabilidade de ser nomeado constitui uma condição permanente do sujeito falante. E se compilássemos todos os nomes pelos quais já fomos chamados? Desenvolveríamos uma crise de identidade? Certos nomes poderiam anular o efeito de outros? Descobriríamos que somos fundamentalmente dependentes de uma lista de nomes que concorrem entre si para dela derivarmos nossa percepção de nós mesmos? Será que descobriríamos que estamos alienados na linguagem ao nos reconhecermos, por assim dizer, em nomes dirigidos a nós que partem de outro lugar? Conforme Benveniste demonstrou, as próprias condições que permitem que nos tornemos um "eu" na linguagem são indiferentes ao "eu" que nos tornamos. Quanto mais nos buscamos na linguagem, mais nos perdemos exatamente onde procuramos.

Situado ao mesmo tempo como destinatário e destinador, orientando-se nesse cruzamento do poder, o sujeito não é apenas fundado pelo outro, necessitando de um chamamento para existir, mas também o seu poder é derivado da estrutura desse chamamento, que é simultaneamente vulnerabilidade e prática linguísticas. Se alguém passa a existir por meio do chamamento, podemos imaginar um sujeito separado de seu posicionamento linguístico? Não conseguimos imaginá-lo ou ele não poderia ser o que é desassociado da possibilidade constitutiva de chamar os outros e de ser chamado pelos outros. Se esses sujeitos não puderem ser quem são sem que tenham um posicionamento linguístico em relação aos outros, então parece que esse posicionamento linguístico se revela essencial para quem esses sujeitos são, alguma coisa sem a qual não se pode dizer que eles existam; seu posicionamento linguístico em relação uns aos outros, sua vulnerabilidade linguística em relação uns aos outros, não é algo que é simplesmente acrescentado às relações sociais. É uma das formas primárias que essa relação social assume.[41]

---

41 Claro, Habermas e outros autores vão extrapolar essa ideia fundamentalmente heideggeriana para afirmar que fazemos parte de algum tipo de comunidade universal, em virtude do que é comumente pressuposto em todo ato de fala, mas eu acredito que isso se distancie demais de nossa reflexão atual. Uma afirmação mais limitada e plausível considera que o contexto social é inerente à linguagem.

Discurso de ódio

A cena linguística que estamos analisando é aquela em que os sujeitos se posicionam em uma relação de destinadores e de destinatários, em que a capacidade de chamar parece derivar do fato de ter sido chamado, em que certa subjetivação na linguagem é constituída por essa reversibilidade. A presunção de uma relação diádica, no entanto, não deve limitar nossa compreensão da interpelação.

Consideremos a situação em que alguém é nomeado sem saber que está sendo nomeado, o que é, afinal, a condição de todos nós no princípio e, às vezes, até mesmo antes disso. O nome nos constitui socialmente, mas a constituição social ocorre sem o nosso conhecimento. De fato, alguém pode muito bem se imaginar de maneira completamente diferente da forma como é socialmente constituído; podemos, por assim dizer, encontrar esse eu socialmente constituído de surpresa, com preocupação ou prazer e mesmo com choque. E esse encontro ressalta a forma pela qual o nome exerce um poder linguístico de constituição que é indiferente em relação a quem o carrega. Não é necessário estar consciente ou perceber que somos constituídos para que essa constituição seja eficaz. A medida dessa constituição não se encontra em sua apropriação reflexiva, mas, sim, em uma cadeia de significação que excede o circuito do autoconhecimento. O tempo do discurso não é o tempo do sujeito.

Nesse sentido, a análise que Althusser faz da interpelação requer uma revisão. O sujeito não precisa necessariamente

---

Para a leitura de um excelente ensaio sobre o modo como os contextos sociais se tornam inerentes ao uso literal da linguagem e do ato de fala, cf. Hanks, Notes on Semantics in Linguistic Practice, in: Calhoun; LiPuma; Postone (org.), *Bourdieu: Critical Perspectives*.

atender ao chamamento para ser constituído enquanto sujeito, e o discurso que inaugura o sujeito não precisa necessariamente assumir a forma de uma voz.

Em *Ideologia e aparelhos ideológicos do Estado*, Althusser procura descrever o poder de constituição do sujeito exercido pela ideologia recorrendo à figura de uma voz divina que nomeia e, por meio da nomeação, traz o sujeito à existência. O nome divino cria o que nomeia, mas também subordina o que cria. Ao afirmar que a ideologia social opera de maneira análoga à voz divina, Althusser inadvertidamente assimila a interpelação social ao performativo divino. O exemplo da religião assume, assim, o estatuto de um paradigma para pensarmos a ideologia: a autoridade da "voz" da ideologia, a "voz" da interpelação, é representada como uma voz que é quase impossível de recusar. A força da interpelação em Althusser provém de exemplos notáveis: a voz de Deus quando nomeia Pedro (e Moisés) e sua forma secularizada na voz postulada do representante da autoridade do Estado, a voz do policial quando chama a atenção do transeunte indisciplinado com "Ei, você aí!".

Em outras palavras, o poder divino de nomear estrutura a teoria da interpelação que explica a constituição ideológica do sujeito. Deus nomeia "Pedro", e esse chamamento estabelece Deus como a origem de Pedro;[42] o nome mantém-se ligado a Pedro permanentemente em virtude da presença implícita e contínua daquele que o nomeia, que reside no nome. Nos termos dos exemplos fornecidos por Althusser, no entanto, essa nomeação não pode ser realizada sem certa disposição ou desejo antecipatório por parte do destinatário. Na medida

---

42 Althusser, op. cit., p.177 [p.106].

Discurso de ódio

em que a nomeação é um chamamento, já existe um destinatário anterior a este, mas, dado que o chamamento é um nome que cria o que nomeia, parece não haver nenhum "Pedro" sem o nome "Pedro". Na verdade, "Pedro" não existe sem o nome que lhe fornece a garantia linguística de sua existência. Nesse sentido, como condição prévia e essencial da formação do sujeito, é necessário que haja certa disposição a ser obrigado pela interpelação autoritária, uma disposição que sugere que alguém já está, por assim dizer, numa relação de obrigação com a voz divina antes mesmo de sucumbir ao seu chamado. Em outras palavras, já foi reivindicado pela voz que chama o nome e já está subordinado à autoridade à qual subsequentemente se submete.

Por mais útil que seja, o esquema de Althusser restringe a noção de interpelação à ação de uma voz, atribuindo à voz um poder criador que evoca e reforça a forma da voz divina capaz de criar o que nomeia. A interpelação deve ser dissociada da forma da voz para se tornar o instrumento e o mecanismo de discursos cuja efetividade não seja reduzida ao momento da enunciação. Consideremos a efetividade da linguagem escrita ou reproduzida na produção de efeitos sociais e, em particular, na constituição de sujeitos. Mas talvez o mais importante seja considerar que a voz está implicada na noção de poder *soberano*, o poder que emanaria de um sujeito, ativado por uma voz, cujos efeitos parecem ser produzidos magicamente por essa voz. Em outras palavras, o poder é compreendido de acordo com o modelo do poder divino de nomear, segundo o qual enunciar é criar o efeito enunciado. O discurso humano raramente imita esse efeito divino, exceto nos casos em que o discurso é apoiado pelo poder do Estado, de um juiz, de uma autoridade de imigração ou da polícia – e, mesmo nesses casos, existe, em algumas ocasiões, a possibilidade de refutar tal poder. Se admitirmos que aquele ou aquela que fala de maneira poderosa, que faz com que o que diz aconteça, tem seu discurso habilitado primeiramente por ter sido chamado e, consequentemente, por ter sido iniciado na competência linguística por meio do chamamento, então devemos concluir que o poder do sujeito falante será sempre, em algum grau, derivativo e que não terá sua origem no sujeito falante.

O policial que chama a atenção de uma pessoa na rua está habilitado a fazê-lo pela força de uma convenção reiterada. Esse é um dos atos de fala que a polícia performatiza, e a temporalidade desse ato excede o tempo do enunciado em questão. Em certo sentido, a polícia *cita* a convenção de chamar a atenção, participa de um enunciado que é indiferente àquele que o enuncia. O ato "funciona" em parte por causa da dimensão citacional do ato de fala, da historicidade da convenção que excede e possibilita o momento de sua enunciação. Para Althusser, deve haver alguém que se vire, que se aproprie automaticamente do termo pelo qual foi chamado; é preciso que esse gesto de apropriação aconteça apenas uma vez para que a chamada se transforme em interpelação. Mas, se aceitarmos a ideia de que a constituição linguística do sujeito pode ocorrer sem seu conhecimento, como na ocasião em que alguém é constituído distante do alcance da voz, como, por exemplo, o referente de um discurso em terceira pessoa, então a interpelação pode funcionar sem a "virada", sem que ninguém diga: "Estou aqui".

Imagine a cena bastante plausível em que somos chamados por um nome e nos viramos apenas para recusá-lo: "Não sou eu, você deve estar enganado!". E, então, imagine que o nome

Discurso de ódio

continua a se impor sobre nós, a delimitar o espaço que ocupamos, construindo um posicionamento social. Indiferente aos nossos protestos, a força da interpelação continua trabalhando. Continuamos constituídos pelo discurso, mas à distância de nós mesmos. A interpelação é um chamamento que erra constantemente o alvo, que requer o reconhecimento de uma autoridade ao mesmo tempo que confere uma identidade por meio da imposição bem-sucedida desse reconhecimento. A identidade é uma função desse circuito, mas ela não existe anteriormente a ele. A marca que a interpelação imprime não é descritiva, mas inaugural. Ela procura introduzir uma realidade em vez de dar conta de uma realidade existente; ela busca introduzir uma realidade pela citação de uma convenção existente. A interpelação é um ato de fala cujo "conteúdo" não é nem verdadeiro nem falso: ela não tem a descrição como tarefa principal. Seu objetivo é designar e estabelecer um sujeito na sujeição, produzir seus contornos sociais no tempo e no espaço. Sua operação reiterativa tem o efeito de sedimentar seu "posicionamento" ao longo do tempo.

O nome interpelativo pode ocorrer sem um falante – em formulários burocráticos, em um recenseamento, em documentos de adoção ou em formulários de emprego. Quem enuncia essas palavras? A difusão burocrática e disciplinar do poder soberano produz um terreno de poder discursivo que opera sem um sujeito, mas que constitui o sujeito no curso de sua operação. Isso não significa que não haja indivíduos que escrevem e distribuem esses formulários. Significa apenas que eles não são os originadores do discurso que transmitem e que suas intenções, ainda que sejam firmes, não são o que determina o sentido desse discurso.

Embora esteja claro que o sujeito fala, e que não existe fala sem sujeito, o sujeito não exerce poder soberano sobre o que diz. Por consequência, a interpelação após a difusão do poder soberano tem uma origem tão obscura como o seu fim. De quem provém o chamamento e a quem ele é endereçado? Se aquele que o transmite não é seu autor, e aquele que é marcado por ele não é objeto de uma descrição, então o funcionamento do poder interpelativo excede os sujeitos constituídos por seus termos, e os sujeitos assim constituídos excedem a interpelação pela qual são animados.

Os funcionamentos da interpelação podem ser necessários, mas isso não quer dizer que eles sejam mecânicos ou totalmente previsíveis. O poder injurioso de um nome é distinto da efetividade com a qual esse poder é exercido. Na verdade, o poder não é tão fácil de identificar ou localizar, como parecem dar a entender algumas teorias dos atos de fala.[43] O sujeito que profere um discurso de ódio é claramente responsável por esse discurso, mas raramente é seu originador. O discurso racista opera por meio da invocação de convenções; ele circula e, embora necessite do sujeito para que seja proferido, esse tipo de discurso não começa nem termina com o sujeito que fala ou com o nome específico que é utilizado.

---

43 O estudo que Stanley Cavell faz da obra de J. L. Austin parece ser uma exceção importante a essa regra. Cavell afirma que a tentativa de atribuir uma intenção determinante ao ato de fala deixa escapar a observação de Austin sobre como as intenções não são tão importantes como as convenções, que dão ao ato ilocucionário seu poder de obrigação. Esse ponto de vista é desenvolvido e apresentado por Cavell juntamente com sugestões esclarecedoras sobre a questão da seriedade em Austin. Cf. Cavell, *A Pitch of Philosophy*.

Discurso de ódio

Foucault desaconselha a busca pela localização da conceituação do poder, e sua teoria do poder tem implicações para a tentativa de localizar o poder no nome. Suas observações têm menos a ver com o poder do nome do que com *o nome do poder* e com os pressupostos nominalistas que acompanham a interpretação do poder como um nome.

Foucault escreve, (HS, 93): "Sem dúvida, devemos ser nominalistas: o poder não é uma instituição e nem uma estrutura, não é uma certa potência de que alguns sejam dotados: *é o nome dado a uma situação estratégica complexa* numa sociedade determinada"[44] (a ênfase é minha). É o nome que atribuímos a uma complexidade que não é fácil de nomear. O poder não ocorre na forma de um nome; o nome não parece ser perfeitamente adequado para expressar suas estruturas e suas instituições. Um nome tende a fixar, a congelar, a delimitar, a tornar substancial e, de fato, parece evocar uma metafísica da substância, de seres distintos e singulares; um nome não é o mesmo que um processo temporal indiferenciado nem a convergência complexa de relações que podem ser enquadradas na rubrica de "uma situação". Mas poder é o nome que atribuímos a essa complexidade, um nome que substitui essa complexidade, que torna administrável aquilo que de outra forma seria excessivamente pesado ou muito complexo e que, em sua complexidade, poderia desafiar a ontologia limitadora e a capacidade de dar substância que o nome pressupõe. Claro, quando Foucault afirma que "poder é o nome dado a uma situação estratégica", parece que o poder é somente o nome que atribuímos, como se o nome fosse uma versão arbitrária

---

44 Ed. bras.: Foucault, *História da sexualidade*, v.1: *A vontade de saber,* p.88.

ou abreviada do que é o poder. Mas Foucault nos oferece uma descrição: "uma situação estratégica numa sociedade determinada"; e então surge a pergunta: seria essa descrição menos arbitrária ou abreviada do que o nome pelo qual é substituída, o nome que a substitui? Em outras palavras, seria a descrição apenas um substituto, assim como o nome?

O que é o poder a partir dessa perspectiva? Se não se trata de uma força da qual somos providos, talvez seja uma força da qual a linguagem é provida? Se o poder não é nenhum dos dois, isto é, se não podemos afirmar que o poder é inerente a todos os sujeitos como uma "força provida" ou, nesse caso, que ele é inerente a qualquer conjunto de nomes como uma "força provida", então como podemos explicar as ocasiões em que o poder se apresenta precisamente como aquilo de que o sujeito é provido *ou* como aquilo de que um nome é provido?

O poder funciona pela dissimulação: ele se apresenta como algo diferente de si mesmo; na verdade, ele se apresenta como *um nome*. O "poder", escreve Foucault, colocando o termo entre aspas; o assim chamado poder; o poder, como se diz. O poder, o nome, é, entre outras coisas, o efeito geral que emerge de todas essas mobilidades, o "encadeamento que se apoia em cada uma dessas 'mobilidades' *e procura impedir seu movimento*".[45] É um movimento, um encadeamento, um encadeamento que se apoia nessas mobilidades, mas que é em certo sentido derivado delas, um encadeamento derivado delas e que se volta contra elas, que procura impedir o próprio movimento. Será o "nome" uma das formas pelas quais esse impedimento é performatizado? Essa é uma maneira estranha de se pensar o

---

45 Ibid. [com alterações].

Discurso de ódio

poder, como o impedimento do movimento, como um movimento que se detém ou se interrompe – pela nominalização. O nome carrega consigo o movimento de uma história que ele mesmo interrompe.

Evidentemente, os nomes injuriosos têm uma história, que é invocada e reforçada no momento do enunciado, mas que não é contada de maneira explícita. Não se trata simplesmente de uma história dos seus usos, dos seus contextos e objetivos; é o modo como tais histórias são introduzidas e interrompidas no e pelo nome. O nome tem, portanto, uma *historicidade*, que pode ser entendida como a história que se tornou interna ao nome, que veio a constituir o significado contemporâneo do nome: a sedimentação de seus usos conforme eles se tornam parte do próprio nome, uma sedimentação, uma repetição que se fixa, que dá ao nome a sua força.[46]

---

46 Heidegger escreve que a historicidade não é apenas o funcionamento imanente da história mas também seu funcionamento essencial, alertando-nos contra a redução da historicidade a uma soma de momentos: "A pre-sença [*Dasein*] não existe como soma das realidades momentâneas de vivências que vêm e desaparecem uma após a outra. [...] Através das fases de suas realidades momentâneas, a pre-sença não preenche um trajeto e nem um trecho 'da vida' já simplesmente dado. Ao contrário, ela se estende *a si mesma* de tal maneira que seu próprio ser já se constitui como ex-tensão", Heidegger, *Being and Time*, p.426 [ed. bras.: *Ser e tempo*, parte II, p.178-9]. Hans-Georg Gadamer ressalta que essa historicidade não está vinculada ao momento ao qual ela parece ser inerente. Ao fazer uma leitura crítica de Heidegger, Gadamer escreve: "a mobilidade histórica da existência humana apoia-se precisamente em que não há uma vinculação absoluta a uma determinada posição, e nesse sentido tampouco existe um horizonte fechado", *Truth and Method*, p.235 [ed. bras.: *Verdade e método*, p.455].

Judith Butler

Se entendermos a força do nome como um efeito de sua historicidade, então essa força não é o mero efeito causal de um golpe infligido, mas funciona em parte graças a uma memória codificada ou a um trauma, que vive na linguagem e é transmitido por ela. A força do nome depende não apenas de sua iterabilidade, mas sim de uma forma de repetição que está relacionada ao trauma, do que, a rigor, não é lembrado, mas revivido, e revivido na e pela substituição linguística do acontecimento traumático. O acontecimento traumático é uma experiência prolongada que ao mesmo tempo desafia e propaga a representação.[47] O trauma social toma a forma não de uma estrutura que se repete mecanicamente, mas de uma sujeição contínua, da reencenação da injúria por meio de signos que simultaneamente obstruem a cena e a recolocam em ação. A repetição pode se dar igualmente pelo modo como o trauma é repetido e pela maneira como ele rompe com a historicidade à qual está submetido? O que é que constitui uma citação inversa na cena do trauma? Como o discurso de ódio pode ser citado contra si mesmo?

As propostas que têm como objetivo regulamentar o discurso de ódio invariavelmente acabam por citar esse tipo de discurso longamente, enumerando extensas listas de exemplos, codificando esse discurso com intenções de controlá-lo ou apresentando de modo pedagógico as injúrias que foram

---

47 Cathy Caruth escreve que "o trauma não é experienciado como uma mera repressão ou defesa, mas como um atraso temporal que leva o indivíduo para além do choque primeiro. O trauma é a repetição do sofrimento do acontecimento", *Psychoanalysis, Culture, and Trauma*, p.6. Cf. Felman; Laub, *Testimony: Crisis of Witnessing in Literature, Psychoanalysis, and History*.

Discurso de ódio

infligidas por esse tipo de discurso. Parece que a repetição é inevitável e que a pergunta estratégica permanece: qual é o melhor uso da repetição? Esse não é um exercício de agência a distância, e sim, precisamente, uma luta que parte do interior das restrições da compulsão. No caso do discurso de ódio, parece não haver nenhuma maneira de amenizar seus efeitos, exceto através de sua recirculação, ainda que essa recirculação ocorra no contexto de um discurso público que clama pela censura de tal discurso: o censor se vê obrigado a repetir o discurso que o próprio censor proibiria. Não importa quão veemente seja a oposição a tal discurso, sua recirculação, inevitavelmente, também reproduz o trauma. Não é possível evocar exemplos de discurso racista, por exemplo, em uma sala de aula, sem invocar a suscetibilidade do racismo, o trauma e, para alguns, a agitação.

Descobri, através de uma experiência difícil durante o verão de 1995, no curso de Crítica e Teoria da Dartmouth College, que dar exemplos desse tipo de linguagem é, em alguns casos, incitar o seu uso. Um ou uma estudante, aparentemente reagindo ao conteúdo do curso, enviou cartas de ódio a diversos alunos da turma, com conjeturas "embasadas" sobre a etnia e a sexualidade deles; ele ou ela escreveu as cartas sem assinar seu nome: sem nome, utilizava nomes para xingar, tentando destilar a operação de interpelação em um chamamento unilateral de acordo com o qual somente o escritor ou a escritora das cartas poderia se dirigir aos outros, mas os outros não poderiam se dirigir de volta a ele ou ela. Dessa forma, o trauma do exemplo retornou, por assim dizer, no trauma das cartas anônimas. Posteriormente, durante a aula, o trauma foi reiterado novamente para fins pedagógicos. A incitação ao discurso sobre o trauma,

69

no entanto, não funcionou para amenizá-lo, embora, de alguma maneira, o escrutínio desinteressado dos termos tenha atenuado a onda de agitação que, para alguns, acompanhava seu enunciado. A capacidade liberal de se referir a tais termos como se fosse apenas para mencioná-los, e não para fazer uso deles, pode reforçar a estrutura de rejeição que permite sua circulação prejudicial. As palavras são enunciadas e desautorizadas no momento do enunciado, e o discurso crítico acerca delas torna-se justamente o instrumento de sua perpetração.

Essa história evidencia os limites e riscos da ressignificação enquanto estratégia de oposição. Não posso afirmar que a recirculação pedagógica de exemplos de discurso de ódio vá sempre destruir o projeto de oposição e crítica a tal discurso, mas eu gostaria de ressaltar o fato de que tais termos carregam conotações que excedem os propósitos pretendidos e, assim, podem oprimir e frustrar os esforços discursivos para se oporem ao discurso de ódio. Assegurar-se de que esses termos permanecerão não ditos e indizíveis também pode contribuir para fixá-los e preservar seu poder de ferir ao impedir a possibilidade de serem retrabalhados de modo a modificar seu contexto e propósito.

O fato de que essa linguagem carrega em si um trauma não justifica a proibição de seu uso. Não existe uma linguagem purificadora de seu resíduo traumático, e não há nenhuma maneira de lidar com o trauma que não implique o esforço árduo e necessário de direcionar o curso de sua repetição. Pode ser que o trauma constitua uma forma estranha de recurso e que a repetição seja seu instrumento controverso, mas promissor. Afinal, ser nomeado por outra pessoa é traumático: é um ato que precede a minha vontade, um ato que me introduz

Discurso de ódio

a um mundo linguístico no qual eu posso, então, começar a exercer qualquer agência. Uma subordinação fundadora, que também constitui a cena da agência, é repetida nas contínuas interpelações da vida social. É disso que eu sou chamada. Porque eu fui chamada de certa maneira, eu fui inserida na vida linguística e me refiro a mim mesma por meio da linguagem dada pelo Outro, mas talvez nunca exatamente nos mesmos termos que minha linguagem imita. Os termos utilizados para chamar nossa atenção raramente são os que escolhemos (e, mesmo quando tentamos impor protocolos sobre o modo como deveríamos ser chamados, eles normalmente fracassam); mas esses termos que nunca escolhemos de fato são a oportunidade de alguma coisa que ainda poderíamos chamar de agência, a repetição de uma subordinação originária com outra finalidade, cujo futuro permanece parcialmente aberto.

Esquema

Se a agência não é derivada da soberania do falante, então a força do ato de fala não é uma força soberana. A "força" do ato de fala está, por mais incongruente que possa parecer, relacionada ao corpo cuja força é desviada e transmitida pelo discurso. Como agitador, esse discurso é, ao mesmo tempo, o efeito deliberado e não deliberado de um falante. Aquele que fala não é o originador do discurso, pois esse sujeito é produzido na linguagem pelo exercício performativo prévio do discurso: a interpelação. Além disso, a linguagem que o sujeito fala é convencional e, nesse sentido, citacional. O esforço jurídico para controlar o discurso injurioso tende a isolar o "falante" como o agente culpável, como se o falante estivesse na origem de tal discurso.

A responsabilidade do falante é, assim, mal interpretada. O falante assume a responsabilidade pelo discurso precisamente em razão de seu caráter citacional. O falante renova os símbolos linguísticos de uma comunidade, reeditando e revigorando esse discurso. A responsabilidade está, portanto, relacionada à repetição do discurso, e não à sua origem.

Se a performatividade do discurso injurioso é considerada perlocucionária (o discurso produz efeitos, mas não é ele próprio o efeito), então tal discurso só produz seu efeito injurioso na medida em que também produz uma série de efeitos não necessários. Somente se outros efeitos puderem advir do enunciado, a apropriação, a inversão e a recontextualização de tais enunciados tornam-se possíveis. Na medida em que algumas abordagens jurídicas pressupõem o caráter ilocucionário do discurso de ódio (o discurso é o exercício imediato e necessário de efeitos injuriosos), a possibilidade de desativar a força desse discurso por um contradiscurso é descartada. De maneira significativa, o discurso jurídico no qual o caráter da performatividade do discurso de ódio ocorre se constitui em seu próprio exercício performativo. No atual clima político dos Estados Unidos, a lei que decide a questão do discurso de ódio tende a ser aplicada de forma incoerente a fim de facilitar os objetivos políticos reacionários: a ação do discurso é considerada, de maneira inequívoca, uma conduta injuriosa (segundo um ponto de vista ilocucionário do ato de fala) nos casos em que a representação explícita da sexualidade está em questão. A autodeclaração de gays e lésbicas nas Forças Armadas é um desses exemplos. A relação entre discurso e conduta é considerada ambígua, ou até mesmo indecidível, pelos tribunais em casos relacionados ao discurso racista.

Discurso de ódio

Minha opinião é a de que os esforços que visam demonstrar que o discurso é uma conduta são utilizados pelos tribunais conservadores para endossar a ideia de que o discurso sexual é um ato sexual; no entanto, esses tribunais tendem a questionar a relação entre o discurso e a conduta em assuntos relacionados à linguagem racista. Isso fica dolorosamente claro nos casos em que as minorias raciais passam a representar a fonte ou a origem das representações sexualmente injuriosas (como no *rap*) ou nos casos em que essa mesma depreciação pornográfica é exercida pelo próprio Estado, como ocorreu quando o discurso de Anita Hill,[48] transformado em um espetáculo racial sexualizado, foi privado de toda credibilidade. A transposição do modelo do discurso de ódio da raça para a sexualidade não funciona sem produzir uma série de consequências politicamente problemáticas. Os tropos raciais são explorados para estabelecer falsas analogias com o sexo, e a interseção entre os dois nunca é questionada criticamente.

Por mais que este texto procure compreender as particularidades dos argumentos recentes acerca do discurso de ódio, ele também procura esboçar uma teoria mais geral da performatividade do discurso político. A ideia não é enumerar as consequências políticas de uma teoria do performativo, mas sobretudo mostrar como uma teoria do performativo já está em ação no exercício do discurso político (uma teoria pode

---

48 Em 1991, a advogada e ativista Anita Faye Hill, professora da Universidade de Brandeis, acusou o candidato ao Supremo Tribunal dos Estados Unidos, Clarence Thomas, de tê-la assediado sexualmente enquanto era seu supervisor na agência governamental Equal Employment Opportunity Commission (EEOC) na década de 1980. (N. E.)

funcionar de maneiras implícitas e fugidias). Compreender a performatividade como uma ação renovável sem origem ou fim claros implica que o discurso não está, afinal, restringido nem por seu falante específico nem por seu contexto de origem. Definido não apenas pelo contexto social, esse discurso também é marcado por sua capacidade de romper com o contexto. Assim, a performatividade tem sua própria temporalidade social, na qual permanece habilitada precisamente pelos contextos com os quais ela rompe. Essa estrutura ambivalente que está no centro da performatividade implica que, no discurso político, os próprios termos de resistência e insurgência são engendrados em parte pelos poderes aos quais se opõem (o que não quer dizer que sejam redutíveis a eles nem que já tenham sido cooptados por eles de antemão).

A possibilidade política de retrabalhar a força do ato de fala para combater a força da injúria consiste em apropriar-se da força do discurso deturpando-a desses contextos anteriores. A linguagem que combate as injúrias do discurso, no entanto, deve repetir tais injúrias sem recolocá-las em ação com exatidão. Tal estratégia consiste em afirmar que o discurso de ódio não destrói a agência necessária para gerar uma resposta crítica. Aqueles que defendem que o discurso de ódio produz uma "classe de vítimas" negam a existência da agência crítica e tendem a apoiar um tipo de intervenção no qual a agência é totalmente assumida pelo Estado. Em vez da censura patrocinada pelo Estado, realiza-se uma luta social e cultural da linguagem, onde a agência é derivada da injúria e a injúria é rebatida por essa mesma derivação.

Apropriar-se de forma deturpada da força da linguagem injuriosa para rebater suas operações injuriosas constitui uma

Discurso de ódio

estratégia que recusa, por um lado, a solução da censura patrocinada pelo Estado e, por outro, o retorno a uma concepção impossível de liberdade soberana do indivíduo. O sujeito é constituído (interpelado) na linguagem por um processo seletivo que regulamenta os termos da legibilidade e da inteligibilidade da sujeitidade [subjecthood]. O sujeito é chamado por um nome, mas "quem" o sujeito é depende igualmente dos nomes pelos quais ele ou ela nunca é chamado: as possibilidades da vida linguística são inauguradas e forcluídas por esse nome.

Desse modo, a linguagem constitui o sujeito em parte por meio da forclusão, uma espécie de censura extraoficial ou de restrição primária no discurso que constitui a possibilidade da agência no discurso. O tipo de fala que ocorre na fronteira do indizível promete revelar os limites vacilantes da legitimidade no discurso. Como mais um limite à soberania, esse ponto de vista sugere que a agência é derivada de limitações da linguagem e que essa limitação não tem somente implicações negativas.

De fato, quando pensamos em mundos que podem, um dia, tornar-se pensáveis, dizíveis e legíveis, revelar o forcluído e dizer o indizível tornam-se parte da própria "ofensa" que deve ser cometida a fim de expandir o domínio da sobrevivência linguística. A ressignificação do discurso demanda abrir novos contextos, falar de maneiras que nunca haviam sido legitimadas e produzir, por consequência, formas novas e futuras de legitimação.

1.
Atos incendiários, discursos injuriosos[1]

O título do livro de J. L. Austin, *How to Do Things with Words* [*Como fazer coisas com palavras*, em uma tradução literal], coloca a questão da performatividade ao perguntar o que significa dizer que "coisas podem ser feitas com palavras". O problema da performatividade está, desse modo, imediatamente ligado à questão da transitividade. O que significa para uma palavra não apenas nomear, mas também, em certo sentido, performatizar e, especialmente, performatizar o que nomeia? Por um lado, pode parecer que a palavra – nesse momento, não sabemos de que palavra ou de que tipo de palavra se trata – coloca em ação o que ela nomeia; nesse caso, o "o que" de "o que ela nomeia" continua sendo diferente do nome mesmo e da performatização desse "o quê". Afinal, o título de Austin questiona como fazer coisas *com* palavras, sugerindo que

---

1 Gostaria de agradecer, pelas leituras de uma primeira versão deste capítulo, a Wendy Brown, Robert Gooding-Williams, Morris Kaplan, Robert Post e Hayden White. Quaisquer imprecisões e erros de interpretação são, obviamente, de minha exclusiva responsabilidade. Agradeço a Jane Malmo pela ajuda na preparação do manuscrito.

as palavras se tornam instrumentos para fazer coisas. Austin, é claro, distingue entre os atos de fala ilocucionários e os perlocucionários, entre as ações que são performatizadas em virtude das palavras e aquelas que são performatizadas como uma consequência das palavras. A distinção é complicada e nem sempre estável. De acordo com a perspectiva perlocucionária, as palavras são instrumentais para realizar ações, mas não são elas próprias as ações que ajudam a realizar. Essa forma do performativo sugere que as palavras e as coisas que são feitas não são, de nenhum modo, as mesmas. Mas, de acordo com a visão de Austin do ato de fala ilocucionário, o nome performatiza *a si mesmo* e, no decorrer dessa performatização, torna-se uma coisa feita; a declaração é o ato de fala ao mesmo tempo que é falar de um ato. De tal ato não se pode, de maneira razoável, exigir um "referente", já que o efeito do ato de fala não é se referir a algo além de si mesmo, mas performatizar a si mesmo, produzindo, assim, uma estranha encenação da imanência linguística.

O título da obra de Austin, *Como fazer coisas com palavras*, sugere que há um modo de fazer perlocucionário, um domínio de coisas feitas e um campo instrumental de "palavras"; na verdade, existe também uma deliberação que precede esse fazer, e a ideia de que as palavras são distintas das coisas que elas fazem.

Mas e se lermos esse título com ênfase na forma ilocucionária do discurso, perguntando-nos o que significaria para uma palavra "fazer" alguma coisa, de modo que esse fazer seja menos instrumental do que transitivo? Na verdade, o que significaria para uma coisa ser "feita por" uma palavra ou, nesse caso, para uma coisa ser "desfeita" por uma palavra? Quando

Discurso de ódio

e onde, nesse caso, essa coisa seria desvinculada da palavra pela qual é feita ou desfeita, e onde e quando essa conjunção entre palavra e coisa pareceria indissolúvel? Se, nesse sentido, é possível dizer que uma palavra "faz" uma coisa, então parece que a palavra não apenas significa uma coisa, mas que esse significado será também uma encenação da coisa. Parece que o significado de um ato performativo reside nessa aparente coincidência entre significar e encenar.

E, no entanto, parece que essa qualidade de "ato" do performativo é ela própria uma conquista de outra ordem; Paul de Man estava, de fato, atento quando questionou se um tropo não é animado no momento em que afirmamos que a linguagem "atua", que a linguagem se coloca em uma série de atos distintos e que sua função primeira pode ser entendida como essa forma de ação pontual. Significativamente, penso, a tradução mais corrente da análise que Nietzsche faz da relação metaléptica entre o fazedor e o feito repousa sobre certa confusão acerca do estatuto do "feito", pois até mesmo nesse caso Nietzsche alega que certas formas de moralidade exigem um sujeito e instituem um sujeito como consequência dessa exigência. Esse sujeito será introduzido como anterior ao feito para que se possa atribuir a ele a culpa e a responsabilidade pelos efeitos dolorosos de uma determinada ação. Um ser é ferido, e o vocabulário que surge para moralizar essa dor identifica um sujeito como o originador intencional de um feito injurioso; Nietzsche interpreta isso, primeiramente, como a moralização pela qual a dor e a injúria são equiparadas e, em segundo lugar, como a produção de um domínio de efeitos dolorosos impregnado de intenções supostas. Nesse momento, o sujeito não apenas é inventado como a origem

Judith Butler

prévia e causal de um efeito doloroso transformado em injúria mas, como a ação cujos efeitos são injuriosos não é mais considerada uma ação, a presença contínua de um "fazer", mas sim reduzida a um "ato singular".

A seguinte citação de *Genealogia da moral* é normalmente lida de maneira a enfatizar o posicionamento retroativo do fazedor anteriormente ao feito; mas notemos a existência de uma resolução moral de um "fazer" contínuo em um "feito" pontual, e que é simultânea a esse posicionamento retroativo: "não existe 'ser' por trás do fazer, do atuar, do devir: 'o fazedor' é uma ficção acrescentada ao fazer – o fazer é tudo" ["...*es gibt kein 'Sein' hinter dem Tun, Wirken, Werden; 'der Täter' ist zum Tun bloss hinzugedichtet – das Tun ist alles*"]. Em alemão, não há referência a um "feito" [*die Tat*], apenas a um "fazer" [*das Tun*] e à palavra que designa um culpado ou malfeitor, *der Täter*, que se traduz simplesmente como "fazedor".[2] Aqui, os mesmos termos pelos quais o "fazer" é retroativamente ficcionalizado [*hinzugedichtet*] como o efeito intencional de um "sujeito" estabelecem a ideia de um "fazedor" como, basicamente, um malfeitor. Além disso, para que se atribua responsabilidade a um sujeito, uma origem da ação é ficticiamente atribuída àquele sujeito. Em vez de um "fazer", temos a restrição gramatical e jurídica que impõe ao pensamento um sujeito constituído, em primeiro lugar e sobretudo, como o originador responsável por um feito injurioso. Uma causalidade moral é, então, estabelecida entre o sujeito e seu ato, de modo a separar ambos os termos

---

2 Esse sentido criminal do ator deve ser diferenciado tanto do termo comercial quanto do termo teatral (respectivamente, *Händlerin/Händler* e *Schauspielerin/Schauspieler*).

80

Discurso de ódio

de um "fazer" temporalmente expansivo, que parece ser anterior e indiferente a essas exigências morais.

Para Nietzsche, o sujeito aparece apenas como a consequência de uma exigência de responsabilidade; um conjunto de efeitos dolorosos é assimilado por um arcabouço moral que busca relacionar a "causa" desses efeitos a um único agente singular e intencional, um arcabouço moral que opera por meio de uma determinada lógica de invenção e eficiência paranoica. *Assim, a questão de sabermos quem é responsável por uma determinada injúria precede e inicia o sujeito, e o próprio sujeito é formado pela operação de nomeação para ocupar esse lugar gramatical e jurídico.*

De certa forma, para Nietzsche o sujeito passa a existir somente dentro das exigências de um discurso moral de responsabilização. As exigências da culpabilização representam o sujeito como a "causa" de um ato. Nesse sentido, não pode haver sujeito sem um ato condenável, e não pode haver "ato" à margem de um discurso de responsabilização e, segundo Nietzsche, sem uma instituição de punição.

Mas aqui parece que a versão de Nietzsche para explicar a formação do sujeito em *Genealogia da moral* expõe algo de sua própria impossibilidade. Pois, se o "sujeito" é inicialmente animado mediante a acusação, se ele é invocado como a origem de uma ação injuriosa, então parece que a acusação deve vir *de* um performativo interpelativo que precede o sujeito, que pressupõe a operação prévia de uma fala efetiva. Quem emite esse julgamento formativo? Se existe uma instituição de punição na qual o sujeito é formado, não há também uma figura da lei que performativamente sentencia o sujeito à existência? Em certo sentido, não é essa a conjectura de Nietzsche acerca de um sujeito anterior e mais poderoso? A própria linguagem

Judith Butler

que Nietzsche emprega permite que ele elucide esse problema ao alegar que "der Täter ist zum Tun bloss hinzugedichtet". A forma passiva do verbo, *hinzugedichtet*, poética ou ficticiamente acrescentado, anexado ou aplicado, não deixa claro quem ou o que executa essa formação razoavelmente consequente. No caso de haver dor, um sujeito é retrospectivamente atribuído ao ato como sua origem, e o ato é atribuído ao sujeito como seu efeito; essa dupla atribuição se confunde com uma terceira, a saber, a atribuição de uma consequência injuriosa ao sujeito e a seu ato. A fim de estabelecer uma consequência injuriosa no domínio da responsabilidade, é necessário instituir um sujeito e estabelecer o caráter singular e pontual do ato em si, bem como a efetividade do ato que produz a injúria? Se a injúria pode ser atribuída a um ato especificável, ela pode ser qualificada como um objeto de acusação: ela pode ser julgada e responsabilizada. Atribuir a injúria ao ato de um sujeito e privilegiar o domínio jurídico como o espaço de negociação das injúrias sociais não inviabiliza involuntariamente a análise precisa da maneira como o discurso produz a injúria ao tomar o sujeito e sua fala como o ponto de partida apropriado? E quando são palavras que machucam, para emprestar a formulação de Richard Delgado, como podemos compreender a relação entre a palavra e o machucado? Se não se trata de uma relação causal e nem da materialização de uma intenção, trata-se, talvez, de uma forma de transitividade discursiva que precisa ser especificada em sua historicidade e em sua violência? Qual é a relação entre essa transitividade e o poder de ferir?

No notável ensaio "Violência e a palavra", Robert Cover define a violência da interpretação jurídica como "a violência que os *juízes* implementam enquanto instrumentos do

Discurso de ódio

Estado-nação moderno".[3] "Os juízes", ele alega, "distribuem dor e morte [...] pois quando uma juíza interpreta utilizando o conceito de punição, ela também atua — por meio de outras pessoas — de modo a conter, ferir, tornar indefeso ou até matar o prisioneiro" (note-se a infeliz consequência do feminismo liberal quando decide legislar.o feminino como universal). A análise de Cover é relevante para a questão do processo jurídico contra o discurso de ódio justamente porque enfatiza o poder do *judiciário* de colocar em ação a violência por meio do discurso. Os defensores de ações legais contra o discurso de ódio foram obrigados a mudar sua análise para reconhecer que outros agentes além dos governos e dos ramos governamentais exercem o poder de produzir injúria por meio das palavras. Para esse fim, estabelece-se uma analogia entre a ação do Estado e a ação civil, de tal forma que se reconhece que ambos os tipos de ação têm o poder de negar direitos e liberdades protegidos pela Cláusula de Proteção Igualitária da Constituição dos Estados Unidos. Consequentemente, um dos obstáculos aos esforços contemporâneos para penalizar legalmente o discurso de ódio é o fato de que a "doutrina da ação estatal" permite o recurso à Cláusula de Proteção Igualitária em tais casos, presumindo que somente os governos podem ser agentes de tratamento prejudicial que resulta na privação de direitos e liberdades.[4] Argumentar que os cidadãos podem

---

3 Cover, Violence and the Word [ed. bras.: Violência e a palavra — com alterações].

4 "A doutrina [da ação estatal] sustenta que, embora alguém possa ter sofrido um tratamento prejudicial que poderia normalmente ser descrito como privação da liberdade ou negação da proteção igualitária das leis, esse fato não constitui uma infração à Constituição a

efetivamente privar *uns aos outros* de tais direitos e liberdades ao pronunciar palavras que machucam requer a superação das restrições impostas pela doutrina da ação estatal.[5]

Enquanto Cover enfatiza o poder *jurídico* de infligir dor através da linguagem, a jurisprudência recente se distanciou da ideia da violência interpretativa colocada em ação pelos Estados-nação e privilegiou a violência colocada em ação pelos sujeitos-cidadãos aos membros de grupos minoritários. Essa mudança não defende simplesmente que os cidadãos agem da mesma maneira que os Estados, mas sim que o poder do Estado é reconfigurado como um poder exercido por um sujeito-cidadão. Ao "suspender" a doutrina da ação estatal, os defensores da penalização jurídica do discurso de ódio podem, também, vir a suspender uma compreensão crítica do poder do Estado, realocando esse poder na agência e no efeito do sujeito-cidadão. De fato, se o processo contra o discurso de ódio for julgado pelo Estado, na forma do judiciário, o Estado é tacitamente representado como um instrumento neutro de aplicação da lei. Dessa forma, a "suspensão" da doutrina da ação estatal pode envolver a suspensão da percepção crítica tanto do poder como da violência estatal no sentido entendido por Cover, mas também um deslocamento desse poder para o cidadão individualmente e para o conjunto de

---

menos que os próximos perpetradores ativos do dano incluam pessoas que exercem a autoridade ou o poder especial conferido pelo governo de um estado"; Michelman, Conceptions of Democracy in American Constitutional Argument: the Case of Pornography Regulation.

5 Lawrence III, If He Hollers Let Him Go: Regulating Racist Speech on Campus, in: Matsuda et al. (org.), *Words that Wound: Critical Race Theory, Assaultive Speech and the First Amendment*, p.65.

Discurso de ódio

cidadãos, tomados como soberanos cujo discurso passa a possuir um poder que opera como o poder estatal, privando outros "soberanos" de direitos e liberdades fundamentais.[6]

Quando se desloca a ênfase do dano causado pelo Estado para o dano causado por cidadãos e instituições não estatais contra os cidadãos, produz-se também uma reavaliação da forma como o poder opera no e pelo discurso. Quando as palavras que machucam não são ações do Estado-nação — e, na verdade, quando o Estado-nação e seu poder judiciário são convocados a arbitrar queixas desse tipo feitas por cidadãos a respeito de outros cidadãos —, em que sentido se altera a análise da violência da palavra? A violência perpetrada pelos tribunais é minorada involuntariamente em favor de uma política que pressupõe a imparcialidade e a eficácia dos tribunais ao julgar questões relacionadas ao discurso de ódio? E até que ponto o potencial da violência estatal aumenta na medida em que a doutrina da ação estatal é suspensa?

Em sua explicação sobre a performatividade, Austin pressupõe o sujeito como soberano: a imagem de um indivíduo que fala e que, ao falar, performatiza o que ela/ele diz, como faz o juiz ou outro representante da lei. Um juiz pronuncia uma sentença, e esse pronunciamento é o ato pelo qual a sentença se torna vinculante, desde que o juiz seja um juiz legítimo e que as condições de sucesso sejam devidamente asseguradas. Aquele que utiliza o performativo com efetividade é entendido como alguém que opera de acordo com um poder incontestado. O médico que auxilia no nascimento de uma

---

6 Agradeço a Robert Post por essa última analogia, sugerida a mim durante uma conversa.

criança e pronuncia "É uma menina" inicia uma longa cadeia de interpelações pelas quais a menina é transitivamente tornada menina: o gênero é repetido de forma ritual, de tal modo que a repetição engendra tanto o risco de fracasso como o efeito de fixação pela sedimentação. Kendall Thomas propõe um raciocínio semelhante segundo o qual o sujeito é sempre "racializado" transitivamente por agências reguladoras desde a sua origem.[7] O poder de "racializar" e, também, de atribuir um gênero precede o "indivíduo" que fala esse poder – e, ainda assim, o indivíduo que fala parece possuir esse poder.

Se a performatividade requer o poder de efetuar ou de colocar em ação o que é nomeado, então que "indivíduo" deterá tal poder, e como esse poder será concebido? Dentro desse contexto, como podemos explicar *a palavra injuriosa*, a palavra que não apenas nomeia um sujeito social, mas que constrói esse sujeito na nomeação, e o constrói por meio de uma interpelação violadora? O poder de produzir esse tipo de injúria ao utilizar o nome injurioso é de fato possuído por um "indivíduo" ou esse é um poder acumulado ao longo do tempo e que está dissimulado no momento em que um único sujeito enuncia seus termos injuriosos? Aquele "indivíduo" que pronuncia o termo *cita* o termo, estabelecendo-se, então, como autor ou autora, enquanto, simultaneamente, estabelece o estatuto derivado dessa autoria? A comunidade e a história desses falantes não são magicamente evocadas no momento em que esse enunciado é pronunciado? E se e quando esse enunciado produz uma injúria, qual é a causa da injúria, o enunciado ou quem o

---

7 Thomas, The Eclipse of Reason: a Rhetorical Reading of *Bowers v. Hardwick*, *Virginia Law Review*, v.79.

Discurso de ódio

enuncia? Ou esse enunciado performatiza sua injúria mediante uma transitividade que não pode ser reduzida a um processo causal ou intencional com sua origem em um sujeito singular? De fato, iterabilidade ou citacionalidade não são precisamente *a operação dessa metalepse pela qual o sujeito que "cita" o performativo é temporariamente produzido como a origem tardia e fictícia do próprio performativo?* O sujeito que enuncia as palavras socialmente injuriosas é mobilizado por essa longa cadeia de interpelações injuriosas: ele ou ela adquire um estatuto temporário ao citar esse enunciado, ao performatizar a si mesmo como a origem desse enunciado. Esse efeito de sujeito, no entanto, é a consequência dessa mesma citação; é derivado, ou seja, é o efeito de uma metalepse tardia pela qual a herança de interpelações que é evocada é dissimulada como sujeito e "origem" de seu enunciado. Se o enunciado deve ser objeto de um processo judicial, onde e quando esse processo começaria e onde e quando terminaria? Isso não seria equivalente à tentativa de processar uma história que, por sua própria temporalidade, não pode ser levada a julgamento? Se a função do sujeito como origem fictícia é mascarar a genealogia pela qual esse sujeito é formado, o sujeito é igualmente instituído a fim de assumir o ônus da responsabilidade pela própria história que ele dissimula; a judicialização da história, então, é alcançada precisamente pela busca de sujeitos que possam ser processados e responsabilizados para que, dessa forma, o problema de uma história que fundamentalmente não pode ser processada seja resolvido temporariamente.

Isso não quer dizer que os sujeitos não devam ser processados judicialmente por seu discurso injurioso; acredito que há ocasiões em que eles provavelmente devam ser. Mas o que exatamente está sendo processado quando a palavra injuriosa é levada a julgamento e se torna finalmente ou inteiramente processável?

É incontestável que as palavras machucam, e é também irrefutavelmente correto o fato de que o discurso odioso, racista, misógino e homofóbico deve ser veementemente combatido. Mas será que entender de onde o discurso deriva seu poder de machucar altera nossa concepção do possível significado de contradizer esse poder que machuca? Devemos aceitar a noção de que o discurso injurioso é atribuível a um sujeito e a um ato singulares? Se aceitarmos essa restrição jurídica ao pensamento — os requisitos gramaticais da responsabilidade — como ponto de partida, o que perderemos da análise política da injúria? De fato, quando o discurso político é totalmente reduzido ao discurso jurídico, o significado de oposição política corre o risco de ser reduzido ao ato do processo judicial.

De que modo a análise da historicidade discursiva do poder é involuntariamente restringida quando se presume o sujeito como ponto de partida dessa análise? Supõe-se que a postulação do sujeito como a origem causal do ato performativo, uma construção claramente teológica, gera aquilo que nomeia; de fato, esse sujeito empoderado divinamente é aquele para quem o próprio nome tem caráter gerador. De acordo com a versão bíblica do performativo, "Haja luz!", parece que, em virtude do *poder de um sujeito ou de sua vontade*, um fenômeno é criado por sua nomeação. Embora a sentença seja proferida no subjuntivo, podemos caracterizá-la como um performativo "mascarado" no sentido austiniano. Ao propor uma reformulação crítica do performativo, Derrida mostra claramente, em relação a Austin, que esse poder não é a função de uma vontade originária, mas é sempre derivado:

Discurso de ódio

Um enunciado performativo poderia ser conseguido se a sua formulação não repetisse um enunciado "codificado" ou iterável, dito de outro modo, se a fórmula que pronuncio para abrir uma sessão, lançar um barco ou casamento não fosse identificável como conforme a um modelo iterável, se, portanto, não fosse identificável de qualquer maneira como "citação"? [...] Nesta tipologia, a categoria de intenção não desaparecerá, terá o seu lugar, mas, a partir deste lugar, não poderá já comandar toda a cena e todo o sistema da enunciação [*l'enonciation*].[8]

Em que medida o discurso ganha autoridade para produzir o que nomeia ao citar as convenções linguísticas de autoridade, convenções que são elas próprias herdeiras da citação? O sujeito parece ser o autor de seus efeitos discursivos apenas na medida em que a prática citacional pela qual ele/ela é condicionado/a e mobilizado/a passa despercebida? É possível que a produção do sujeito como originador de seus efeitos seja ela mesma uma consequência dessa citacionalidade dissimulada?

Se um performativo obtém sucesso provisoriamente (e eu sugeriria que "sucesso" é sempre e exclusivamente provisório), não é porque uma intenção governa com sucesso a ação de falar, mas apenas porque essa ação ecoa ações anteriores e *acumula a força da autoridade pela repetição ou citação de um conjunto de práticas anteriores e de cunho autoritário*. Não se trata simplesmente de que o ato de fala ocorre *em* uma prática, mas de que o ato de fala é, ele próprio, uma prática ritualizada. Isso significa, então, que um performativo "funciona" na medida em que *utiliza e*

---

8 Derrida, Signature Event Context, in: *Limited Inc.*, p.18 [ed. bras.: Assinatura acontecimento contexto, in: *Margens da filosofia*, p.368-9].

Judith Butler

mascara as convenções constitutivas pelas quais é mobilizado. Nesse sentido, nenhum termo ou afirmação pode funcionar performativamente sem a historicidade acumulativa e dissimuladora da força.

Quando o termo injurioso fere (e devo enfatizar que eu acredito que ele fere), ele opera exatamente por meio da acumulação e da dissimulação de sua força. O falante que enuncia a ofensa racial está, portanto, citando essa ofensa, entrando em comunhão linguística com um histórico de falantes. É provável, então, que seja precisamente a iterabilidade por meio da qual um performativo coloca em ação sua injúria que estabelece uma dificuldade permanente de identificar a responsabilidade final por essa injúria em um sujeito singular e seu ato.

Em dois casos recentes, a Suprema Corte reconsiderou, em relação ao fenômeno do "discurso de ódio", a distinção entre discurso protegido e discurso não protegido. Certas formas de discurso hostil devem ser interpretadas como "palavras belicosas" e, nesse caso, devem ser consideradas, de maneira apropriada, como discurso não protegido pela Primeira Emenda? No primeiro caso, *R.A.V. v. St. Paul*, 112 S. Ct. 2538, 120 L. Ed. 2d 305 (1992), o decreto em questão fora aprovado pela Câmara Municipal de St. Paul em 1990, e declarava, parcialmente, o seguinte:

> Qualquer um que coloque em propriedade pública ou privada um símbolo, objeto, representação, caracterização ou grafite, incluindo mas não limitado a uma cruz em chamas ou uma suástica nazista, ícones que sabemos ou temos dados suficientes para saber que despertam a ira, a preocupação ou o ressentimento

Discurso de ódio

em outras pessoas em função de sua raça, cor, credo, religião ou gênero, perturba ou ameaça a ordem pública e deve ser considerado culpado de cometer um delito.[9]

Esse decreto permitiu que um adolescente branco fosse acusado após queimar uma cruz em frente à casa de uma família negra. A ação foi recusada pelo tribunal *a quo*, mas foi aceita pela Suprema Corte estadual de Minnesota; o que estava em jogo era saber se o decreto em si era, "substancialmente, muito amplo e fundado, de forma inadmissível, em um conteúdo particular". A defesa argumentou que a queima da cruz em frente à casa da família negra deveria ser interpretada como um exemplo de discurso protegido. A Suprema Corte estadual anulou a decisão do tribunal *a quo* ao sustentar, em primeiro lugar, que a queima da cruz não poderia ser interpretada como discurso protegido porque constituía um exemplo de "palavra belicosa", conforme fora definido no caso *Chaplinsky v. New Hampshire*, 315 U.S. 568.572 (1942); e, em segundo lugar, que o alcance do decreto era aceitável considerando o "consistente interesse do governo em proteger a comunidade contra as discriminações que ameaçam a segurança e a ordem públicas".[10]

A Suprema Corte dos Estados Unidos reverteu a decisão da Suprema Corte estadual, argumentando primeiramente que a cruz em chamas não era um exemplo de "palavra belicosa", mas um "ponto de vista" que faz parte do "livre mercado de ideias", e que tais "pontos de vista" eram categoricamente

---

9 Cf. St. Paul Bias Motivated Crime Ordinance, Seção 292.02 do Código Legislativo de Minnesota (1990).

10 *In Re Welfare of R.A.V.*, 464 N.W.2d 507, 510 (Minn., 1991).

protegidos pela Primeira Emenda.[11] A maioria dos membros da Suprema Corte (Scalia, Rehnquist, Kennedy, Souter e Thomas) apresentou, então, uma *segunda* razão para declarar o decreto inconstitucional, uma intervenção de ativismo judicial que surpreendeu muitos juristas: os juízes limitaram severamente o possível alcance doutrinário das "palavras belicosas" ao alegarem ser inconstitucional impor restrições ao discurso baseando-se exclusivamente em seu "conteúdo" ou nos "temas abordados". A fim de determinar se as palavras são palavras belicosas, não pode haver referência decisiva nem ao conteúdo nem ao tema do que é dito.

Uma conclusão com a qual os juízes parecem concordar é a de que o decreto impôs restrições excessivamente amplas ao discurso, uma vez que proibiu formas de discurso que *não* pareciam se enquadrar nos parâmetros das palavras belicosas. Mas, enquanto todos os juízes concordaram que o decreto de Minnesota era muito amplo, Scalia, Thomas, Rehnquist, Kennedy e Souter aproveitaram a ocasião dessa revisão para restringir severamente qualquer aplicação futura da doutrina das palavras belicosas. O que está em jogo no veredito da maioria não é saber apenas quando e onde o "discurso" faz parte de um ato injurioso de tal forma que perde a proteção

---

11 Charles R. Lawrence III defende que "não são apenas a prevalência e a força da ideia do racismo que tornam o livre mercado de ideias, que não é regulado, um paradigma insustentável para aqueles que almejam que todos se beneficiem do estatuto pleno e igualitário de pessoa. O verdadeiro problema é que a ideia de inferioridade racial dos não brancos envenena, distorce e inviabiliza o funcionamento de um mercado"; Lawrence III, op. cit., p.77.

Discurso de ódio

garantida pela Primeira Emenda, mas também o que constitui o próprio domínio do "discurso".

De acordo com uma análise dessa decisão de um ponto de vista retórico – distinta de uma análise que segue as convenções estabelecidas da interpretação jurídica –, podemos entender que o tribunal afirma seu poder linguístico conferido pelo Estado para determinar o que será ou não considerado como um "discurso" e, ao longo desse processo, coloca em ação uma forma potencialmente injuriosa de discurso jurídico. O que se segue, então, é uma análise que considera não apenas a explicação da Corte para como e quando o discurso se torna injurioso, mas também o caráter potencialmente injurioso da própria explicação como "discurso" em um sentido geral. Se nos lembrarmos do argumento de Cover, segundo o qual as decisões jurídicas podem envolver a relação entre linguagem e violência, notamos que a decisão que determinará o que será ou não entendido como discurso protegido é, ela mesma, um tipo de discurso, o qual implica o Estado no próprio problema do poder discursivo do qual está investido para regular, sancionar e restringir o discurso.

A seguir, vou comparar a interpretação do "discurso" no qual a decisão é formulada com a versão do "discurso" oficialmente circunscrita como conteúdo protegido pela decisão judicial. O objetivo desse tipo de interpretação é não apenas expor um conjunto contraditório de estratégias retóricas que operam no julgamento, mas sim considerar o poder desse domínio discursivo que não só produz o que será ou não considerado como um "discurso" mas ainda regulamenta o campo político de contestação por meio da manipulação tática dessa mesma distinção. Além disso, defenderei que as próprias razões que explicam o caráter injurioso de tais atos, interpretadas como discurso em um sentido mais amplo, são exatamente as razões que dificultam processar esses atos juridicamente. Por último, sugiro que o discurso do tribunal traz em si a sua *própria* violência e que a instituição mesma que está investida da autoridade para julgar o problema do discurso de ódio põe esse ódio novamente em circulação e o redireciona em e como seu próprio discurso altamente significativo, muitas vezes cooptando a própria linguagem que procura julgar.

O veredito da maioria, redigido por Scalia, começa com a interpretação do ato de queimar a cruz; e uma das questões que estão em causa é saber se esse ato constitui ou não uma injúria, se ele pode ser interpretado como "palavra belicosa" ou se exprime um conteúdo que é, para o bem ou para o mal, protegido pelo precedente da Primeira Emenda. A metáfora do incêndio será repetida diversas vezes no veredito, primeiro no contexto em que a cruz em chamas é interpretada como a livre expressão de um ponto de vista no mercado de ideias e, depois, no exemplo do ato de queimar a bandeira, que poderia ser considerado ilegal se viesse a violar um decreto que proíbe acender fogueiras ao ar livre, mas que não poderia ser considerado ilegal se fosse a expressão de uma ideia. Na conclusão do argumento, Scalia recorrerá a outro incêndio: "Que não haja equívoco sobre nossa convicção de que queimar uma cruz no jardim de alguém é algo repreensível". "Mas", ele continua, "St. Paul dispõe de meios suficientes para impedir tal comportamento sem que seja necessário atear fogo na Primeira Emenda."[12]

---

12 *R.A.V. v. St. Paul*, 112 S. Ct. at 2550, 120 L. Ed. 2d at 326.

Discurso de ódio

De maneira significativa, Scalia compara o ato de queimar a cruz com aqueles que defendem o decreto em questão, visto que ambos estão produzindo incêndios, mas, enquanto o fogo dos que queimam a cruz é um discurso constitucionalmente protegido, a linguagem de quem fez o decreto é representada como a incineração da liberdade de expressão. A analogia sugere que o próprio decreto é equivalente a queimar a cruz, e Scalia se aproveita das implicações altamente destrutivas da queima da cruz para enfatizar seu argumento de que o decreto em si é destrutivo. Essa representação, portanto, confirma o caráter destrutivo da queima da cruz que a própria decisão efetivamente nega, o caráter destrutivo do ato que ela acaba por elevar ao estatuto de valor verbal protegido no mercado de ideias.

A Corte intercambia, assim, o lugar do decreto e o lugar da queima da cruz, mas também apresenta a Primeira Emenda em analogia com a família negra e sua casa, que, no decorrer da redação, foi reduzida à expressão "o jardim de alguém". A eliminação de negritude e família da figura do reclamante é significativa, pois recusa a dimensão do poder social que constrói o assim chamado falante e o destinatário do ato de fala em questão, a cruz em chamas. E recusa igualmente a história racista da convenção de queimar cruzes utilizada pela Ku Klux Klan para marcar, escolher como alvo e, consequentemente, prenunciar uma violência futura contra um destinatário determinado. Scalia, então, apresenta-se como aquele que extingue o fogo acendido pelo decreto, o qual está sendo alimentado com a Primeira Emenda, aparentemente em sua totalidade. De fato, em comparação com o ato reconhecidamente "repreensível" de queimar uma cruz no jardim "de alguém", o

Judith Butler

próprio decreto parece causar incêndios de dimensões muito maiores, ameaçando queimar o livro que é dever de Scalia preservar; desse modo, Scalia se vangloria de ser o oponente de todos aqueles que ateariam fogo à Constituição, queimadores de cruz de um tipo mais perigoso.[13]

Os advogados que defendiam a legalidade do decreto basearam seu recurso na doutrina das palavras belicosas. Essa doutrina, formulada em *Chaplinsky v. New Hampshire*, 315 U.S. 568, 572 (1942), afirma que os atos de fala não protegidos pela Constituição são aqueles que não são essenciais à comunicação de ideias: "tais enunciados não são parte essencial de nenhuma exposição de ideias e têm tão pouco valor social no caminho para a verdade que qualquer benefício que possa ser derivado deles é claramente superado pelo interesse social na ordem e na moralidade". Scalia toma essa formulação para legitimar a seguinte alegação: "as características não protegidas das palavras são, apesar de seu caráter verbal,

---

13 Os advogados que defendiam a aplicação do decreto no caso da queima da cruz apresentaram o seguinte argumento: "[...] solicitamos à Corte que reflita sobre o 'conteúdo' da 'conduta expressiva' representada por uma 'cruz em chamas'. Isso é nada menos do que a primeira etapa de um ato de violência racial. Foi e infelizmente ainda é equivalente a levantar uma faca antes de desferir a facada, a apontar uma arma antes de dispará-la, a acender um fósforo antes de atear fogo e a montar uma forca antes de um linchamento. Não é uma declaração política e nem mesmo uma declaração covarde de ódio. É a primeira etapa de um ato de agressão. Não podemos protegê-la, assim como não podemos proteger aquele que aponta uma arma contra a cabeça de sua vítima. Talvez seja a expressão máxima de 'palavra belicosa'"; *R.A.V. v. St. Paul*, 112 S. Ct. at 2569-70, fn. 8, 120 L. Ed. 2d at 320 (apêndice às conclusões pelo requerente).

Discurso de ódio

essencialmente um elemento 'não discursivo' da comunicação".[14] Em seu esforço a fim de impedir todos os conteúdos da comunicação de serem proscritos, Scalia estabelece uma distinção entre o conteúdo e o veículo dessa expressão; este último que é considerado objeto de uma proscrição, e não o primeiro. Ele continua: "as palavras belicosas são, portanto, análogas a um caminhão de som barulhento".[15] O que é injurioso, então, é o som, mas não a mensagem; de fato, "o governo não pode regular o uso baseado na hostilidade – ou no favoritismo – em relação à mensagem expressa de forma subjacente".[16]

A conexão entre o poder de significação da cruz em chamas e a nova distinção crítica regressiva, introduzida por Scalia, entre o que é e o que não é um elemento do discurso na comunicação não aparece no texto.[17] Scalia supõe que a cruz em chamas é uma mensagem, a expressão de um ponto de vista, a discussão de um "tema" ou de um "conteúdo": em suma, que o ato de queimar a cruz é completa e exaustivamente traduzível em um ato de fala *constativo*; a queima da cruz, que ocorre, afinal, no gramado da família negra, é assim concebida de modo estritamente análogo – e moralmente equivalente – à fala de um indivíduo em público sobre se deveria ou não existir um imposto de cinquenta centavos sobre o preço da gasolina. De forma significativa, Scalia não nos diz o que a cruz diria se a

---

14 *R.A.V. v. St. Paul*, 112 S. Ct. at 2545, 120 L. Ed. 2d at 319.

15 Id.

16 Id.

17 A nova suposição crítica à qual me refiro é aquela em que se afirma que uma unidade separável e puramente formal caracteriza determinado texto.

cruz pudesse falar, mas ele insiste que o que a cruz em chamas faz é expressar um ponto de vista, um discurso sobre um conteúdo que é reconhecidamente controverso, mas que, por essa mesma razão, não deve ser objeto de proibição. Assim, a defesa de queimar a cruz em nome da liberdade de expressão repousa sobre uma analogia não articulada entre esse ato e uma constatação feita publicamente. Esse discurso não é um fazer, uma ação ou uma injúria, mesmo que seja a enunciação de um conjunto de "conteúdos" que possam ofender.[18] A injúria é, desse modo, entendida como um dano registrado no nível da sensibilidade, o que quer dizer que esse tipo de ofensa constitui um dos riscos que podem advir da liberdade de expressão.

O fato de que a cruz queima e, dessa forma, constitui uma destruição incendiária não é considerado um sinal da intenção de reproduzir essa destruição incendiária da casa ou da família; a correlação histórica entre queimar a cruz e marcar uma comunidade, uma família ou um indivíduo para uma violência futura também é ignorada. Que parte desse ato de queimar é traduzível em uma proposição declarativa ou constativa? E como alguém saberia exatamente qual afirmação constativa está sendo feita pela cruz em chamas? Se a cruz é a expressão de um ponto de vista, se ela é uma declaração, como em "Eu acho que pessoas negras não deveriam morar neste bairro" ou mesmo "Eu acho que a violência deveria ser cometida

---

18 Todos os juízes concordaram que o decreto da cidade de St. Paul é excessivamente amplo porque classifica o "conteúdo" como ofensivo e (a) potencialmente proíbe o debate de tais conteúdos, mesmo por aquelas pessoas que nutram simpatia política pelo decreto, e (b) não distingue entre o caráter prejudicial do conteúdo e o contexto no qual ele foi enunciado.

Discurso de ódio

contra pessoas negras", ou ela é um performativo perlocucionário, como os imperativos e ordens que tomam a forma de "Queime!" ou "Morra!"? Ela é uma injunção que exerce seu poder metonimicamente não apenas no sentido de que o fogo evoca atos incendiários anteriores que serviram para marcar as pessoas negras como alvos de violência, mas também no sentido de que o fogo é entendido como sendo transferível da cruz para o alvo marcado pela cruz? A relação entre queimar a cruz e atear fogo em pessoas e propriedades é historicamente estabelecida. Por consequência, a partir dessa perspectiva, a cruz em chamas assume o estatuto de um chamamento e uma *ameaça* direta e, como tal, é interpretada como o momento incipiente de uma ação injuriosa *ou* como a afirmação de uma intenção de ferir.[19]

---

19 O juiz Stevens, em uma decisão apresentada separadamente da sustentação da maioria, sugere que a cruz em chamas é efetivamente uma ameaça e que só se pode determinar *contextualmente* se uma "expressão" específica pode ser considerada uma ameaça. Stevens baseia sua conclusão em *Chaplinsky*, que alega que uma das características que justificam o enquadramento constitucional das palavras belicosas é que, "por seu simples enunciado, [essas palavras] infligem danos ou tendem a incitar a uma violação imediata da paz"; *Chaplinsky v. New Hampshire*, 315 U.S. 568, 572 (1942).

Stevens afirma aqui, em primeiro lugar, que certos tipos de conteúdo sempre foram proscritíveis e, em segundo lugar, que a doutrina das palavras belicosas dependeu, para sua própria implementação, da capacidade de distinguir diferentes tipos de conteúdo (ou seja, o discurso político é mais protegido do que o discurso obsceno etc.), mas também, em terceiro lugar, que as palavras belicosas interpretadas como ameaça são em si mesmas injuriosas, e é esse caráter injurioso da fala que está em jogo, e não um "contexto" do qual podemos separá-lo. Conforme continua, no entanto, Stevens é rápido ao apontar que, para definir se uma expressão é injuriosa ou não, devemos determinar sua força em um contexto específico. Essa determinação

Judith Butler

Embora o juiz Stevens tenha concordado com a decisão de revogar o decreto de Minnesota, ele aproveitou a oportunidade para repreender Scalia por restringir a doutrina das palavras belicosas. Stevens analisa os casos particulares em que certas condutas podem ser proibidas por regras especiais.

nunca será totalmente previsível, precisamente porque, presume-se, os contextos também não são solidamente delimitáveis. De fato, se considerarmos não apenas as circunstâncias históricas, mas também a historicidade do próprio enunciado, concluímos que a delimitação do contexto pertinente será tão problemática quanto a delimitação do conteúdo injurioso.

Stevens relaciona o conteúdo à performatividade injuriosa e ao contexto quando afirma, objetando a Scalia e White, que a abordagem categórica da questão da proscritibilidade não é possível: "poucas das fronteiras estabelecidas nas leis da Primeira Emenda são diretas e inabaláveis, e os esforços de categorização inevitavelmente dão origem a limites confusos [...] a busca pela certeza doutrinária por meio da definição de categorias e subcategorias é, na minha opinião, destinada ao fracasso"; *R.A.V. v. St. Paul,* 112 S. Ct. at 2561, 120 L. Ed. 2d, at 346. Além disso, acrescenta ele, "o significado de qualquer expressão e a legitimidade de sua regulamentação só podem ser determinados no contexto"; id.

Nesse ponto de sua análise, Stevens cita a descrição metafórica feita pelo Juiz Holmes a respeito da "palavra", termo que se define, por meio de uma sinédoque, como "expressão" na interpretação corrente da jurisprudência da Primeira Emenda. A citação de Holmes é a seguinte: "uma palavra não é um cristal, transparente e imutável, ela é a pele através da qual a vida se manifesta, e tanto sua cor quanto seu conteúdo podem variar consideravelmente de acordo com as circunstâncias e o momento em que ela é utilizada" (11-2). Podemos considerar essa imagem não apenas como uma metáfora racial que descreve a "palavra" como "pele" cuja "cor" varia, mas também nos termos da teoria semântica que ela invoca. Embora Stevens acredite estar citando uma imagem que afirmará a natureza historicamente mutável do "conteúdo" semântico de uma "expressão", denotada por

Discurso de ódio

Notemos na citação a seguir como a queima da cruz não é mencionada em nenhum lugar, mas os deslocamentos da imagem do fogo aparecem em uma série de exemplos que efetivamente transferem a necessidade de proteção *contra o discurso racista* para a necessidade de proteção *contra protestos públicos contra o racismo*. Mesmo na defesa que Stevens faz da possibilidade de proscrever certas condutas, surge uma figura fantasmática de um tumulto ameaçador:

> Acender uma fogueira nas proximidades de um depósito de munição ou de um reservatório de armazenamento de gasolina é especialmente perigoso; tal comportamento pode ser punido de forma mais severa do que quando se queima lixo em um terreno baldio. Ameaçar alguém por causa da raça ou das crenças religiosas dela[20] pode ocasionar traumas graves ou incitar uma manifestação, e ameaçar um funcionário público de alto escalão pode causar perturbações sociais consideráveis; tais ameaças podem ser punidas mais severamente do que as ameaças feitas a alguém com base, digamos, no time pelo qual torce.[21]

---

uma "pele" que muda de cor e de conteúdo de acordo com as circunstâncias históricas de seu uso, é igualmente claro que a metáfora epidérmica sugere um pensamento vivo e descorporificado que permanece desfenomenalizado, como a qualidade numenal da vida, o espírito vivo em sua forma sem pele. A pele e sua mudança de cor e conteúdo denotam, portanto, o que está mudando historicamente, mas eles também são, por assim dizer, os significantes da mudança histórica. O significante racial passa a representar não apenas a mudança das circunstâncias históricas em abstrato, mas também as mudanças históricas específicas marcadas por relações raciais explosivas.

20 No feminino no original, "of her race or religious beliefs". (N. E.)
21 *R.A.V v. St. Paul*, 112 S. Ct. at 2561, 120 L Ed. 2d at 340.

Colocar fogo na cruz, que é o que está em questão, está ausente da lista de incêndios mencionada acima. Em vez dessa cena, somos convidados a, primeiro, imaginar alguém que acende uma fogueira perto de um reservatório de gasolina e, depois, um incêndio mais inofensivo em um terreno baldio. Mas, por meio da imagem do terreno baldio, entramos na metáfora da pobreza e da propriedade, que parece efetuar a transição não declarada para a questão da negritude[22] introduzida pela frase seguinte, "Ameaçar alguém por causa da raça ou das crenças religiosas dela...": *por causa* da raça dela não é o mesmo que "com base em" na raça dela e deixa aberta a possibilidade de que a raça induza a ameaça de forma causal. A ameaça parece mudar no meio da frase, conforme Stevens desenvolve uma segunda causalidade: essa ameaça "pode ocasionar traumas graves ou incitar uma manifestação". Nesse ponto, já não está claro se a ameaça que justifica a proibição de certas condutas se refere ao ato de "ameaçar alguém por causa da raça ou das crenças religiosas dela" ou à manifestação que pode resultar disso. O que se segue imediatamente sugere que autorizar medidas que permitam o controle de manifestantes se tornou repentinamente mais urgente do que autorizar medidas que permitam o controle daqueles que fazem ameaças a "ela" "por causa da raça dela...". Depois de "ou incitar uma manifestação", a frase continua: "e ameaçar um funcionário público de alto escalão pode causar perturbações sociais consideráveis...", como se o trauma racialmente

---

22 Toni Morrison ressalta que a linguagem da pobreza é a que normalmente se usa para falar sobre pessoas negras.

Discurso de ódio

marcado já tivesse levado a uma manifestação e a um ataque contra autoridades de alto escalão.

Essa insinuação repentina dos próprios juízes pode ser interpretada como uma inversão paranoica da narrativa original da queima da cruz. Essa narrativa original não é mencionada em nenhum lugar, mas seus elementos foram redistribuídos ao longo dos exemplos; o fogo, que era a "ameaça" original à família negra, é realocado primeiro como um gesto incendiário contra a indústria, depois como uma ocorrência em um terreno baldio, reaparecendo tacitamente na manifestação que agora parece resultar do trauma e ameaçar funcionários públicos. O fogo que inicialmente ameaçava a família negra é metaforicamente transfigurado como a ameaça que as pessoas negras traumatizadas agora dirigem contra funcionários de alto escalão. E, embora Stevens endosse nos documentos uma interpretação das "palavras belicosas" que incluiria a queima da cruz como um discurso *não* protegido, a linguagem na qual ele formula essa opinião desvia a questão para o direito que o Estado tem de limitar condutas para se proteger de manifestações de caráter racial.[23]

---

23 A interpretação acima levanta uma série de perguntas acerca do estatuto retórico da própria decisão. Kendall Thomas e outros afirmaram que as imagens e os exemplos utilizados nas decisões judiciais são tão essenciais para seu conteúdo semântico quanto as afirmações proposicionais explícitas apresentadas nas conclusões da argumentação. Em certo sentido, estou levantando dois tipos de questões retóricas aqui, uma relacionada ao "conteúdo" da decisão e a outra à maneira pela qual a decisão majoritária, redigida por Scalia, delimita o que será ou não considerado como o conteúdo de uma dada forma de expressão pública à luz das novas restrições impostas às palavras belicosas. Ao examinarmos, então, o caráter

Judith Butler

A circunscrição do conteúdo debatida explicitamente na decisão parece emergir mediante a produção de um excesso semântico dentro na e por meio da cadeia metonímica de representações ansiosas. A possibilidade de separar o conteúdo do som, por exemplo, ou o conteúdo do contexto é exemplificada e ilustrada por meio de imagens cujo significado excede a tese que elas supostamente corroboram. De fato, na medida em que, na análise de Scalia, o "conteúdo" é circunscrito e purificado para estabelecer seu estatuto protegido, esse conteúdo é assegurado através da produção e da multiplicação de "perigos" dos quais ele afirma estar protegido. Assim, o debate acerca de a família negra de Minnesota estar ou não habilitada a ser protegida contra demonstrações públicas como a queima da cruz é deslocado para o debate

---

retórico da própria decisão, somos levados a questionar como o caráter retórico da decisão pressupõe uma teoria semântica que compromete ou vai de encontro à teoria semântica explicitamente defendida nessa e para essa decisão.

Especificamente, parece que a própria decisão se baseia em uma distinção entre as partes verbais e não verbais do discurso, aquelas que Scalia parece classificar como "mensagem" e "som"; *R.A.V. v. St. Paul*, 120 L. Ed. 2d 305, 319-21. Para Scalia, apenas o som do discurso é proscritível ou, de maneira análoga, aquele aspecto sensorial do discurso considerado não essencial à alegada idealidade do conteúdo semântico. Embora o juiz Stevens rejeite o que ele chama de esse tipo de "absolutismo", afirmando que a proscritibilidade do conteúdo só pode ser determinada no contexto, ele preserva uma distinção estrita entre as propriedades semânticas de uma forma de expressão e seu contexto, incluindo suas circunstâncias históricas, mas também condições de chamamento. Para Scalia e Stevens, portanto, o "conteúdo" é entendido como separável tanto do não verbal quanto do histórico, embora, no último caso, determinado em relação a ele.

Discurso de ódio

acerca de o "conteúdo" da liberdade de expressão dever ou não ser protegido daqueles que poderiam vir a queimá-lo. O fogo é, dessa forma, deslocado da cruz para o instrumento legal manipulado por aqueles que desejam proteger a família do fogo e, mais tarde, para a própria família negra, para a negritude, para o terreno baldio, para os manifestantes de Los Angeles que explicitamente se opuseram à decisão do tribunal e que agora representam o poder incendiário da fúria das pessoas negras traumatizadas, determinadas a atear fogo ao próprio judiciário. Mas, é evidente, essa interpretação já é uma inversão da narrativa pela qual o tribunal proferiu a decisão de absolvição dos quatro policiais indiciados pelo espancamento brutal de Rodney King, uma decisão que pode ser considerada a "faísca" de uma manifestação que questiona se a alegação de ter sofrido um dano será ouvida e acolhida por um júri e um juiz extremamente suscetíveis à ideia de que uma pessoa negra é sempre e unicamente perigosa, porém nunca está em perigo. E, assim, podemos entender que, na decisão de 22 de junho de 1992, a Suprema Corte se vingou de Rodney King e se protegeu contra as manifestações em Los Angeles e em outras localidades, que pareciam atacar o próprio sistema judiciário. Dessa forma, os juízes se identificam com a família negra que vê a cruz queimar e a entendem como uma ameaça, mas se colocam no lugar dessa família e reposicionam a negritude como a agência que é subjacente à própria ameaça.[24]

---

24 A decisão apresentada no julgamento dos policiais de Simi Valley foi baseada em uma inversão semelhante de posições, em que o júri passou a acreditar que eram os policiais que corriam perigo, apesar de eles terem espancado King violentamente.

A decisão coloca em ação um conjunto de deslocamentos metonímicos que podem ser lidos como desvios e inversões ansiosas da ação injuriosa em questão; na verdade, a cena original é sucessivamente invertida na relação metonímica entre as imagens, de tal forma que o fogo é ateado pelo decreto, propagado por manifestantes traumatizados nas ruas de Los Angeles e ameaça engolir os próprios juízes.

Mari Matsuda e Charles Lawrence também entendem que esse texto coloca em ação uma inversão retórica do crime e do castigo: "Aqueles que queimam a cruz são retratados como uma minoria impopular que a Suprema Corte deve defender contra o poder do Estado. A injúria que tem como alvo a família Jones sofre uma apropriação e aquele que queima a cruz é escalado como a vítima. A realidade do racismo e da exclusão vigentes é apagada, e o fanatismo é redefinido como a condenação majoritária de opiniões racistas".[25]

De maneira significativa, os juízes voltaram a *R.A.V. v. St. Paul* em um julgamento posterior, o caso *Wisconsin v. Mitchell*, 113 S. Ct. 2194, 14 L. Ed. 2d 436 (1993), em que o tribunal decidiu por unanimidade que o discurso racista poderia ser considerado uma evidência de que a vítima de um crime havia sido intencionalmente selecionada por causa de sua raça, podendo ser considerado um dos fatores que contribuiriam para determinar a necessidade da aplicação de uma pena maior para o crime. *Wisconsin v. Mitchell* não discutiu se o discurso racista é injurioso; esse caso apenas questionou se o discurso que indica que a vítima foi selecionada com base na raça poderia ser usado para determinar o aumento de pena de

---

25 Matsuda; Lawrence III, Epilogue, in: *Words that Wound*, p.135.

Discurso de ódio

um crime que não é ele próprio um crime de discurso, por assim dizer. Estranhamente, o caso em questão envolveu um grupo de jovens negros, entre eles Todd Mitchell, que acabara de sair de uma sessão do filme *Mississippi em chamas*. Eles decidiram "ir para cima" de pessoas brancas e começaram a espancar um jovem branco que havia se aproximado deles na rua. Rehnquist é rápido ao notar que esses jovens estavam conversando sobre uma cena do filme, na qual "um homem branco espanca um garoto negro que estava rezando". Rehnquist então cita Mitchell, cujo discurso será definidor para a decisão do julgamento: "Vocês se empolgam com a ideia de ir para cima dos brancos?" e, em seguida, "Vocês não querem foder com alguém? Olha lá um menino branco; vão pegá-lo".[26] Ora, a ironia desse acontecimento, ao que parece, reside no fato de que o filme narra a história de três militantes dos direitos civis (dois brancos e um negro) assassinados por membros da Ku Klux Klan, que fazem uso frequente de cruzes em chamas e bombas incendiárias para ameaçar qualquer morador da cidade que pareça colaborar com o Departamento de Justiça na busca pelos corpos dos ativistas dos direitos civis assassinados e pelos seus assassinos. O sistema judiciário é primeiramente apresentado no filme como favorável à Ku Klux Klan, recusando-se a prender os assassinos que fazem parte do grupo e, mais tarde, impondo restrições impróprias aos interrogatórios. Na verdade, o oficial do Departamento de Justiça só consegue prender um membro da Ku Klux Klan ao agir contra a lei e torturar livremente aqueles que interroga.

---

26 *Wisconsin v. Mitchell*, 113 S. Ct. at 2196-7, 120 L. Ed. 2d at 442 (citação da petição do requerente).

Judith Butler

Esse oficial é visto, de modo geral, como reabilitador da masculinidade daqueles que estão do lado certo em contraponto a uma "feminização" liberal representada pelo devido processo judicial. Mas talvez o mais importante seja que, enquanto o oficial eficiente atua em nome da lei, ele também age contra a lei e pretende mostrar que sua ilegalidade é a única forma eficaz de combater o racismo. O filme, portanto, apela para uma falta de fé generalizada na lei e em seu caráter procedimental ao reconstruir uma masculinidade branca sem lei, ainda que ela pretenda refrear seus excessos.

De certa forma, o filme mostra que a violência é a consequência do fracasso da lei ao proteger seus cidadãos, fazendo assim uma alegoria da recepção das decisões judiciais. Pois, se o filme mostra que o tribunal não conseguirá garantir os direitos e as liberdades de seus cidadãos e que somente a violência pode combater o racismo, então a violência das ruas, que literalmente ocorre na sequência do filme, inverte a ordem dessa alegoria. Os homens negros que saem do filme e embarcam na violência das ruas se encontram em um tribunal que não só faz um desvio para condenar o filme – que é, afinal de contas, uma condenação dos tribunais –, mas implicitamente passa a vincular a violência das ruas à representação ofensiva, efetivamente relacionando uma à outra.

Ao citar o discurso de Todd Mitchell, o tribunal procura determinar se a seleção do alvo da violência é motivada por critérios racistas ou não. Esse discurso será analisado como a consequência do fato de eles terem assistido ao filme e, mais do que isso, é tomado como a própria extensão do discurso que constitui o texto do filme. Mas a própria Corte se vê implicada no texto do filme, "acusada" por ele de ser

Discurso de ódio

cúmplice da violência racial. Assim, a pena de Mitchell e seus amigos — e a atribuição de motivações racialmente seletivas a eles — inverte as "acusações" que o filme faz contra a Corte. Em *R.A.V. v. St. Paul*, a Corte também faz uma breve aparição na decisão, invertendo a agência da ação ao substituir aqueles que sofreram a lesão por aquele que a causou e apresentando a si mesma como um lugar de vulnerabilidade.

Em cada um desses casos, o discurso da Corte exerce o poder de ferir justamente porque está investido da autoridade de julgar o poder injurioso do discurso. A inversão e o deslocamento da injúria em nome do "julgamento" enfatizam a violência específica da "decisão", que é simultaneamente dissimulada e consagrada ao ser transformada na palavra da lei. Pode-se dizer que toda linguagem jurídica envolve esse poder potencial de ferir, mas tal percepção apenas sustenta o argumento de que é essencial obter uma compreensão reflexiva das especificidades dessa violência. É necessário diferenciar as formas de violência que são a condição necessária do caráter vinculante da linguagem jurídica daquelas formas que exploram essa mesma necessidade a fim de duplicar a injúria e colocá-la a serviço da injustiça.

O uso arbitrário desse poder se manifesta no uso contraditório da jurisprudência sobre o discurso de ódio para promover objetivos políticos conservadores e frustrar os esforços progressistas. Aqui, está claro que o que precisamos não é de uma melhor compreensão acerca dos atos de fala ou do poder injurioso do discurso, e sim acerca dos usos estratégicos e contraditórios dessas diferentes formulações por parte da Corte. Por exemplo, essa mesma Corte está disposta a permitir a expansão das definições de obscenidade e a usar a

Judith Butler

mesma lógica proposta por certos argumentos em favor de uma legislação de crimes de ódio a fim de aumentar as possibilidades de exclusão da obscenidade do campo do discurso protegido.[27] Scalia faz referência a *Miller v. California* (1973) como o caso que institui a obscenidade como uma exceção à proteção categórica do conteúdo através do recurso àquilo que

---

27 *Chaplinsky* autoriza essa ambiguidade ao estipular que certos tipos de discurso perdem seu estatuto protegido quando não constituem "parte essencial à exposição de ideias". Essa noção de não ser parte essencial à exposição de ideias constitui a base de uma decisão de 1973, *Miller v. California*, 413 U.S. 15, que estendeu o estatuto não protegido de obscenidade. Nessa decisão, a imagem de um modelo exibindo uma tatuagem política, interpretada pelo tribunal como "discurso antigovernamental", é considerada discurso *não* protegido justamente porque é dito sobre ela: "considerada como um todo, não possui nenhum valor literário, artístico, político ou científico sério". Essa representação, portanto, é interpretada como não sendo "parte essencial de nenhuma exposição de ideias". Mas notamos aqui que "não ser parte essencial" de tal exposição transformou-se em "não possuir nenhum valor". Consideremos o exemplo apresentado anteriormente por Scalia: o que permanece não protegido no discurso, ou seja, o caminhão de som barulhento, a parte semanticamente vazia do discurso que, Scalia defende, é o "elemento não discursivo da comunicação". Aqui, ele afirma que apenas a parte semanticamente vazia do discurso, seu som puro, não está protegida, mas que as "ideias" que são pronunciadas no discurso são, definitivamente, protegidas. Esse barulho alto que vem da rua, portanto, não é parte essencial de nenhuma exposição, mas, talvez de forma ainda mais incisiva, ele não possui valor nenhum. De fato, podemos especular que qualquer forma de discurso não protegido será reduzida pelos juízes à categoria semanticamente vazia de "puro ruído". Portanto, o trecho do filme que apresenta o modelo ostensivamente nu, exibindo uma tatuagem antigovernamental, seria apenas puro ruído, não uma mensagem, não uma ideia, mas os sons sem valor do barulho que vem da rua.

Discurso de ódio

é "manifestamente ofensivo". Ele observa que, em um caso posterior, *New York v. Ferber*, 458 U.S. 747 (1982), a exclusão da pornografia infantil da proteção não "se tratava de censurar um tema literário particular".[28] O que constitui o "literário" é, portanto, circunscrito de tal maneira que a pornografia infantil é excluída tanto do literário quanto da temática. Embora pareça ser necessário reconhecer o gênero da pornografia infantil a fim de identificá-lo e delimitá-lo para que ele seja excluído da proteção categórica do conteúdo, as marcas de identificação desse produto não podem ser nem literárias, nem temáticas. De fato, em um momento do debate, a Corte parece aceitar a posição controversa de Catharine MacKinnon, que alega que certas expressões verbais constituem discriminação sexual, ao afirmar que "palavras belicosas sexualmente pejorativas [...] podem produzir uma violação da proibição geral do Artigo VII, que proíbe a discriminação sexual no trabalho".[29] Mas, nessa situação, o tribunal afirma claramente que não proíbe tais expressões com base no seu conteúdo, mas apenas com base nos efeitos que essas expressões ocasionam.

Parece-me que a sensibilidade conservadora contemporânea, exemplificada pelos membros do tribunal e pela ala da direita do Congresso, também se manifesta no desejo de expandir o domínio da obscenidade e, para tanto, ampliar a categoria do pornográfico e reivindicar o estatuto não protegido de ambos para, dessa forma, potencialmente, fazer da obscenidade uma espécie de "palavra belicosa", isto é, aceitar que a representação sexual explícita é injuriosa. Isso é

---

28 *R.A.V. v. St. Paul*, 112 S. Ct at 2543, 120 L. Ed. 2d at 318.
29 Id. at 2546, 120 L. Ed. 2d at 321.

ressaltado pela lógica usada em *Miller v. California*, na qual a noção de "incitar a lascívia" é contraposta à noção de "valor literário, artístico, político ou científico". Aqui a representação que é julgada imediata e inquestionavelmente injuriosa é excluída do estatuto temático e de valor e, portanto, do campo do discurso protegido.

Essa mesma lógica foi retomada por Jesse Helms e outros para defender que o National Endowment for the Arts [Fundo Nacional para as Artes] não é obrigado a financiar materiais de caráter obsceno, assim como para defender que diversas artistas lésbicas e fotógrafos gays produzem obras obscenas e desprovidas de valor literário. De modo significativo, ao que parece, a propensão a aceitar o caráter não temático e indubitavelmente injurioso das representações sexuais explícitas — ainda que não se possa afirmar que essas representações ultrapassam os limites da página ou que elas "ajam" de maneira evidente — deve ser interpretada em contraste com a resistência a reconhecer o caráter injurioso da cruz em chamas em frente à casa da família negra. O fato de que a representação explícita da homossexualidade, por exemplo, possa ser interpretada como não temática ou simplesmente lasciva, representada como uma sensualidade vazia de significado, enquanto a queima da cruz, na medida em que expressa uma mensagem de ódio racial, pode ser interpretada como ponto de vista autorizado em um debate público acerca de questões abertamente controversas, sugere que a lógica para expandir a doutrina das palavras belicosas de maneira a incluir representações não convencionais da sexualidade foi reforçada, enquanto a lógica que apela às palavras belicosas para condenar as ameaças racistas foi proporcionalmente enfraquecida.

Discurso de ódio

Talvez essa seja uma forma de atuação conjunta entre o conservadorismo sexual exacerbado e o crescente aumento das sanções governamentais contra a violência racista, mas de tal maneira que, enquanto a "injúria" denunciada pelo espectador da representação sexual explícita é agraciada com a classificação de palavra belicosa, a injúria sofrida pela família negra por meio da cruz em chamas em frente à sua casa, assim como a injúria sofrida por Rodney King, revela-se ambígua e hipotética demais para justificar a revogação da santidade ostensiva da Primeira Emenda.[30] E isso não quer dizer simplesmente que as proibições contra a representação sexual explícita serão apoiadas por esse tipo de argumentação jurídica enquanto a injúria de caráter racista será honrada com a classificação de discurso protegido, mas que representações da sexualidade marcadas racialmente serão mais suscetíveis a serem processadas judicialmente, enquanto as representações que ameaçam a devoção e a pureza da raça e da sexualidade se tornarão ainda mais vulneráveis.

Duas ressalvas podem ser formuladas aqui: primeiramente, certos teóricos da teoria crítica da raça, como Charles Lawrence, afirmam que queimar a cruz é um discurso, mas

---

30 Kimberlé Crenshaw enfatiza essa ambivalência da lei de uma maneira diferente, sugerindo que os tribunais tendem a desqualificar as formas de expressão artística afro-americanas enquanto expressão artística e a sujeitar essa expressão à censura precisamente devido a pressupostos racistas que definem o que deve ser considerado arte. Por outro lado, Crenshaw acredita que tais expressões artísticas representam as mulheres de maneira repulsiva e se sente "dividida" entre essas duas posições. Cf. Crenshaw, Beyond Racism and Misogyny: Black Feminism and 2 Live Crew, in: Matsuda et al. (org.), *Words That Wound*.

que nem todo discurso deve ser protegido e, mais ainda, que nem todo discurso é protegido, e que o discurso racista entra em conflito com a Cláusula de Proteção Igualitária porque impede o sujeito abordado de exercer seus direitos e liberdades. Outros juristas ligados aos estudos críticos da raça, como Richard Delgado, defendem a expansão do domínio das restrições da doutrina das palavras belicosas sobre os direitos garantidos pela Primeira Emenda. Matsuda e MacKinnon, seguindo o exemplo da jurisprudência sobre a discriminação sexual, afirmam que é impossível distinguir entre a conduta e o discurso e que comentários odiosos constituem ações injuriosas. Por incrível que pareça, um argumento desse último tipo reapareceu no regulamento recente acerca de gays nas Forças Armadas, em que a afirmação "Eu sou homossexual" é considerada um "ato homossexual".[31] Tratarei da fusão do discurso e da conduta no Capítulo 3. De acordo com esse regulamento, o ato de sair do armário é interpretado implicitamente como uma palavra belicosa. Devemos nos lembrar que processar judicialmente o discurso de ódio nos tribunais significa correr o risco de conceder aos tribunais a oportunidade de nos impor sua própria violência. E, se os tribunais começarem

---

31 Observemos a subsunção da declaração de que alguém é homossexual sob a rubrica de conduta ofensiva: "A orientação sexual não será um impedimento para o serviço militar a menos que seja manifestada pela conduta homossexual. As Forças Armadas dispensarão os membros que se envolverem em conduta homossexual, definida como um ato homossexual, uma declaração de que o membro é homossexual ou bissexual ou o casamento ou intenção de casamento com alguém do mesmo gênero"; The Pentagon's New Policy Guidelines on Homosexuals in the Military, *The New York Times*.

a decidir o que é ou não é um discurso violento, essa decisão corre o risco de se tornar a mais vinculante das violações.

Aqui, como no caso da cruz em chamas, não se trata apenas de saber se o tribunal reconhece a ameaça implícita contida na cruz em chamas, mas também se o próprio tribunal se expressa segundo uma lógica paralela. Afinal, esse tribunal só tem sido capaz de imaginar um fogo que engole a Primeira Emenda e acende a faísca das manifestações que refrearão sua própria autoridade. E, dessa forma, ele se protege contra a ameaça imaginada desse fogo ao proteger a cruz em chamas, aliando-se àqueles que demandam à justiça a proteção contra um espectro forjado a partir de sua própria fantasia. Assim, o tribunal protege a cruz em chamas como liberdade de expressão, representando aqueles a quem ela fere como o lugar da verdadeira ameaça, elevando a cruz em chamas à dignidade de um representante do tribunal, de protetor local e símbolo da liberdade de expressão: com tanta proteção, o que podemos temer?

Do discurso de ódio à pornografia

A própria Catharine MacKinnon reconhece o risco de invocar o poder do Estado. Apesar disso, em seu livro, *Only Words* [Apenas palavras] (1993), ela afirma que o poder do Estado está do lado da indústria pornográfica e que a construção das mulheres em posições subordinadas na pornografia é, efetivamente, uma construção sancionada pelo Estado. Uma discussão mais completa de sua posição será desenvolvida no capítulo seguinte, mas proponho aqui uma análise da suposta performatividade da pornografia a fim de mostrar como a interpretação da imagem visual como um discurso ilocucionário se esquiva de modo efetivo da Primeira Emenda ao alegar que a pornografia é uma conduta soberana.

MacKinnon defendeu que a pornografia é uma forma de discurso de ódio e que o argumento a favor da restrição do discurso de ódio deve ser fundamentado no argumento a favor da restrição da pornografia. Essa analogia se baseia na suposição de que, na pornografia, a imagem visual opera como um imperativo, e que esse imperativo tem o poder de realizar aquilo que prescreve. O problema, para MacKinnon, *não* é que a pornografia reflete ou expressa uma estrutura social misógina, mas que ela é uma instituição que tem o poder performativo de produzir aquilo que representa. MacKinnon escreve que a pornografia não apenas substitui a realidade social, mas que essa substituição cria uma realidade social própria, a realidade social da pornografia. Essa capacidade de autossatisfação da pornografia é, para a autora, o que dá sentido à afirmação de que a pornografia *é* seu próprio contexto social. MacKinnon escreve,

> A pornografia não expressa ou interpreta simplesmente a experiência; ela a substitui. Além de representar uma mensagem da realidade, ela ocupa o lugar da realidade [...]. Para fazer pornografia visual e estar à altura de seus imperativos, o mundo, especificamente, as mulheres, deve fazer o que os pornógrafos querem "dizer". A pornografia transmite suas condições de produção para o consumidor. [...] A pornografia, através da sua realização e de seu uso, transforma o mundo em um lugar pornográfico e estabelece como as mulheres devem existir, como elas são vistas e como são tratadas, construindo a realidade social do que é uma

Discurso de ódio

mulher e do que uma mulher pode ser com relação ao que pode ser feito com ela, e do que é um homem em relação a fazer isso.[32]

No primeiro caso, a pornografia toma o lugar da experiência, o que implica que há uma experiência que é substituída, e substituída completamente, pela pornografia. Assim, a pornografia assume o lugar de uma experiência e constitui, completamente, uma nova experiência, entendida como uma totalidade; a partir da segunda frase de MacKinnon, essa experiência de segunda ordem se torna sinônimo de uma "realidade" de segunda ordem, o que sugere que, nesse universo da pornografia, não há distinção entre uma experiência de realidade e a realidade. A própria MacKinnon diz claramente que essa fusão sistêmica da experiência e da realidade ocorre no âmbito de uma realidade que é ela própria uma mera substituição de outra realidade, que se apresenta como mais original, uma realidade que talvez forneça a medida normativa ou utópica pela qual ela julga a realidade pornográfica que tomou seu lugar. Esse campo visual é, em seguida, representado como falante, de fato, como se proferisse imperativos, a ponto de o campo visual operar como um sujeito que detém o poder de trazer à existência aquilo que nomeia, de exercer um poder eficaz análogo ao performativo divino. A redução do campo visual a uma figura que fala, um falante autoritário, efetua retoricamente uma substituição diferente daquela que MacKinnon descreve. Ela substitui o campo visual por uma série de imperativos linguísticos, o que implica não apenas uma transposição completa do visual no linguístico, mas uma

---

32 MacKinnon, *Only Words*, p.25.

transposição completa da representação visual em um performativo efetivo.

Quando a pornografia é descrita como "construindo a realidade social do que é uma mulher", o sentido de "construção" deve ser interpretado à luz das duas transposições mencionadas acima. Pode-se dizer que essa construção "produz a realidade social do que é uma mulher" somente se o visual puder ser transposto, da maneira como MacKinnon sugere, para uma linguagem efetiva. Da mesma forma, a analogia entre a pornografia e o discurso de ódio funciona na medida em que a imagem pornográfica pode ser transposta para um conjunto de imperativos linguísticos efetivos. Na paráfrase que trata do modo como a imagem pornográfica fala, MacKinnon insiste que a imagem diz "faça isso", prescrevendo um ato de subordinação sexual, e que, no fazer de tal ato, a realidade social da mulher é construída precisamente na posição de sexualmente subordinada. Aqui, a "construção" não é simplesmente o fazer do ato – que permanece, é claro, extremamente ambíguo a fim de, talvez, prevenir-se do questionamento de uma série de leituras equivocadas – mas *a representação* desse fazer, em que a representação é entendida como a dissimulação e a realização do imperativo verbal, "faça isso". Para MacKinnon, ninguém precisa dizer tais palavras porque dizê-las funciona de antemão como o quadro e o roteiro compulsório do ato; em certo sentido, na medida em que o quadro orquestra o ato, ele exerce um poder performativo; ele é concebido por MacKinnon como a codificação da vontade de uma autoridade masculina e a imposição de uma conformidade sob seu comando.

Mas esse quadro transmite a vontade de um sujeito preexistente ou é apenas uma forma de desrealização da vontade, a

Discurso de ódio

produção e a orquestração de uma cena fantasmática de obstinação e submissão? Não pretendo estabelecer uma distinção estrita entre o fantasmático e o domínio da realidade, mas quero questionar em que medida o funcionamento do fantasmático na construção da realidade social torna essa construção mais frágil e menos determinante do que MacKinnon sugere? De fato, embora possamos concordar que boa parte da pornografia é ofensiva, isso não implica que seu caráter ofensivo resulte de seu suposto poder de construir (de forma unilateral e exaustiva) a realidade social do que é uma mulher. Voltando um pouco à própria linguagem de MacKinnon, consideremos como o caráter hipotético se impõe à formulação do imperativo, como se a força das afirmações de MacKinnon sobre a força da representação pornográfica tendesse a desfazer a si própria: "a pornografia [...] estabelece como as mulheres devem existir, como elas *são vistas* e *como* são tratadas". E a frase continua: "construindo a realidade social do que é uma mulher": nesse caso, ser tratada como subordinada sexual é ser construída como tal e ter uma realidade social constituída precisa e unicamente de acordo com o que se é. Mas, se o "como" for interpretado enquanto a afirmação de uma semelhança, nem por isso a afirmação de um caráter metafórico se converte em identidade. Por que meios o "como" se transforma em "é"? É esse o fazer da pornografia ou é esse o fazer da própria *representação* da pornografia que MacKinnon propõe? Pois o "como" também poderia ser interpretado como um "como se", "como se fosse", o que sugere que a pornografia não representa nem constitui o que as mulheres são, mas oferece uma alegoria da obstinação masculina e da submissão feminina (embora esses claramente não sejam seus únicos temas), que de maneira reiterada e ansiosa repete sua própria *impossibilidade* de realização. De fato, podemos argumentar que a pornografia retrata posições impossíveis e inabitáveis, fantasias compensatórias que reproduzem continuamente uma ruptura entre essas posições e aquelas que pertencem ao domínio da realidade social. Na verdade, podemos sugerir que a pornografia é o texto da irrealidade do gênero, as normas impossíveis pelas quais o gênero é compelido e diante das quais sempre fracassa. O imperativo "faça isso" é menos proferido do que "representado", e, se o que é representado é uma série de ideais compensatórios, de normas hiperbólicas de gênero, então a pornografia mapeia um domínio de posições irrealizáveis que exercem um poder sobre a realidade social das posições de gênero, mas que, estritamente falando, não constituem essa realidade; na verdade, é seu fracasso em constituí-la que dá à imagem pornográfica o poder fantasmático que ela possui. Nesse sentido, na medida em que um imperativo é "representado", e não "proferido", ele não consegue exercer o poder de construir a realidade social do que é uma mulher. Esse fracasso, no entanto, é a oportunidade para a alegoria de um imperativo desse tipo, que reconheça a impossibilidade de realização desse imperativo desde o início e que, finalmente, não possa superar a irrealidade que constitui sua condição e sua atração. Meu apelo, por assim dizer, é por uma leitura feminista da pornografia que resista à interpretação literal dessa cena imaginária, uma leitura que, ao contrário, interprete a pornografia por meio das incomensurabilidades existentes entre as normas e as práticas do gênero que ela parece obrigada a repetir sem chegar a uma resolução.

Discurso de ódio

Desse modo, não faz sentido imaginar o campo visual da pornografia como um sujeito que fala e que, ao falar, realiza o que nomeia; sua autoridade é incontestavelmente menos divina; seu poder, menos efetivo. Só faz sentido imaginar o texto pornográfico como o ato injurioso de um falante se procurarmos localizar a responsabilidade em um sujeito que pode ser processado. Caso contrário, nosso trabalho se torna mais difícil, pois o que a pornografia profere é o que ela narra e aumenta no que diz respeito aos recursos das normas compensatórias de gênero, um texto feito de relações imaginárias assertivas e falhas que não desaparecerão com a abolição do texto ofensivo, um texto que a crítica feminista deve ler sem interrupções. Ler esses textos contra eles mesmos é admitir que a performatividade do texto não está sob um controle soberano. Ao contrário, se o texto age uma vez, pode agir novamente e, possivelmente, contra seu ato anterior. Isso abre a possibilidade de uma *re*ssignificação, uma leitura alternativa da performatividade e da política.

2.
Performativos soberanos

As propostas recentes visando à regulamentação do discurso de ódio nas universidades, nos locais de trabalho e em outros espaços públicos desencadearam consequências políticas ambivalentes. A esfera da linguagem se tornou um dos domínios privilegiados para se questionarem a causa e os efeitos da injúria social. Enquanto, anteriormente, o movimento pelos direitos civis e o ativismo feminista estavam preocupados principalmente em documentar as diversas formas de discriminação e exigir sua reparação, a preocupação política atual em relação ao discurso de ódio enfatiza a forma linguística das condutas discriminatórias, buscando estabelecer que as condutas verbais possam ser atos discriminatórios.[1] Mas o que é uma conduta verbal? Claramente, o direito propõe certas definições, e elas muitas vezes institucionalizam extensões catacrésicas da compreensão ordinária do discurso; portanto, queimar uma bandeira ou mesmo uma cruz pode

---

[1] "A difamação de grupo é a forma verbal assumida pela desigualdade"; ibid., p.99.

ser interpretado, para efeitos jurídicos, como um "discurso". Recentemente, porém, a jurisprudência buscou inspiração em análises retóricas e filosóficas da linguagem para descrever o discurso de ódio por meio de uma teoria mais geral da performatividade linguística. Os partidários estritos do absolutismo da Primeira Emenda aprovam a ideia de que a liberdade de expressão tem prioridade sobre outros direitos e liberdades constitucionalmente protegidos e que ela é, na verdade, pressuposta pelo exercício de outros direitos e liberdades. Eles também tendem a incluir todos os enunciados "baseados em um conteúdo" como discurso protegido e a considerar que formas de conduta verbal ameaçadoras estão sujeitas ao questionamento de se tais ameaças permanecem sendo "discurso" ou se passam a pertencer ao domínio da "conduta". Apenas no último caso o "discurso" em questão seria objeto de uma proibição. No contexto das controvérsias acerca do discurso de ódio, uma concepção recente do discurso problematiza essa distinção tão estrita; de acordo com essa concepção, o próprio "conteúdo" de certas formas de discurso pode ser entendido apenas através da *ação que o discurso performatiza*. Em outras palavras, os epítetos racistas não apenas transmitem uma mensagem de inferioridade racial, mas essa "transmissão" institucionaliza verbalmente essa relação de subordinação. Assim, entende-se que o discurso de ódio não apenas comunica uma ideia ou um conjunto de ideias ofensivas, mas também coloca em ação a própria mensagem que ele comunica: a comunicação é, em si mesma, uma forma de conduta.[2]

---

2 A jurisprudência da Primeira Emenda sempre permitiu a ideia de que alguns discursos não são protegidos e incluiu nessa categoria

Discurso de ódio

Eu gostaria de sugerir a revisão de alguns dos sentidos segundo os quais a "conduta verbal" é concebida na proposta de regulamentação do discurso de ódio e de oferecer uma concepção alternativa que permitiria afirmar que a linguagem age, inclusive de forma injuriosa, ao mesmo tempo que se insiste que ela não "age sobre" o destinatário, direta ou causalmente, do modo como os proponentes da legislação do discurso de ódio tendem a descrever. De fato, o caráter de ato de certos enunciados ofensivos pode ser precisamente aquilo que os impede de dizer o que eles querem dizer ou de fazer o que eles dizem.

Os juristas e ativistas que contribuíram para o volume *Words that Wound* [Palavras que machucam] tendem a expandir e complicar os parâmetros jurídicos do "discurso" a fim de fornecer uma justificativa racional para a regulamentação do discurso de ódio. Isso é obtido, em parte, pela conceituação dos enunciados ao mesmo tempo como "expressão" de ideias e formas de "conduta" em si mesmos: o discurso racista, em particular, tanto proclama a inferioridade da raça daquele a quem é dirigido como efetua a subordinação dessa raça através do próprio enunciado.[3] Na medida em que o enunciado goza da "proteção" da Primeira Emenda, Matsuda e outros identificam que ele conta com o apoio do Estado. Segundo Matsuda, o fato de o Estado não intervir equivale a um endossamento: "a visão assustadora de racistas confessos portando

---

a difamação, as ameaças e a publicidade fraudulenta. Segundo Mari Matsuda, "muitos discursos são próximos da ação. O discurso conspiratório, o discurso de incitação [ao ódio], o discurso fraudulento, telefonemas obscenos e o discurso difamatório"; ibid., p.32.

3 Matsuda, Introduction, *Words that Wound*, p.35-40.

Judith Butler

símbolos ameaçadores enquanto desfilam pelo nosso bairro sob a proteção da polícia constitui uma declaração de autorização do Estado".[4] O enunciado tem, portanto, o poder de efetuar a subordinação que ele descreve ou promove precisamente por meio de sua livre operação na esfera pública sem que haja qualquer impedimento por meio de uma intervenção do Estado. Efetivamente, para Matsuda, o Estado permite a injúria de seus cidadãos e, ela conclui, a "vítima [do discurso de ódio] se torna uma pessoa apátrida".[5]

Baseando-se em propostas de regulamentação do discurso de ódio, Catharine MacKinnon desenvolve um argumento semelhante a respeito da pornografia. Em *Only Words*, a autora afirma que a pornografia deve ser interpretada como uma espécie de "ferimento" porque proclama e implementa o *status* de subordinação das mulheres.[6] Dessa forma, MacKinnon invoca o princípio constitucional da igualdade (em particular, a Décima Quarta Emenda) e afirma que a pornografia constitui uma forma de tratamento desigual; ela considera essa ação discriminatória mais grave e severa do que qualquer exercício espúrio de "liberdade" ou "liberdade de expressão" por parte da indústria pornográfica. Esse exercício de "liberdade",

---

4 Ibid., p.49.

5 Ibid., p.25.

6 "Qualquer dano causado por essas palavras é causado não apenas por seu contexto mas também por seu conteúdo, no sentido de que, se elas não continham o que elas contêm, e se elas não transmitiram os significados, os sentimentos e os pensamentos que elas transmitem, elas não manifestariam ou atualizariam a discriminação que elas praticam"; MacKinnon, op. cit., p.14. Ou: "a queima da cruz não passa de um ato, ainda que seja pura expressão, que causa o dano que causa unicamente através da mensagem que transmite"; ibid., p.33.

Discurso de ódio

afirma McKinnon, ocorre às custas dos direitos de outros cidadãos à participação igualitária e ao igual exercício dos direitos e liberdades fundamentais. Segundo Matsuda, certas formas de assédio verbal se caracterizam como ações discriminatórias, e essas formas de discurso de ódio baseados na raça ou na sexualidade podem minar as condições sociais do exercício dos direitos e liberdades fundamentais por parte daqueles a quem esses discursos são dirigidos.

Meu foco aqui será no poder que se atribui ao texto pornográfico de implementar o *status* subordinado das mulheres não para determinar se o texto realmente implementa essa subordinação do modo como MacKinnon a descreve, mas para descobrir qual versão do performativo está presente em sua afirmação. O uso do performativo por MacKinnon envolve uma figura do performativo, uma figura do poder soberano que determina como um ato de fala deve agir – de maneira efetiva, unilateral, transitiva e geradora. Por fim, interpreto a figura da soberania à medida que ela surge no discurso contemporâneo sobre o performativo à luz da tese foucaultiana segundo a qual o poder contemporâneo não tem mais um caráter soberano. A figura do performativo soberano serve de substituto para um sentimento de perda de poder? E como essa perda pode se converter na condição para a elaboração de um sentido revisado do performativo?

O interesse por essa figura do performativo deriva da convicção de que um modo semelhante de considerar o discurso como conduta está presente simultaneamente em diferentes esferas políticas e tem objetivos políticos que nem sempre são conciliáveis. O próprio enunciado é visto de maneiras exageradas e altamente efetivas, não mais como uma representação do

Judith Butler

poder ou seu epifenômeno verbal, mas como o *modus vivendi* do próprio poder.

Podemos considerar essa sobredeterminação do performativo como a "linguistificação" do campo político (um campo pelo qual a teoria do discurso dificilmente é responsável, mas que, pode-se dizer, é "registrado" por ela de diferentes maneiras). Constatemos, então, o surgimento paradoxal de uma figura similar ao enunciado efetivo em contextos políticos recentes aparentemente contrários a esses que acabamos de mencionar. Um desses contextos, a ser considerado no próximo capítulo, são as Forças Armadas dos Estados Unidos, em que certos tipos de *enunciados*, a saber, "Eu sou homossexual", são considerados "conduta ofensiva"[7] no conjunto de regras recentemente discutidas. Da mesma forma – mas não de maneira idêntica –, certos tipos de representação estética sexualmente explícitos, como aqueles produzidos e performatizados pelos grupos de *rap* 2 Live Crew ou Salt N Pepa, são debatidos em contextos jurídicos, nos quais se questionam se essas representações se encaixariam na categoria de "obscenidade", conforme definida por *Miller v. California* (1973). A recirculação de epítetos injuriosos no contexto da performatização (em que "performatização" e "recirculação" são termos significativamente ambíguos) é substancialmente diferente do uso de tais epítetos na universidade, no local de trabalho ou em outras esferas da vida pública? A questão não é simplesmente saber se tais obras fazem parte de gêneros de

---

7 Uma das decisões mais recentes, que se deu *enquanto* este livro estava sendo escrito, invalidou a nova política com base no fato de que homossexuais não devem ser responsabilizados por "incentivar os preconceitos" daqueles que se opõem à sua homossexualidade.

reconhecido valor literário ou artístico, como se isso bastasse para garantir seu estatuto protegido. A controvérsia aqui, como Henry Louis Gates Jr. mostrou, é mais complexa. Ao se apropriar e fazer recircular gêneros estabelecidos da arte popular afro-americana, sendo o *"signifying"** um gênero central dessa tradição, tais produções artísticas fazem parte de gêneros que podem não ser reconhecíveis aos olhos dos tribunais. De forma paradoxal e dolorosa, quando os tribunais são investidos do poder de regulamentar tais expressões, são criadas novas ocasiões para a discriminação, permitindo a esses mesmos tribunais desautorizarem a produção cultural afro-americana, bem como a autorrepresentação lésbica e gay por meio do uso arbitrário e tático da lei da obscenidade.[8]

À primeira vista, pode parecer que essas diferentes instâncias de "discurso como conduta" não são comparáveis, e não é a minha intenção defender o contrário. Em cada um desses casos, a figura do enunciado efetivo surge em uma cena de chamamento profundamente diferente. Na análise de Matsuda, o assédio e o discurso injurioso são representados como o chamamento de um cidadão por outro, como a de um trabalhador por um empregador ou gerente, ou de um aluno por um professor. O efeito desse discurso é, segundo Matsuda,

---

* *Signifying* é um jogo de palavras improvisado, próprio da cultura oral afro-americana, que explora os diferentes significados que as palavras assumem em diferentes contextos. (N. T.)

8 Cf. Pareles, An Album is Judged Obscene; Rap: Slick, Violent, Nasty and, Maybe Helpful, *The New York Times*, s.4, p.1. Gates afirma que o gênero afro-americano conhecido como *"signifying"* é mal interpretado pelo tribunal e que o valor literário e cultural de tais gêneros deve ser apropriadamente reconhecido.

Judith Butler

degradar ou humilhar; ele pode "dar um soco no estômago"[9] do destinatário; pode prejudicar sua capacidade de trabalhar, de estudar ou, na esfera pública, de exercer seus direitos e liberdades garantidos pela Constituição: "a vítima se torna uma pessoa apátrida".[10] Se o discurso em questão prejudica a capacidade do destinatário de participar da esfera de ação e expressão protegida pela Constituição, podemos afirmar que o enunciado injurioso violou a Cláusula de Proteção Igualitária que garante acesso pleno e igualitário aos direitos e liberdades constitucionalmente protegidos — ou precipitou essa violação. Matsuda afirma que chamar alguém de um nome ou, mais especificamente, ser chamada de forma injuriosa, estabelece a subordinação social da pessoa e, além disso, tem o efeito de privar o destinatário da capacidade de exercer os direitos e liberdades comumente aceitos em um contexto específico (educação ou trabalho), ou no contexto mais geral da esfera pública nacional. Ainda que certos argumentos a favor da regulamentação do discurso estejam relacionados especificamente ao contexto, restringindo a regulamentação a locais de trabalho ou ambientes educacionais específicos, Matsuda parece estar empenhada em sustentar que a esfera pública nacional, em sua totalidade, é o quadro de referência que deve ser adotado para regulamentar o discurso de ódio. Na medida em que certos grupos foram "historicamente subordinados", o discurso de ódio dirigido contra eles consiste em uma ratificação e ampliação dessa "subordinação estrutural". Para Matsuda, é como se certas formas históricas de subordinação

---

9 Matsuda, Introduction, *Words that Wound*, p.23.
10 Ibid., p.25.

Discurso de ódio

tivessem assumido um estatuto "estrutural", de modo que essa história e essa estrutura generalizadas constituem "o contexto" no qual o discurso de ódio se mostra efetivo.

No caso das Forças Armadas dos Estados Unidos, há certa controvérsia pública acerca de se a declaração pública da homossexualidade equivale à declaração da intenção de performatizar o ato, e parece que, caso a intenção seja declarada, a própria declaração é ofensiva. Em uma versão inicial do regulamento, as Forças Armadas consideraram ofensiva não a intenção de agir mas *a declaração da intenção de agir*. Aqui, um ato de fala pelo qual uma intenção sexual é declarada ou sugerida se torna estranhamente indissociável de uma ação sexual. Com efeito, ao que parece, os dois podem ser separados apenas por uma renúncia explícita da primeira declaração e mediante a articulação de uma intenção adicional, a saber, a intenção de *não* agir de acordo com o próprio desejo. Como no exemplo do "discurso" pornográfico, está em questão uma certa sexualização do discurso, segundo a qual a referência verbal ou a representação da sexualidade é considerada equivalente ao ato sexual. Por mais difícil e doloroso que seja imaginar isso, poderiam as Forças Armadas ter identificado essa forma de enunciado como uma infração legalmente definida sem o precedente da lei de assédio sexual e sua extensão para o domínio da pornografia e do discurso de ódio?[11] De qualquer modo,

---

11 Para um debate excelente sobre o "componente do ato de fala" da autoidentificação lésbica e gay e de como ela depende da proteção da Primeira Emenda, cf. William B. Rubenstein, The "Hate Speech" Debate from a Lesbian/Gay Perspective, in: Gates Jr. et al. (org.), *Speaking of Race, Speaking of Sex: Hate Speech, Civil Rights, and Civil Liberties*, p.280-99.

nas diretrizes revisadas para a aplicação desse regulamento, ainda em disputa nos tribunais, é possível agora declarar "Eu sou homossexual" e acrescentar à essa afirmação "e não tenho intenção nem propensão de agir de acordo com esse desejo". Ao negar a ação, a declaração volta a ser uma afirmação constativa ou meramente descritiva, e chegamos à distinção estabelecida pelo presidente Clinton entre o *status* protegido ("Eu sou") e a conduta não protegida ("Eu faço" ou "Eu farei").

Examinarei no próximo capítulo a lógica desse regulamento e me proponho a retornar à figura do enunciado efetivo e ofensivo ao final deste capítulo. Nesse ínterim, no entanto, eu gostaria de considerar a interpretação do discurso de ódio como conduta ofensiva, o esforço para interpretar a pornografia como um discurso de ódio e o esforço concomitante de se recorrer ao Estado para remediar os danos alegadamente causados pelo discurso de ódio. O que acontece no momento em que recorremos ao Estado para regulamentar esses discursos? Mais particularmente, como o poder regulador do Estado é reforçado por meio desse recurso? Esse é, talvez, um argumento familiar que espero desenvolver de maneira menos familiar. O que me preocupa não é somente a proteção das liberdades civis diante da intromissão do Estado, mas o *poder discursivo* peculiar outorgado ao Estado pelo processo de reparação jurídica.

Eu gostaria de propor uma formulação do problema que pode parecer paradoxal, mas que eu acredito que, mesmo em sua forma hiperbólica, pode lançar alguma luz sobre o problema colocado pela regulamentação do discurso de ódio. Essa formulação é a seguinte: *o Estado produz discursos de ódio* — e, com isso, não quero dizer que o Estado é responsável pelos diversos

Discurso de ódio

insultos, epítetos e formas de ataque que atualmente circulam em meio à população. Quero dizer apenas que a categoria do discurso de ódio não pode existir sem a ratificação do Estado e que o poder que tem a linguagem jurídica do Estado de estabelecer e manter o domínio do que será publicamente dizível sugere que o Estado desempenha muito mais do que uma função limitadora em tais decisões; de fato, o Estado produz ativamente o domínio do discurso publicamente aceitável, demarcando o limite entre os domínios do dizível e do indizível e conservando o poder de estipular e manter essa linha de demarcação. O enunciado exagerado e efetivo atribuído ao discurso de ódio em certos contextos politizados discutidos anteriormente tem por modelo o discurso de um Estado soberano, entendido como um ato de fala soberano, um ato de fala dotado do poder de fazer o que diz. Esse poder soberano é atribuído ao discurso de ódio no momento em que dizemos que ele nos "priva" de direitos e liberdades. O poder atribuído ao discurso de ódio é um poder de agência, performatividade e transitividade absolutas e efetivas (o discurso de ódio faz o que diz e faz o que diz que fará àquele a quem se dirige). É exatamente a esse poder da linguagem *jurídica* que nos referimos quando requeremos que o Estado efetue a regulamentação do discurso injurioso. O problema não é, então, que a força do performativo soberano seja incorreta, mas sim que ela é incorreta quando os cidadãos a utilizam; no momento em que o Estado se serve dela para intervir, ela é, nesses contextos, correta.

O mesmo tipo de força é, no entanto, atribuído ao performativo nas duas instâncias, e essa versão do poder performativo nunca é posta em questão por aqueles que buscam uma

Judith Butler

regulamentação mais estrita. Em que consiste esse poder? E como podemos explicar sua produção contínua na linguagem do discurso de ódio, bem como a sua sedução persistente?

Antes de propor uma resposta a essas questões, é importante notar que tal invocação do performativo soberano ocorre no contexto de uma situação política na qual o poder não está mais restrito à forma soberana do Estado. Disseminado por domínios díspares e concorrentes do aparato estatal, mas também pela sociedade civil sob formas difusas, o poder não pode ser facilmente ou definitivamente atribuído a um único sujeito que é seu "porta-voz", a um representante soberano do Estado. Se Foucault está correto quando descreve que as relações contemporâneas de poder emanam de diferentes lugares possíveis, o poder não está mais limitado pelos parâmetros da soberania. A dificuldade de descrever o poder como uma formação soberana, entretanto, não impede que se fantasie ou que se imagine o poder exatamente dessa forma; pelo contrário, o desaparecimento histórico da organização soberana do poder parece ocasionar a fantasia de seu retorno — um retorno, eu acrescentaria, que ocorre na linguagem, na figura do performativo. A ênfase no performativo ressuscita fantasmaticamente o performativo na linguagem, estabelecendo a linguagem como um lugar deslocado da política e especificando que esse deslocamento é impulsionado por um desejo de retornar a uma configuração do poder mais simples e tranquilizadora, na qual a suposição da soberania permanece segura.

Se o poder não está mais restrito pelos modelos da soberania, se ele emana de um sem-número de "centros", como encontrar a origem e a causa desse ato de poder que produz a

Discurso de ódio

injúria? As restrições da linguagem jurídica surgem para pôr fim a esse anseio histórico particular, pois a lei exige que nós situemos novamente o poder na linguagem da injúria, que atribuamos à injúria o estatuto de um ato e que situemos esse ato na conduta específica de um sujeito. Assim, a lei exige e facilita a conceituação da injúria relacionando-a com um sujeito culpável, ressuscitando "o sujeito" (que poderia ser tanto uma organização ou um grupo quanto um indivíduo) em resposta à exigência de investigar a responsabilidade pela injúria. É justificado fazer do sujeito a "origem" e a "causa" de estruturas racistas e, mais ainda, do próprio discurso racista?

Foucault afirma que a "soberania", enquanto modo dominante de pensar o poder, restringe nossa visão de poder às concepções predominantes do sujeito, impedindo-nos de refletir sobre o problema da dominação.[12] Sua concepção de dominação, no entanto, contrasta fortemente com a de Matsuda: a "dominação" não é "o fato maciço de 'uma' dominação global de um sobre os outros, ou de um grupo sobre o outro, mas as múltiplas formas de dominação que podem se exercer no interior da sociedade",[13] que não requerem nem o representante soberano do Estado, isto é, o rei, nem seus "súditos" como seus únicos ou principais locais de exercício. Pelo contrário, escreve Foucault, "apreender o poder sob o aspecto da extremidade cada vez menos jurídica de seu exercício: era a

---

12 Foucault, Two Lectures, in: Gordon (org.), *Power/Knowledge: Selected Interviews and Other Writings 1972-1977*.

13 Ibid., p.96 [ed. bras.: Michel Foucault, "Aula de 14 de janeiro de 1976", in: *Em defesa da sociedade: curso no Collège de France (1975-1976)*, trad. Maria Ermantina Galvão, São Paulo: Martins Fontes, 2005, p.31-2].

Judith Butler

primeira instrução dada".[14] O sujeito, para Foucault, precisamente, *não* é a extremidade do exercício do poder. Em uma abordagem antivoluntarista do poder, Foucault escreve,

> tratava-se [...] de não procurar [considerar o poder] do lado de dentro, de não formular a questão (que acho labiríntica e sem saída) que consiste em dizer: quem tem o poder afinal? O que tem na cabeça e o que procura aquele que tem o poder? Mas sim de estudar o poder, ao contrário, do lado em que sua intenção — se intenção houver — está inteiramente concentrada no interior de práticas reais e efetivas [...].[15]

Esse deslocamento do sujeito do poder para o conjunto das práticas por meio das quais o poder é atualizado marca, para Foucault, o abandono do modelo conceitual da soberania que, segundo ele, domina a reflexão sobre a política, a lei e a questão judiciária. Entre as práticas que Foucault contrapõe às práticas do sujeito estão aquelas que buscam dar conta da formação do próprio sujeito:

> E sim [formular a questão]: como as coisas acontecem no momento mesmo, no nível, na altura do procedimento de sujeição,

---

14 Ibid., p.97 [ed. bras.: ibid., p.33]. Anteriormente, na mesma aula, Foucault propõe uma formulação levemente mais desenvolvida dessa ideia: "Trata-se de apreender [...] o poder em suas extremidades, em seus últimos lineamentos, onde ele se torna capilar; ou seja: tomar o poder em suas formas e em suas instituições mais regionais, mais locais, sobretudo no ponto em que esse poder, indo além das regras de direito que o organizam e o delimitam, se prolonga, em consequência, mais além dessas regras"; ibid., p.96 [ed. bras.: ibid., p.32].

15 Ibid., p.97 [ed. bras.: ibid., p.33].

Discurso de ódio

ou nesses processos contínuos e ininterruptos que sujeitam os corpos, dirigem os gestos, regem os comportamentos. [...] procurar saber como se constituíram pouco a pouco, progressivamente, realmente, materialmente, os súditos, o súdito, a partir da multiplicidade dos corpos, das forças, das energias, das matérias, dos desejos, dos pensamentos, etc. *Apreender a instância material da sujeição enquanto constituição dos súditos* [...].[16]

No momento em que a cena do racismo é reduzida a um único falante e seus ouvintes, o problema político consiste em traçar o percurso do dano a partir do falante até a constituição psíquica/somática de quem ouve o termo ou daquele a quem tal termo é dirigido. As estruturas institucionais complexas do racismo, e também do machismo, são repentinamente reduzidas à cena do enunciado, e o enunciado, não mais a sedimentação da instituição e do uso anteriores, é investido do poder de estabelecer e manter a subordinação do grupo ao qual se dirige. Esse gesto teórico não constituiria uma sobredeterminação da cena do enunciado, em que as injúrias do racismo são reduzidas a injúrias produzidas na linguagem?[17] E isso não leva a uma visão do poder do sujeito que fala e,

---

16 Id. [ed. bras.: id.].

17 Essa abstração da cena comunicativa do enunciado parece ser, em parte, o efeito de uma jurisprudência da Primeira Emenda organizada a partir do "Spence Test", apresentado em *Spence v. Washington* 418 U.S. 405 (1974). Para uma tentativa interessante, com base na jurisprudência da Primeira Emenda, de combater esse movimento em direção a uma concepção abstrata dos acontecimentos comunicativos, situando o discurso na estrutura social, cf. Post, Recuperating First Amendment Doctrine, *Stanford Law Review*, v.47, n.6, p.1249-81.

portanto, de sua culpabilidade, em que o sujeito é prematuramente identificado como a "causa" do problema do racismo?

Ao localizar a causa da nossa injúria em um sujeito falante e o poder dessa injúria no poder do discurso, tornamo-nos livres, por assim dizer, para recorrer à justiça — que agora contrapomos ao poder e imaginamos ser neutra — a fim de controlar esse ataque de palavras odiosas. Essa produção fantasmática de sujeitos falantes culpáveis, derivada das limitações da linguagem jurídica, estabelece os sujeitos como os únicos agentes do poder. É bastante provável que tal redução da agência do poder às ações do sujeito seja uma maneira de compensar as dificuldades e ansiedades produzidas no decorrer da vida em uma situação cultural contemporânea em que nem a lei nem o discurso de ódio são enunciados exclusivamente por um sujeito singular. A ofensa racial é sempre uma citação de algum outro lugar, e quem a profere se une a um coro de racistas, produzindo nesse momento a ocasião linguística para se instituir uma relação imaginária com uma comunidade de racistas historicamente transmitida. Nesse sentido, o discurso racista não se origina no sujeito, ainda que necessite do sujeito para ser efetivo, como certamente ocorre. De fato, o discurso racista não poderia agir como tal se não fosse *uma citação de si mesmo*; é só porque já conhecemos sua força, em razão de suas instâncias anteriores, que sabemos que ele é ofensivo hoje e que nos preparamos para suas futuras invocações. A iterabilidade do discurso de ódio é dissimulada de maneira efetiva pelo "sujeito" que profere o discurso de ódio.

Na medida em que consideramos que aquele ou aquela que pronuncia o discurso de ódio torna efetiva a mensagem

Discurso de ódio

de subordinação que transmite, esse falante é apresentado como alguém que exerce o poder soberano de fazer o que diz, alguém para quem falar é imediatamente agir. Os exemplos de tais performativos ilocucionários propostos por J. L. Austin em *How to Do Things with Words* são muitas vezes extraídos de instâncias judiciais: "Eu o condeno", "Eu o declaro" — essas são as palavras do Estado que performatizam a própria ação que enunciam. Enquanto um sinal de certo deslocamento da lei, esse poder performativo é atribuído agora àquele que enuncia o discurso de ódio — constituindo assim sua agência, efetividade e possibilidade de ser processado. Quem enuncia o discurso de ódio exerce um performativo por meio do qual a subordinação é efetuada, por mais "mascarado"[18] que esse performativo possa ser. Enquanto performativo, o discurso de ódio também priva aquele a quem é dirigido precisamente *desse* poder performativo, um poder performativo que alguns veem como uma condição linguística da cidadania. A capacidade de usar palavras de maneira efetiva é, desse modo, considerada a condição necessária para a operação normativa do falante e do ator político no domínio público.

Mas que tipo de discurso é atribuído ao cidadão segundo essa concepção, e como ela distingue o que é a performatividade

---

18 Sobre as formas "mascaradas" do performativo, cf. Austin, *How to Do Things with Words*, p.4. Um performativo não precisa assumir uma forma gramatical explícita para operar como um performativo. De fato, uma ordem pode ser efetivamente colocada em ação tanto através do silêncio quanto através de sua formulação verbal explícita. Entendo que mesmo uma postura silenciosa se qualificaria como um performativo linguístico na medida em que entendemos o silêncio como uma dimensão constitutiva da fala.

do discurso de ódio da performatividade que é a condição linguística da cidadania? Se o discurso de ódio é um tipo de discurso que nenhum cidadão deveria exercer, então como seu poder pode ser especificado, se é que isso é possível? E de que modo podemos distinguir tanto o discurso apropriado aos cidadãos quanto o discurso de ódio impróprio aos cidadãos de um terceiro nível de poder performativo, aquele que pertence ao Estado?

É igualmente essencial nos interrogarmos sobre esse último ponto, ainda que seja apenas porque o discurso de ódio é, ele próprio, descrito por meio do tropo soberano que deriva do discurso do Estado (e do discurso sobre o Estado). Representar o discurso de ódio como um exercício de poder soberano performatiza implicitamente uma catacrese por meio da qual aquele que é acusado de violar a lei (aquele que enuncia discursos de ódio) é, apesar de tudo, investido do poder soberano da lei. O que a lei diz ela faz, mas poderíamos dizer o mesmo de quem profere o discurso de ódio. O poder performativo do discurso de ódio é apresentado como o poder performativo da linguagem jurídica sancionada pelo Estado, e a disputa entre o discurso de ódio e a lei é paradoxalmente encenada como uma batalha entre dois poderes soberanos.

Aquele que "enuncia" o discurso de ódio age como a lei no sentido de que teria o poder de fazer acontecer o que diz (como ocorre a um juiz respaldado pela lei em uma ordem política relativamente estável); e atribuímos à força ilocucionária desse enunciado um poder estatal imaginário, respaldado pela polícia?

Essa idealização do ato de fala como ação soberana (seja positiva ou negativa) parece estar vinculada à idealização do

Discurso de ódio

poder soberano do Estado ou, antes, à voz imaginada e poderosa desse poder. É como se o próprio poder do Estado tivesse sido expropriado, delegado a seus cidadãos, e o Estado então ressurgisse como um instrumento neutro ao qual procuramos recorrer para nos proteger de outros cidadãos, que se tornaram emblemas reanimadores de um poder soberano (perdido).

MacKinnon e a lógica do enunciado pornográfico

Os argumentos desenvolvidos recentemente por MacKinnon são tão convincentes quanto problemáticos. A classe de pessoas, principalmente mulheres, que são subordinadas e degradadas mediante sua representação pela pornografia, a classe a quem a pornografia dirige seu imperativo de subordinação, perde sua voz, por assim dizer, como consequência de a voz da pornografia ter se dirigido a ela e a desacreditado. Entendida como discurso de ódio, a pornografia priva o destinatário (aquele que é representado por ela e a quem a pornografia supostamente se dirige) do poder de falar. A fala do destinatário é privada do que Austin chamou de sua "força ilocucionária". A fala do destinatário não tem mais o poder de fazer o que diz, mas sempre tem o poder de fazer algo diferente do que diz (um fazer distinto do fazer que estaria de acordo com o seu dizer) ou de significar exatamente o oposto do que pretende significar.[19]

---

19 É importante notar que Austin entendia que todos os performativos estão sujeitos a ser mal-empregados, malsucedidos e relativamente impuros; esse "fracasso" é generalizado como uma condição da própria performatividade por Jacques Derrida e Shoshana Felman.

Judith Butler

MacKinnon evoca o caso de Anita Hill para ilustrar essa expropriação e deformação do discurso performatizada pela pornografia. O próprio ato pelo qual Anita Hill deu seu testemunho, que pretendia estabelecer que ela havia sofrido uma injúria, foi tomado no decorrer das audiências do Senado – elas próprias uma cena pornográfica – como confissão de sua vergonha e, por consequência, de sua culpa. Nessa recepção reapropriativa por meio da qual um testemunho é tomado como uma confissão, as palavras do falante não são mais consideradas como passíveis de comunicar ou performatizar aquilo que parecem estar fazendo (exemplificando a força ilocucionária do enunciado); elas são, ao contrário, uma demonstração ou encenação da culpa sexual. No momento em que Hill enuncia um discurso sexualizado, ela é sexualizada por ele, e é essa sexualização que mina seu esforço para representar a sexualização em si como uma forma de injúria. Afinal de contas, ao falar sobre ela, ela a assume, amplia-a e a produz; sua fala aparece como uma apropriação ativa da sexualização que ela procura combater. Na pornografia, é impossível combater essa sexualização sem que esse combate se torne ele mesmo um ato sexualizado. O pornográfico está marcado precisamente por esse poder de apropriação sexual.

No entanto, MacKinnon usa Hill como o "exemplo" desse tipo de sexualização sem considerar a relação existente entre a racialização e a exemplificação. Em outras palavras, não apenas Hill é duplamente oprimida, como afro-americana e como mulher, mas a raça se torna uma forma de representar a sexualidade de modo pornográfico. A encenação racializada de Thomas e Hill permite, ao mesmo tempo, a externalização da degradação sexual e a purificação do imaginário branco de toda lascívia. O *status* dos afro-americanos permite a espetacularização da sexualidade e uma nova figuração dos brancos como exteriores a esse conflito, testemunhas e observadores que circunscrevem seus próprios anseios sexuais através dos corpos dos negros, tornados públicos.

A pornografia funciona quase sempre por meio de inversões de diferentes tipos, mas essas inversões têm uma vida e um poder que ultrapassa o domínio do pornográfico. Notemos, então, que, no relato da concepção de MacKinnon que acabo de apresentar — o qual espero que seja fiel —, o problema da pornografia é precisamente o fato de que ela *recontextualiza* o significado pretendido de um ato de fala; esse ato de fala pretende dizer "não" — ou é representado como pretendendo dizer "não" —, e a recontextualização assume a forma específica de uma *inversão* na qual o "não" é considerado e interpretado como "sim". A resistência à sexualidade é, então, reinterpretada como o cenário peculiar para sua afirmação e recirculação.

Essa mesma sexualização ocorre no e como ato de fala. Ao falar, Hill expõe sua agência; ao falar da sexualidade, ela expõe sua agência sexual; assim, qualquer alegação feita contra a sexualização do discurso a partir da posição da sexualização ativa do discurso é retoricamente refutada pelo próprio ato de fala ou, antes, pelo caráter que assemelha um discurso a um ato e pela "agência" fictícia que se supõe ocorrer no ato de falar. Isso é o que alguns chamariam de uma contradição performativa: um ato de fala que, em sua própria realização, produz um significado que mina aquele que ele pretendia realizar. À medida que Hill fala, ela manifesta sua agência, pois o discurso é considerado um signo de agência, e a ideia de que podemos falar, enunciar palavras sem intenção voluntária (muito menos *inconscientemente*) é sistematicamente excluída por essa interpretação da pornografia. Paradoxalmente, o problema da interpretação pornográfica do discurso de Hill é que ela põe suas palavras contra suas intenções e supõe, portanto, que as duas não são apenas separáveis, mas também podem ser postas umas contra as outras. É justamente por meio dessa demonstração de agência linguística que o que ela quer dizer é invertido e desqualificado. Quanto mais Hill fala, menos acreditam nela, menos é entendida no sentido que pretendia ser. Mas isso só é verdadeiro enquanto o sentido que ela pretendia estiver de acordo com a sexualização de seu enunciado e o sentido que ela não pretendia se opuser a essa mesma sexualização.

Essa recontextualização pornográfica do ato de fala de Anita Hill é entendida por MacKinnon como um caso paradigmático do tipo de inversão de sentidos que a pornografia performatiza sistematicamente. E, para MacKinnon, esse poder de recontextualização pornográfica significa que, sempre que uma mulher diz "não" em um contexto pornográfico, esse "não" é considerado um "sim". A pornografia, assim como o inconsciente freudiano, não conhece a negação. Essa análise da "estrutura" da pornografia, no entanto, não explica o contexto do ato de fala de Hill; ele não é considerado um espetáculo sexual comunicativo, mas sim um espetáculo sexual racializado. Ela é o "exemplo" da pornografia porque, enquanto mulher negra, ela se torna o espetáculo para a projeção e a realização da ansiedade sexual dos brancos.

Mas a preocupação de MacKinnon é de outra ordem. Ela pressupõe que é preciso ser capaz de enunciar palavras de tal maneira que o sentido dessas palavras coincida com a intenção com a qual elas são enunciadas, e que a dimensão performativa

Discurso de ódio

desse enunciar contribua para apoiar e prolongar esse sentido pretendido. Assim, um dos problemas da pornografia é que ela cria uma cena na qual a dimensão performativa do discurso vai de encontro ao seu funcionamento semântico ou comunicativo. Essa concepção do enunciado pressupõe uma ideia normativa segundo a qual cada um deve ter a capacidade e o poder de fazer uso do discurso de um modo direto; essa ideia é elaborada pela filósofa Rae Langton em um ensaio que visa oferecer fundamentos lógicos às alegações majoritariamente retóricas de MacKinnon.[20] Esse poder de exercer o discurso de tal modo que a performatização e a recepção são governadas e reconciliadas por uma intenção única e controladora é concebido por Langton como sendo essencial para a operação e a agência de uma pessoa portadora de direitos, aquela que é socialmente capaz de exercer direitos e liberdades fundamentais tais como aqueles garantidos pela Cláusula de Proteção Igualitária da Décima Quarta Emenda.

De forma significativa e paradoxal, o argumento contra a pornografia procura limitar os direitos dos pornógrafos no que diz respeito à Primeira Emenda, mas também estender a esfera da proteção da Primeira Emenda a quem a pornografia representa e se dirige (por consequência, ostensivamente): a representação pornográfica desacredita e degrada quem ela representa – principalmente mulheres – de tal modo que o efeito dessa degradação é colocar em dúvida a capacidade de seu discurso, em algum momento, ser tomado no sentido do que diz. Em outras palavras, assim como o testemunho de Hill foi convertido nas câmaras do

---

20 Langton, Speech Acts and Unspeakable Acts, *Philosophy and Public Affairs*, v.22, n.4, p.293-330.

Senado em uma confissão de sua cumplicidade ou, mesmo, do poder de sua fantasia sexual, o discurso da classe de pessoas representadas pela pornografia, especificamente mulheres, é convertido em seu contrário; é um discurso que diz uma coisa mesmo quando pretende dizer outra, ou é um discurso que não sabe o que quer dizer, ou é um discurso de exibição, confissão e evidência, mas não um meio de comunicação, pois teria sido privado de sua capacidade de formular afirmações verídicas. Na verdade, ainda que o ato de fala signifique uma agência, ele se anula exatamente porque não diz o que quer dizer; o ato de fala implica um ser desde sempre ativo e que faz escolhas e, de fato, um sujeito que consente, cujo "não" seria sempre minado por seu "sim" implícito. Embora essa atribuição de uma intenção invertida efetivamente viole a soberania do sujeito falante, parece igualmente verdadeiro que essa análise da pornografia explora uma certa noção de soberania liberal para promover seus próprios objetivos, ao afirmar que é sempre o consentimento, e somente o consentimento, que constitui o sujeito.

Essa crítica do efeito da pornografia sobre o discurso – e de como, em particular, podemos dizer que ela *silencia* o discurso – é motivada por um esforço de inverter a ameaça da representação pornográfica à soberania. Como um esforço para ligar novamente o enunciado a uma intenção soberana, a postura antipornografia se opõe ao estado de desordem no qual o enunciado aparentemente caiu: o enunciado corre o risco de ter um sentido não intencional ou nunca intencionado; ele se torna um ato sexualizado, convertendo-se em sedução (logo, perlocucionário) em vez de estar baseado na verdade (logo, constativo). (A pornografia rebaixa o enunciado ao *status* de retórica e expõe seus limites como filosofia.)

Discurso de ódio

Contestações da universalidade

Se a pornografia performatiza uma deformação do discurso, o que se supõe ser a forma correta de discurso? Qual seria a concepção de discurso não pornográfico que condiciona essa crítica da pornografia? Langton escreve que "a capacidade de realizar atos de fala pode ser uma medida do poder político" e da "autoridade" e que "uma das marcas da falta de poder de alguém é sua incapacidade de performatizar atos de fala que, de outra forma, gostaria de performatizar".[21] Quando um ato de fala é silenciado, não se pode usar o performativo de forma efetiva. Quando o "não" é tomado como "sim", a capacidade de fazer uso do ato de fala é enfraquecida. Mas o que pode garantir uma situação comunicativa na qual o discurso de ninguém incapacita ou silencia o discurso de alguém dessa maneira? Esse parece ser o debate do qual Habermas e outros autores participam — um esforço para conceber uma situação comunicativa de fala na qual os atos de fala são baseados em um consenso de tal forma que não é permissível nenhum ato de fala que refute performativamente a capacidade de consentimento da outra pessoa por meio do discurso. De fato, embora nem Langton nem MacKinnon se refiram a Habermas, seus projetos parecem ser estruturados de acordo com desejos culturais semelhantes. A inversão ou deformação do discurso pela pornografia — conforme descrita por MacKinnon e Langton — parece ser exatamente um exemplo do tipo de situação de fala distorcida que a teoria habermasiana do discurso procura criticar e invalidar.

---

21 Ibid., p.314-5.

Judith Butler

O ideal de consentimento, no entanto, só faz sentido na medida em que os termos em questão obedecem a um significado consensualmente estabelecido. Termos com significados ambíguos são, portanto, uma ameaça ao ideal do consenso. Assim, Habermas ressalta que, para se chegar a um consenso, é necessário que as palavras sejam associadas a significados unívocos: "A produtividade do processo de compreensão somente permanece não problemática à medida que todos os participantes atêm-se ao ponto de referência de um possível e efetivo entendimento, no qual atribuem os *mesmos* significados aos *mesmos* enunciados".[22] Mas somos nós, quem quer que "nós" sejamos, uma comunidade na qual tais significados podem ser estabelecidos de uma vez por todas? Não existe uma diversidade permanente no campo semântico que constitui uma situação irreversível para a teorização política? Quem se coloca acima da disputa interpretativa na posição de "atribuir" os mesmos significados aos mesmos enunciados? E por que a ameaça representada por tal autoridade é considerada menos grave do que a da interpretação ambígua que não foi limitada?

Se os enunciados carregam significados ambíguos, então seu poder é, em princípio, menos unilateral e seguro do que parece. De fato, a ambiguidade do enunciado significa que talvez ele nem sempre tenha o mesmo sentido, que seu significado pode ser invertido ou desviado de uma maneira significativa e, mais do que isso, que as próprias palavras que procuram ferir podem errar o alvo e produzir um efeito contrário ao pretendido. A disjunção entre o enunciado e o significado é a

---

22 Habermas, *The Philosophical Discourse of Modernity*, p.198 [ed. bras.: *O discurso filosófico da modernidade*, p.278].

Discurso de ódio

condição da possibilidade de revisar o performativo, do performativo como repetição de sua ocorrência anterior, uma repetição que é ao mesmo tempo uma reformulação. De fato, o testemunho não seria possível sem *citar* a injúria para a qual se busca reparação. E o discurso de Anita Hill deve citar novamente as palavras que foram ditas a ela a fim de mostrar seu poder injurioso. Elas não são originalmente palavras "dela", por assim dizer, mas sua citação constitui a condição de possibilidade de sua agência na lei, mesmo se, como todos pudemos ver nesse caso, elas tenham sido tomadas precisamente para desconsiderar sua agência. A citacionalidade do performativo produz essa possibilidade de agência e expropriação simultâneas.

As vantagens políticas derivadas da insistência nessa disjunção são completamente diferentes daquelas supostamente obtidas segundo a concepção de consenso de Habermas. Pois, se sempre corremos o risco de significar algo diferente do que aquilo que pensamos enunciar, então estamos, por assim dizer, vulneráveis, em um sentido especificamente linguístico, a uma vida social da linguagem que excede o alcance do sujeito que fala. Esse risco e essa vulnerabilidade são próprios ao processo democrático no sentido de que não podemos saber antecipadamente o significado que o outro atribuirá ao enunciado de alguém, que conflito de interpretação pode surgir e qual a melhor maneira de julgar essa diferença. O esforço para chegar a um acordo não pode ser resolvido antecipadamente, mas apenas através de uma luta concreta de tradução, cujo sucesso nunca está garantido.

Habermas, no entanto, insiste que uma garantia pode ser encontrada na antecipação do consenso e que existem "suposições idealizadoras"[23] que limitam antecipadamente os tipos de interpretação aos quais os enunciados estão sujeitos: "os jogos de linguagem funcionam apenas porque pressupõem idealizações que abrangem o jogo de linguagem e, como condição necessária do entendimento possível, fazem surgir a perspectiva de um acordo criticável sobre pretensões de validade".[24] Os argumentos de Matsuda também parecem coincidir com essa ideia, uma vez que um dos argumentos que ela propõe contra o discurso racista é que ele implicitamente faz com que a alegação de inferioridade racial seja rejeitada e invalidada pela comunidade internacional. Assim, não há razão alguma para que a Constituição proteja esse discurso, uma vez que ele entra em conflito com os compromissos de igualdade universal que são fundamentais para a Constituição. Ao argumentar em favor da "proteção" de tais expressões, os representantes legais da Constituição estariam trabalhando contra um dos pilares fundamentais desse texto fundador.

Essa última afirmação é significativa, pois há mais coisas em jogo do que pode parecer. De acordo com essa concepção, não apenas os discursos racistas contradizem as premissas universalistas da Constituição, mas todo discurso que contesta ativamente as premissas fundadoras da Constituição não deveria, por essa mesma razão, ser protegido pela Constituição. Proteger tal discurso significaria envolver-se em uma contradição performativa. Está implícita nesse argumento a afirmação de que o único discurso que deveria estar protegido pela Constituição é aquele baseado em suas premissas universalistas.

---

23 Ibid., p.198 [ed. bras.: ibid., p.279].
24 Id. [ed. bras.: id.].

Discurso de ódio

Tomada como critério positivo de delimitação do discurso protegido, essa afirmação é ao mesmo tempo controversa e ambiciosa. O domínio do dizível deve ser governado pelas versões predominantes e aceitas da universalidade. Não estamos mais refletindo sobre o que constitui o discurso de ódio, mas sim sobre a categoria mais ampla do que constitui um critério razoável pelo qual o discurso protegido deve ser distinguido do discurso não protegido. Além disso, a pergunta-chave para a delimitação do discurso protegido é a seguinte: o que constituirá o domínio do que pode ser dito legal e legitimamente? Segundo a noção normativa de discurso legítimo pressuposta pela análise de Matsuda, qualquer falante estaria constrangido pelas noções existentes de universalidade? Como conciliaríamos essa perspectiva com a de Étienne Balibar, por exemplo, que argumenta que o racismo informa nossas noções atuais de universalidade?[25] Como poderíamos continuar a insistir em reformulações mais amplas da universalidade se nos comprometemos a honrar apenas as versões provisórias e paroquiais da universalidade atualmente codificadas no direito internacional? Não há dúvidas de que tais precedentes são extremamente úteis para a argumentação política em contextos internacionais, mas seria um erro pensar que essas formulações já estabelecidas esgotam as possibilidades do que se poderia querer dizer por universal. Dizer que foi alcançada uma convenção de consenso não é reconhecer que a vida temporal da convenção excede seu passado. Podemos esperar que saberemos de antemão o sentido que será atribuído ao enunciado da universalidade, ou esse

---

25 Balibar, Racism as Universalism, in: *Masses, Classes, and Ideas*.

Judith Butler

enunciado dá origem a um sentido que não deve ser antecipado completa ou concretamente?

De fato, parece ser importante considerar que os padrões de universalidade são historicamente formulados e que expor o caráter paroquial e excludente de uma determinada articulação histórica de universalidade é parte do projeto de ampliar e tornar substantiva a própria noção de universalidade. O discurso racista, com toda certeza, contesta os padrões atuais que governam o alcance universal da emancipação política. Mas existem outros tipos de discurso que constituem valiosas contestações e são cruciais para a elaboração contínua do próprio universal, e seria um erro descartá-los. Consideremos, por exemplo, a situação em que os sujeitos que foram excluídos da emancipação por convenções existentes, as quais governam a definição excludente do universal, apoderam-se da linguagem da emancipação e colocam em movimento uma "contradição performativa" alegando estarem incluídos nesse universal, expondo, assim, o caráter contraditório das formulações convencionais anteriores do universal. Esse tipo de discurso parece, a princípio, impossível ou contraditório, mas ele institui uma forma de expor os limites das concepções atuais de universalidade e de constituir um desafio a esses padrões existentes para que se tornem mais amplos e inclusivos. Nesse sentido, ser capaz de enunciar a contradição performativa não é um empreendimento autodestrutivo; pelo contrário, a contradição performativa é crucial para a contínua revisão e elaboração de padrões históricos de universalidade próprios do movimento futuro da democracia mesma. Afirmar que o universal ainda não foi articulado é insistir que o "ainda não" é inerente a uma compreensão do próprio universal: que o

Discurso de ódio

que permanece "não realizado" pelo universal o constitui de maneira essencial. O universal começa a ser articulado precisamente através de desafios à sua formulação *existente*, e esse desafio surge daqueles que não estão nele incluídos, que não estão habilitados a ocupar o lugar do "quem", mas que, apesar disso, exigem que o universal como tal os inclua. Os excluídos, nesse sentido, constituem o limite contingente da universalização. E o "universal", longe de ser comparável à sua formulação convencional, surge como um *ideal* postulado e aberto que não foi adequadamente codificado por nenhum conjunto de convenções jurídicas dadas.[26] Se as convenções de universalidade existentes e aceitas *limitam* o domínio do dizível, essa limitação produz o dizível, estabelecendo uma fronteira entre o dizível e o indizível.

A fronteira que produz o dizível ao excluir certas formas de discurso se torna uma operação de censura exercida pela própria postulação do universal. Postular o universal como algo existente, como um dado, não seria codificar as exclusões segundo as quais procede essa postulação da universalidade? Nesse caso, e no momento em que nos baseamos nas *convenções estabelecidas de universalidade*, não confinamos involuntariamente o processo de universalização aos limites das convenções estabelecidas, naturalizando suas exclusões e antecipando a possibilidade de sua radicalização? O universal só pode ser articulado em resposta a um desafio vindo do (seu próprio) exterior. Quando exigimos a regulamentação do discurso injurioso com base em pressuposições "universalmente" admitidas, não

---

26 Sobre as noções comparáveis de ideais e idealização, cf. Cornell, *The Imaginary Domain*, e Fiss, *The Irony of Free Speech*.

reiteramos práticas de exclusão e humilhação? Como se caracteriza a comunidade que pode ser qualificada como comunidade legítima que debate e chega a um consenso acerca dessa universalidade? Se essa mesma comunidade é constituída através de exclusões racistas, como podemos confiar nela para deliberar sobre a questão do discurso racista?

O que está em jogo nessa definição de universalidade é a distinção entre uma suposição idealizadora do consenso que, de certa forma, já existe e uma que ainda precisa ser articulada e que desafia as convenções que governam nossas projeções imaginárias. Essa última é distinta de uma idealização não convencional (Habermas) concebida como algo que sempre existiu ou que seria codificado pelo direito internacional estabelecido (Matsuda), equiparando, assim, suas realizações presentes e futuras. A universalidade antecipada, para a qual não dispomos de um conceito pronto, é aquela cujas articulações só se seguirão, se o fizerem, a partir de uma contestação da universalidade em suas fronteiras já imaginadas.

A noção de "consenso" pressuposta pelas duas primeiras perspectivas se revela uma convicção pré-lapsária, que coloca em curto-circuito a tarefa necessariamente difícil de forjar um consenso universal a partir de diferentes locais da cultura – para tomar emprestado o título e a expressão de Homi Bhabha – e a difícil prática da tradução entre as diversas línguas nas quais a universalidade faz suas aparições variadas e polêmicas. A tarefa da tradução cultural se torna necessária precisamente em função dessa contradição performativa que ocorre quando alguém, sem autorização para falar de dentro e em nome do universal, reivindica, entretanto, esse termo para si. Ou, talvez, para dizer de maneira mais apropriada, quando alguém que está excluído do universal e, no entanto, ainda faz parte dele fala a partir de uma situação de existência cindida ao mesmo tempo autorizada e desautorizada (que mina a delimitação de um "espaço de enunciação" preciso). Essa fala não é a mera assimilação a uma norma existente, pois essa norma se baseia na exclusão de quem fala e cujo discurso questiona os fundamentos do próprio universal. Falar e expor a alteridade dentro da norma (a alteridade sem a qual a norma não "conheceria a si mesma") expõe o fracasso da norma em exercer o alcance universal que ela representa, expõe o que poderíamos chamar de *a ambivalência promissora da norma*.

O fracasso da norma é exposto pela contradição performativa colocada em ação por quem fala em seu nome, mesmo que ainda não se possa dizer que esse nome designe quem, não obstante, se insinua o suficiente até o nome para falar "nele" mesmo assim. Esse duplifalar é precisamente o mapa temporalizado do futuro da universalidade, a tarefa de uma tradução pós-lapsária cujo futuro permanece imprevisível. A cena contemporânea da tradução cultural surge juntamente com o pressuposto de que o enunciado não tem o mesmo sentido em todos os lugares, na verdade, que o enunciado se tornou uma cena conflituosa (a tal ponto que, de fato, procuramos processar judicialmente o enunciado para, finalmente, "fixar" o seu sentido). Na tradução que ocorre nessa cena conflituosa, o sentido pretendido é menos determinante de uma interpretação "final" do que aquele que é recebido, e nenhum julgamento final sobre as posições em conflito pode surgir. Essa ausência de toda finalidade é precisamente o dilema interpretativo que deve ser valorizado, pois ela suspende a necessidade de um julgamento final para afirmar, em troca, que há uma certa

Judith Butler

vulnerabilidade linguística à reapropriação. Essa vulnerabilidade marca a maneira como uma demanda democrática pós-soberana se manifesta na cena contemporânea do enunciado.[27] Afirmar que é necessário regulamentar o discurso de ódio com base no fato de que ele contradiz tanto o estatuto *soberano* do falante (esse é o argumento de MacKinnon acerca do efeito da pornografia) quanto o fundamento *universal* de seu discurso (é o que afirma Matsuda) é tentar revitalizar o ideal de um falante soberano que não apenas diz o que quer dizer, mas cujo enunciado é ao mesmo tempo singular e universal. A concepção normativa do falante político, conforme delineada no ensaio de Langton, bem como a objeção aos efeitos "silenciadores" do discurso de ódio e da pornografia, conforme desenvolvidos por MacKinnon e Matsuda, afirmam que a participação política requer a capacidade de não apenas representar suas intenções no discurso, mas também atualizar suas intenções pelo ato de fala.

O problema não é simplesmente ser absurdo, de um ponto de vista teórico, supor que as intenções sempre se materializam adequadamente em enunciados e que os enunciados se materializam em feitos, mas, sobretudo, a compreensão dessas relações por vezes disjuntivas constituir uma visão alternativa do campo linguístico da política. A afirmação de uma incomensurabilidade potencial entre a intenção e o enunciado (não dizer o que se quer dizer), entre o enunciado e a ação (não fazer o que se diz) e entre a intenção e a ação (não fazer o que

---

27 Sobre os esforços paradoxais para invocar os direitos universais por parte das feministas francesas tanto incluídas em seu alcance como dele excluídas, cf. Scott, *Only Paradoxes to Offer: French Feminists and the Rights of Man.*

Discurso de ódio

se pretendia) ameaçaria a própria condição linguística da participação política, ou tais disjunções produziriam a possibilidade de uma *re*negociação politicamente consequente da linguagem que explora o caráter indeterminado dessas relações? O conceito de universalidade poderia ser submetido a uma revisão sem a presunção dessa disjunção?

Consideremos a situação em que o discurso racista é contestado a ponto de não ter o poder de tornar efetiva a subordinação que ele sustenta e recomenda; a relação indeterminada entre dizer e fazer é explorada com sucesso ao privar o dizer de seu poder performativo esperado. E se esse mesmo discurso é adotado, e invertido, pela pessoa a quem se dirige, tornando-se a oportunidade de contestá-lo e falar a partir dele, por acaso esse discurso racista foi, até certo ponto, desvinculado de suas origens racistas? O esforço para garantir uma forma de discurso efetivo em que as intenções se materializem nos feitos que elas "têm em mente", e cujas interpretações sejam controladas com antecedência pela própria intenção, constitui um esforço ávido por acreditar no retorno a uma imagem soberana da linguagem que não é mais verdadeira e que pode nunca ter sido verdadeira, uma imagem da qual, por razões políticas, alguém poderia se regozijar por não ser verdadeira. O fato de que o enunciado pode ser invertido, desvinculado de sua origem, é uma maneira de mudar o lugar de autoridade em relação ao enunciado. E, embora possamos lamentar que outros tenham esse poder em relação à nossa linguagem, é preciso considerar o perigo de não termos esse poder de interrupção e redirecionamento em relação aos outros. A recente apropriação do discurso dos "direitos civis" como oposição à ação afirmativa na Califórnia é uma dessas expropriações perigosas, que só agora pode ser combatida por uma reapropriação agressiva.

Não pretendo defender que alguém sempre diz o que não quer dizer, que o dizer recusa o sentido ou que as palavras nunca performatizam o que pretendem performatizar. Atribuir uma tal disjunção necessária a todo discurso é tão suspeito quanto legislar para estabelecer uma continuidade necessária entre intenção, enunciado e feito. Embora Langton pressuponha que a agência política e a cidadania, em particular, exijam tal continuidade, as formas contemporâneas de agência política, especialmente aquelas não autorizadas por convenções prévias ou por prerrogativas atuais da cidadania, tendem a derivar a agência política dos erros do aparato performativo do poder, voltando o universal contra si mesmo, reimplementando a igualdade contra suas formulações existentes, extraindo maior liberdade de sua valência conservadora contemporânea.[28]

Essa possibilidade política de reapropriação pode ser distinguida da apropriação pornográfica à qual MacKinnon se opõe? Ou o risco de apropriação acompanha todos os atos performativos, marcando os limites da suposta soberania desses atos? O argumento foucaultiano é conhecido: quanto mais afirmamos que a sexualidade é reprimida, quanto mais falamos em sexualidade, mais a sexualidade se torna uma espécie de discurso confessional. A sexualidade, portanto, se apropria de discursos não previstos. O "não" repressivo

---

28 Para a leitura de uma tentativa de resgatar a liberdade do discurso político conservador, cf. o capítulo introdutório de Brown, *States of Injury*.

Discurso de ódio

identificado pela doutrina psicanalítica é convertido em um tipo estranho de "sim" (uma tese que não contradiz a psicanálise e sua ênfase de que não há negação no inconsciente). Vista superficialmente, a concepção de Foucault parece paradoxalmente semelhante à de MacKinnon, mas, enquanto para esta o "não" exprime a recusa a consentir, para Foucault ele é performatizado pela lei repressiva contra o sujeito sexual que, como podemos supor, poderia, ao contrário, dizer sim. Para Foucault, assim como para a pornografia, os próprios termos que utilizamos para dizer que a sexualidade é negada se tornam, inadvertida mas inexoravelmente, o lugar e o instrumento de uma nova sexualização. A suposta repressão da sexualidade se torna a sexualização da repressão.[29]

A recontextualização da lei — nesse caso, sua proibição — ocasiona uma inversão em que a sexualidade proibida se transforma na sexualidade produzida. A ocasião discursiva de uma proibição — renúncia, interdição, confissão — se torna precisamente uma nova incitação à sexualidade, e também uma incitação ao discurso. Esse próprio discurso se prolifera à medida que a enunciação repetida da lei proibitiva sugere que seu poder produtivo depende da ruptura com um contexto e uma intenção originários, e que sua recirculação não está sob o controle de nenhum sujeito em particular.

---

29 Embora ele apresente esse argumento contra a psicanálise, trata-se, eu insisto, de um argumento psicanalítico, como podemos confirmar em diversos textos nos quais Freud analisa a economia erótica da "consciência", por exemplo, ou nos quais o supereu é entendido como sendo, pelo menos em parte, forjado pela sexualização de uma proibição — e apenas secundariamente se torna a proibição da sexualidade.

Judith Butler

MacKinnon e Langton defenderam que a recontextualização de um enunciado – ou, mais especificamente, uma recontextualização sexualizada na qual um "não" original é revertido em um "sim" derivado – constitui os próprios efeitos silenciadores da pornografia; a performatização de um enunciado no contexto pornográfico necessariamente reverte em direção à sexualização o próprio sentido que o enunciado deve comunicar: essa é a marca do pornográfico. Na verdade, poderíamos considerar os efeitos incontroláveis da ressignificação e da recontextualização, entendidas como o mero trabalho apropriativo da sexualidade, como a incitação contínua da agitação antipornográfica. Para MacKinnon, a recontextualização assume a forma da atribuição equivocada de um consentimento a ser sexualizado por aquele que é sexualizado por uma dada representação, a transformação de um "não" em um "sim". A relação disjuntiva entre afirmação e negação desconsidera a lógica erótica da ambivalência em que o "sim" pode acompanhar o "não" sem exatamente negá-lo. O domínio do fantasmático é precisamente a ação *suspensa*, nem plenamente afirmada nem totalmente negada, e na maioria das vezes estruturada em alguma forma de prazer ambivalente ("sim" e "não" ao mesmo tempo).

MacKinnon afirma que o "consentimento" de uma mulher é representado no texto pornográfico e que essa representação simultaneamente anula seu consentimento. Essa tese é necessária para sustentar e ampliar a analogia entre o texto pornográfico e os atos de assédio sexual e estupro. Se, por outro lado, as questões de consentimento e a ação são suspensas por meio do texto pornográfico, então o texto não anula o consentimento, mas produz um campo visual da sexualidade que é,

Discurso de ódio

em certo sentido, anterior ao consentimento e, de fato, anterior à constituição do próprio sujeito voluntário. Enquanto reserva cultural de um campo visual sexualmente supervalorizado, a pornografia é precisamente o que circula sem o nosso consentimento, mas não é por essa razão que ela está contra ele. A insistência de que o consentimento precede a sexualidade em todas as instâncias sinaliza um retorno a uma noção pré-freudiana do individualismo liberal em que o "consentimento" é constitutivo da pessoa.

Para que Anita Hill faça sua reivindicação contra Thomas e contra as audiências do Senado, ela deverá depor novamente, e esse depoimento deverá repetir a injúria, registrá-la, dizê-la novamente e, assim, abrir-se a uma apropriação indevida. Para distinguir o depoimento dos acontecimentos que ele registra, deve-se distinguir a repetição da injúria performatizada pelo depoimento da performatização da injúria à qual ele se refere. Mas se o depoimento deve repetir a injúria para fazer sua reivindicação, e se essa repetição é considerada um sinal de agência, então a interpretação errônea do depoimento como uma confissão de cumplicidade parece ser um risco contra o qual nenhuma delimitação pode proteger.

De modo mais geral, a circulação do pornográfico resiste à possibilidade de ser efetivamente vigiada, e, se pudesse sê-lo, o mecanismo de vigilância seria simplesmente incorporado a uma temática pornográfica como um de seus enredos mais lascivos sobre a lei e sua transgressão. Esforçar-se para interromper essa circulação significa tentar interromper o campo sexualizado do discurso para reafirmar a superioridade do sujeito dotado de vontade sobre e contra esse campo.

Judith Butler

Discurso do Estado/discurso de ódio

O discurso de ódio é um tipo de discurso que age, mas que também é *referido* como um tipo de discurso que age e, portanto, como parte e objeto do discurso. Embora o discurso de ódio possa ser um dizer que é um tipo de fazer ou de conduta, ele só pode ser estabelecido como tal por meio de uma linguagem que autoritariamente nos descreva esse fazer; assim, o ato de fala se dá sempre dois passos à frente, ou seja, através de *uma teoria do ato de fala* que possui seu próprio poder performativo (e que, por definição, visa *produzir* atos de fala, reduplicando a performatividade que busca analisar). A descrição desse ato de fala é um fazer ou uma espécie de conduta de tipo igualmente discursivo e igualmente consequente. Isso, a meu ver, não poderia ser mais óbvio do que quando examinamos os modos altamente específicos como o julgamento, enquanto enunciado legal, determina o discurso de ódio.

Enquanto ação discriminatória, o discurso de ódio é uma questão que deve ser decidida pelos tribunais, portanto o "discurso de ódio" não é considerado odioso ou discriminatório até que um tribunal tenha decidido que ele é. Não existe discurso de ódio no sentido pleno do termo até que — e a menos que — um tribunal decida que é disso que se trata.[30] De fato, não basta formular uma petição para que um discurso seja chamado de discurso de ódio, e defender que o discurso de ódio é também uma forma de conduta, cujos efeitos são eficazes e

---

30 Naturalmente, esse não é o caso quando as regulamentações do discurso de ódio são implementadas nas universidades ou em outras instituições que mantêm a autoridade última sobre sua jurisdição.

Discurso de ódio

levam a uma consequente e significativa privação de direitos e liberdades. O caso é esse apenas quando isso está "decidido". Nesse sentido, é a decisão do Estado, o enunciado sancionado pelo Estado, que produz o ato do discurso de ódio – produz, mas não o causa. Aqui, a relação temporal em que o enunciado do discurso de ódio precede o enunciado do tribunal é precisamente o contrário da relação lógica segundo a qual não há discurso de ódio antes da decisão do tribunal. Embora o discurso de ódio que ainda não é discurso de ódio preceda a consideração judicial desse enunciado, é somente após a decisão positiva do tribunal que o discurso em questão se torna um discurso de ódio. A adjudicação do discurso de ódio é, portanto, uma questão que cabe ao Estado ou, mais particularmente, a seu ramo judiciário. Sendo uma determinação feita pelo Estado, o discurso de ódio se torna uma determinação realizada por outro "ato de fala" – o discurso da justiça. Essa estranha dependência da própria existência do enunciado odioso na sentença do tribunal significa que o enunciado odioso não pode ser, ao final, distinguido do discurso do Estado que o julga.

Eu *não* desejo afirmar que o discurso do Estado, no momento da decisão judicial, é *idêntico à* ofensa racial ou sexual que ele pretende julgar. Minha hipótese é, no entanto, que eles são indissociáveis de um modo específico e derivativo. Não deveríamos afirmar que um caso específico de discurso de ódio deve ser submetido ao tribunal para ser julgado, uma vez que o que está em jogo nesse julgamento é determinar se o discurso em questão é odioso. E aqui eu não digo odioso em sentido geral, mas no sentido jurídico preciso definido por Matsuda, Delgado e Lawrence. O processo de adjudicação – que pressupõe que a injúria precede o julgamento do tribunal – é um efeito, uma produção desse julgamento. Assim, o discurso de ódio é produzido pela lei e constitui uma de suas produções mais lascivas; ele se torna o instrumento jurídico que permite produzir e desenvolver um discurso sobre raça e sexualidade sob o pretexto de combater o racismo e o machismo. Não quero dizer com isso que a justiça causa ou incita o discurso de ódio, apenas que a seleção, dentre os diversos atos de fala, daqueles que entrarão na categoria do discurso de ódio será feita pelos tribunais. Assim, essa categoria é uma norma legal a ser ampliada ou restringida pelo poder judiciário da maneira que este julgar mais apropriada.

Esse último ponto me parece particularmente importante, dado que a argumentação sobre o discurso de ódio tem sido invocada contra grupos minoritários, isto é, em contextos nos quais a homossexualidade é explicitamente apresentada na forma de imagens (Mapplethorpe) ou verbal (as Forças Armadas dos Estados Unidos) e naqueles em que a linguagem coloquial afro-americana, especialmente no *rap*, faz recircular os termos da injúria social e é, por esse motivo, responsabilizada por tais termos. Esses esforços de regulamentação são involuntariamente fortalecidos pelo poder aprimorado do Estado para impor a distinção entre o discurso publicamente protegido e o discurso não protegido. Assim, o juiz Scalia questionou em *R.A.V. v. St. Paul* se uma cruz em chamas, embora seja "repreensível", não poderia estar comunicando uma mensagem que é protegida no livre mercado de ideias. Em cada um desses casos, o Estado não apenas reprime o discurso, mas, no próprio ato de reprimir, produz um discurso legalmente derivativo: não apenas o Estado reprime o discurso homossexual,

Discurso de ódio

mas também produz – por meio de suas decisões – uma noção pública do homossexual que se autocensura; de modo similar, produz uma representação pública de uma sexualidade negra obscena, ainda que afirme estar reprimindo a obscenidade; e produz a cruz em chamas como um emblema de discurso inteligível e protegido.

O exercício dessa função discursiva produtiva pelo Estado é subestimado nos textos favoráveis à legislação do discurso de ódio. De fato, eles minimizam a possibilidade de uma apropriação equivocada por parte da justiça em benefício de uma concepção de que a justiça seria um instrumento politicamente neutro e maleável. Matsuda defende que o Direito, embora concebido no racismo, pode ser redirecionado contra o racismo. Ela define o Direito como um conjunto de instrumentos de "ajuste", descrevendo-o em termos puramente instrumentais e desconsiderando os desvios produtivos por meio dos quais ele procede. Essa teoria atribui todo o poder e a agência ao sujeito que usaria esse instrumento. Por mais reacionária que seja a história desse instrumento, ele pode ser colocado a serviço de uma visão progressista, "desafiando a tendência dos princípios neutros de defender os poderes existentes". Mais adiante, Matsuda escreve: "nada inerente ao Direito nos limita",[31] o que lhe permite defender um método de *reconstrução* doutrinário. Em outras palavras, a linguagem jurídica é precisamente o tipo de linguagem que pode ser citada com um significado inverso, em que a inversão transforma uma lei cuja história é reacionária em uma lei com objetivos progressistas.

---

31 Matsuda, Introduction, *Words that Wound*, p.50.

Há pelo menos duas observações a serem feitas sobre essa fé nas capacidades de ressignificação do discurso jurídico. Em primeiro lugar, o tipo de inversão citacional que se diz que a lei performatiza é exatamente o oposto da inversão citacional atribuída à pornografia. A doutrina reconstrutiva permite que o aparato judiciário, então reacionário, se torne progressista, independentemente das intenções originárias que animam a lei. A insistência da pornografia em recontextualizar o significado original ou pretendido de um enunciado é supostamente seu poder mais pernicioso. E, no entanto, mesmo o ato de defesa de MacKinnon, no qual ela representa o "sim" e o "não" de uma mulher, depende de uma recontextualização e de uma espécie de violência textual que Matsuda, no caso do Direito, eleva ao nível do método jurídico sob a categoria da reconstrução doutrinal. Em ambos os casos, o enunciado é incontrolável, apropriável e capaz de significar de maneiras diferentes e para além das intenções que o animam.

O segundo ponto é o seguinte: embora o Direito, por mais reacionária que seja sua constituição, seja entendido como uma prática de ressignificação, o discurso de ódio, por mais reacionária que seja sua constituição, não é suscetível de uma ressignificação significativa dessa mesma maneira. Esse é o momento infeliz em que a disposição dos tribunais para desprezar o valor literário do *"signifying"*, tal como ocorre no *rap*, converge com a afirmação feita pelos proponentes da regulamentação do discurso de ódio de que este *não pode* ser ressignificado. Embora Matsuda abra uma exceção para "a sátira e a construção de estereótipos", essa exceção só vale na medida em que tais enunciados não façam uso de uma "linguagem

Discurso de ódio

persecutória". Seria difícil entender como a sátira funciona se ela não recontextualizasse a linguagem persecutória.

O poder desmobilizador desse tipo de ressignificação do discurso de ódio, entretanto, parece não ter lugar na teoria de Matsuda. E, no entanto, o discurso jurídico é passível de uma ressignificação absolutamente ilimitada: a lei não tem um significado único ou essencial; ela pode ser redirecionada, refuncionalizada e reconstruída; sua linguagem, embora prejudicial em alguns contextos, não é necessariamente prejudicial e pode ser adaptada e redirecionada a serviço de políticas progressistas. O discurso de ódio, no entanto, não é recontextualizável ou aberto a uma ressignificação do mesmo modo que a linguagem jurídica. De fato, embora diferentes tipos de palavras histórica e potencialmente injuriosas sejam recirculadas no *rap*, no cinema e, inclusive, como caligramas na fotografia e na pintura, parece que tais recontextualizações não devem ser interpretadas como reencenações estéticas dignas de proteção legal.

Uma encenação estética de uma palavra injuriosa pode tanto *usar* a palavra quanto *mencioná-la*, isto é, utilizá-la para produzir certos efeitos, mas também para, simultaneamente, fazer referência a esse mesmo uso, chamando a atenção para ela como uma citação, situando esse uso em um legado citacional, tornando esse uso um elemento discursivo explícito sobre o qual devemos refletir em vez de considerá-lo uma operação esperada da linguagem comum. Ou pode ser que uma reencenação estética *utilize* essa palavra, mas também *mostre*, designe, enfatize essa palavra como a instância material arbitrária da linguagem que é explorada para produzir certos tipos de efeitos. Nesse sentido, a palavra como um significante material é colocada em primeiro plano como sendo semanticamente vazia em si mesma, mas também como esse momento vazio da linguagem que pode se tornar o lugar da combinação semântica de uma herança e de um efeito. Isso não significa que a palavra perde seu poder de ferir, mas sim que a palavra é apresentada de tal maneira que podemos começar a perguntar: como uma palavra se torna o lugar do poder de ferir? Tal uso faz do termo um objeto textual que deve suscitar uma reflexão e uma interpretação, assim como nos envolve em uma relação de conscientização acerca de sua força e significado convencionais. A reapropriação agressiva do discurso injurioso, por exemplo, no *rap* de Ice-T se torna o lugar de uma reencenação traumática da injúria, mas na qual o sentido e a capacidade de comunicação dos termos não são mais convencionais, uma vez que esses termos são eles mesmos propostos como elementos discursivos, com sua própria convencionalidade linguística, ao mesmo tempo contundentes e arbitrários, indóceis e abertos à reutilização.

Essa interpretação, no entanto, seria fortemente combatida, penso eu, por aqueles que favorecem a regulamentação do discurso de ódio e defendem que a recontextualização e a inversão do sentido não são possíveis para certas palavras. Richard Delgado escreve: "Palavras como '*nigger*'* e '*spick*'** são símbolos de humilhação mesmo quando usadas entre amigos: *essas palavras não têm outra conotação*". E, no entanto, essa própria afirmação, seja escrita em seu texto ou citada aqui, tem outra

---

* O termo *nigger* é utilizado para designar pejorativamente os afro-americanos. (N. T.)

** De forma semelhante, o termo *spick* é utilizado para designar pejorativamente os latino-americanos. (N. T.)

Discurso de ódio

conotação: ele acaba de usar a palavra de uma maneira significativamente diferente. Mesmo se admitirmos – como acho que devemos – que a conotação injuriosa é inevitavelmente *mantida* no uso de Delgado, e que, inclusive, é difícil enunciar essas palavras ou mesmo escrevê-las aqui porque elas involuntariamente fazem recircular essa humilhação, não podemos concluir que tais palavras *não possam ter outra conotação*. Na verdade, sua repetição é necessária (no tribunal, em um depoimento; na psicanálise, como emblemas traumáticos; nos modos de expressão estéticos, como uma elaboração cultural) a fim de registrá-las como objetos de outro discurso. Paradoxalmente, seu estatuto de "ato" é exatamente o que impede a afirmação de que elas evidenciam ou atualizam a humilhação que visam realizar. Enquanto atos, essas palavras se tornam fenômenos; tornam-se um tipo de exibição linguística que não anula seus significados degradantes, mas os reproduz como texto público e, ao reproduzi-los, exibe-os como termos reproduzíveis e passíveis de ressignificação. A possibilidade de descontextualizar e recontextualizar tais termos por meio de atos radicais de apropriação pública indevida constitui a base de uma esperança irônica de que a relação convencional entre palavra e ferimento possa se tornar tênue e até ser rompida com o tempo. Essas palavras de fato ferem e, no entanto, como até mesmo Derrick Bell observou: "as estruturas racistas são vulneráveis". Eu entendo que isso também vale para as estruturas linguísticas racistas.

Não pretendo aderir a uma simples oposição entre os domínios estético e jurídico, pois o que está em jogo em muitas dessas controvérsias é justamente o poder do Estado de definir o que contará ou não como representação estética. A esfera estética, que é considerada "protegida", ainda existe como uma repartição do Estado. O domínio legal do Estado também tem seus próprios momentos "estéticos", alguns dos quais consideramos aqui: a rearticulação e a reencenação dramáticas, a produção de um discurso soberano, a repetição de cenas fantasmáticas.

Quando a tarefa de reapropriação, no entanto, é assumida dentro do domínio do discurso público protegido, suas consequências parecem mais promissoras e mais democráticas do que quando a tarefa de julgar a natureza da injúria causada pelo discurso é confiada à justiça. O Estado ressignifica apenas e sempre a sua própria lei, e essa ressignificação constitui uma extensão de sua jurisdição e de seu discurso. Notemos que o discurso de ódio não é apenas uma produção do Estado, como já tentei demonstrar, mas que as próprias intenções que animam a legislação são inevitavelmente apropriadas de maneira indevida pelo Estado. Conceder ao Estado a tarefa de julgar o discurso de ódio é confiar essa tarefa de apropriação indevida ao Estado. Seu discurso não será simplesmente um discurso jurídico sobre o insulto racista e sexual; ele também irá reiterar e colocar novamente em cena essa injúria, reproduzindo-a dessa vez como um discurso sancionado pelo Estado. Dado que o Estado detém o poder de criar e manter certas formas de discurso injurioso, a neutralidade política da linguagem jurídica é altamente duvidosa.

As regulamentações do discurso de ódio que não são centradas no Estado, como aquelas em que jurisdição se limita a uma universidade, por exemplo, são, sem dúvida, menos preocupantes a esse respeito. Mas aqui eu sugeriria que tais regulamentações devem permanecer restritas ao discurso de ódio como cena perlocucionária, isto é, uma cena na qual os

Discurso de ódio

efeitos desse discurso devem ser evidenciados, na qual o ônus da prova deve ser assumido. Se certos tipos de conduta verbal por parte de um professor prejudicam a capacidade de um aluno de desenvolver seu trabalho, então parece ser crucial demonstrar o padrão dessa conduta verbal e fazer uma defesa convincente de que tal conduta teve sobre o estudante os efeitos debilitantes atribuídos a ela. Se admitirmos que o discurso de ódio é ilocucionário, nós aceitamos igualmente que as palavras causam danos imediata e automaticamente, que a cartografia social do poder é a sua causa e que não somos obrigados a precisar os efeitos concretos que o discurso de ódio produz. O dizer não é ele próprio o fazer, mas pode levar ao fazer de um dano, e é isso que deve ser combatido. Manter a distância entre o dizer e o fazer, por mais difícil que isso seja, significa que sempre haverá algo a dizer sobre como e por que o discurso causa o dano que ele causa.

Nesse sentido, não me oponho a toda e qualquer regulamentação, mas sou cética quanto ao valor daqueles relatos do discurso de ódio que mantêm o estatuto ilocucionário desse discurso e que, portanto, realizam uma fusão completa do discurso e da conduta. Mas, em todo caso, estou convencida de que a cadeia ritual do discurso odioso não pode ser efetivamente combatida através da censura. O discurso de ódio é um discurso reiterável e continuará a se repetir enquanto for odioso. Seu ódio é uma função de sua reiterabilidade. Dado que a injúria é sempre citada a partir de outro lugar, que ela é tomada de convenções linguísticas já estabelecidas para ser reiterada e desenvolvida em suas invocações contemporâneas, a questão está em saber se é o discurso do Estado ou o discurso público que assumirá essa prática de reencenação.

Judith Butler

Estamos começando a ver como o Estado produz e reproduz o discurso de ódio, ao encontrá-lo em funcionamento no enunciado da identidade e do desejo homossexual, das representações explícitas da sexualidade, das secreções sexuais e corporais, dos diversos esforços explícitos para repetir e superar a ação das forças de humilhação sexual e degradação racial. O fato de que esse discurso é um tipo de ato não significa necessariamente que ele faz o que diz; isso pode significar que ele mostra ou encena o que diz ao mesmo tempo que o diz ou mesmo em vez de dizê-lo. A demonstração pública da injúria também é uma repetição, mas não se trata simplesmente disso, pois o que é manifestado nunca é exatamente a mesma coisa que se quer dizer, e é nessa feliz incomensurabilidade que reside a possibilidade linguística da mudança. Ninguém jamais superou uma injúria sem repeti-la: sua repetição é tanto a continuação do trauma quanto o que marca um distanciamento dentro da própria estrutura do trauma, sua possibilidade inerente de ser diferente. Não é possível *não* repetir. A única questão que permanece é a seguinte: como essa repetição ocorrerá, em qual lugar, jurídico ou não jurídico, e a que preço e com que promessa?

3.
Palavra contagiosa:
a paranoia e a "homossexualidade"
nas Forças Armadas

O fato de a cidadania exigir a repressão da homossexualidade não é novo; apesar disso, os esforços recentes para regulamentar a autodeclaração da homossexualidade por membros das Forças Armadas colocam essa questão sob uma luz diferente. Afinal, os membros das Forças Armadas gozam de certos direitos e obrigações civis, mas não de todos. As Forças Armadas são, a princípio, uma zona de cidadania parcial, um domínio em que certos aspectos da cidadania são preservados, enquanto outros são suspensos. Os esforços recentes das Forças Armadas norte-americanas que visam impor sanções ao discurso homossexual sofreram uma série de revisões,[1]

---

1 O Pentágono anunciou suas "Novas Diretrizes de Políticas sobre Homossexuais nas Forças Armadas" em 19 de julho de 1993, e elas incluíam a seguinte política de "dispensa": "A orientação sexual não será um impedimento para o serviço militar, a menos que se manifeste na conduta homossexual. As Forças Armadas dispensarão os membros que se envolverem em conduta homossexual, que é definida como um ato homossexual, como uma declaração de que o membro é homossexual ou bissexual ou como um casamento ou uma tentativa de se casar com alguém do mesmo gênero". Depois que a

Judith Butler

e no momento em que escrevo este livro eles continuam a ser contestados nos tribunais. Na primeira versão desse regulamento, proposta pelo Departamento de Defesa, o uso do termo "homossexual" foi proibido para a autoatribuição ou autodefinição por membros das Forças Armadas. O termo em si não foi banido, apenas seu enunciado no contexto da autodefinição. O regulamento em questão deve enunciar o termo

---

nova política foi debatida no Congresso, o Departamento de Defesa dos Estados Unidos promulgou, em 22 de dezembro de 1993, uma nova regulamentação que procura esclarecer os problemas relacionados à implementação dessa política. Um dos pontos essenciais a serem esclarecidos questionava se a "declaração" de que alguém é homossexual pode ser tomada não apenas como "conduta", mas como motivo suficiente para sua demissão das Forças Armadas. O esclarecimento oferecido pelo Departamento de Defesa evidenciou que "as declarações que podem servir de base para acusações são aquelas que demonstram uma propensão a ou uma intenção de se envolver em atos". Contra aqueles que afirmam que as declarações de desejo ou as intenções de um indivíduo não são o mesmo que uma conduta, o Departamento de Defesa insistiu que sua atual regulamentação é "uma política baseada em conduta", pois está fundada na "probabilidade de o indivíduo agir". Eles explicam, "uma declaração cria uma presunção refutável de que uma pessoa se envolverá em atos, mas o membro das Forças Armadas tem a oportunidade de refutá-la...".

Aqui, a "declaração" de que se é homossexual apresenta a oportunidade de refutar tal presunção, mas, mais adiante nessa mesma apresentação, o porta-voz do Departamento de Defesa parece sugerir o contrário: "As atividades associativas, como ir a uma parada gay ou ler uma revista — sobre eles e feita por eles —, não constituem informações fidedignas [sobre a conduta do indivíduo em questão] e só atingem esse nível se forem de tal tipo que uma pessoa sensata acredite que *essa conduta tem por objetivo fazer uma declaração, que tem a intenção de dizer aos outros que o indivíduo em questão é homossexual*" (ênfase minha).

Discurso de ódio

a fim de performatizar a delimitação de seu uso. A oportunidade escolhida para a formulação desse regulamento foi, naturalmente, o momento da proliferação do termo "homossexual" no discurso das Forças Armadas, estatal e midiático.

> Aqui, o problema não parece ser determinar se a declaração apresenta uma presunção refutável de que a pessoa se envolverá em uma conduta, mas se a conduta, de tipo associativo, é suficiente para estabelecer que uma declaração está sendo feita. Se o motivo para a dispensa é uma declaração ou uma conduta, isso permanece completamente em aberto. The Pentagon's New Policy Guidelines on Homosexuals in the Military, *The New York Times*, s.A, p.16; *New York Times*, 22 dez. 1993.
> Além da política anterior e da atual regulamentação do Departamento de Defesa, o Congresso entrou nessa disputa ao promulgar uma legislação própria: a Lei de Autorização da Defesa Nacional para o Ano Fiscal de 1994. Esse estatuto vinculativo enfatiza o problema da "propensão" homossexual e afirma que as pessoas que manifestam a propensão a atos homossexuais são consideradas incompatíveis com o serviço militar. O estatuto também demonstra clemência para com aqueles que cometerem esse tipo de ato em apenas uma ocasião, mas que se arrependerem ou alegarem que não passou de um acidente. E reintroduz a obrigação de os oficiais das Forças Armadas "solicitarem" aos soldados informações acerca de sua orientação sexual. Embora as declarações sobre a própria homossexualidade não sejam consideradas equivalentes a atos homossexuais, o estatuto considera esse tipo de declaração como *evidência de uma propensão* que representa uma presunção refutável da homossexualidade.
> As decisões recentes acerca da nova política não chegaram a um acordo em relação à possibilidade de os direitos da Primeira Emenda estarem sendo negados por essa política (ações relacionadas à "antiga política" também continuam em curso, com resultados variáveis). Para uma análise completa e incisiva desse litígio, sobre a qual me apoio firmemente ao longo desta discussão, cf. Halley, The Status/Conduct Distinction in the 1993 Revisions to Military Anti-Gay Policy, *GLQ : a Journal of Lesbian and Gay Studies*, v.3, n.2-3.

Dessa forma, aparentemente não é problemático, nos termos do regulamento, enunciar essa palavra: na verdade, parece ter havido um aumento considerável do discurso público sobre a homossexualidade em consequência desse regulamento. Paradoxalmente, o regulamento pode ser responsabilizado pelo fato de que essa palavra aparentemente se tornou mais dizível. E, no entanto, a proliferação dos locais públicos nos quais ela se tornou dizível parece estar diretamente relacionada à proposta de torná-la indizível nas Forças Armadas enquanto um termo que pode ser utilizado para alguém descrever a si mesmo. A regulamentação propõe que o termo seja indizível no contexto da autodefinição, mas só consegue fazer isso ao utilizá-lo de forma reiterada. Desse modo, os regulamentos introduzem o termo no discurso público, enunciando-o retoricamente, performatizando a delimitação pela qual – e através da qual – o termo se torna dizível. Mas o regulamento insiste também no fato de que existem condições sob as quais o termo *não* deve ser utilizado de modo algum, isto é, a serviço da autodefinição. O regulamento deve evocar o indivíduo que se define como homossexual para deixar claro que essa autodefinição não é permitida nas Forças Armadas.

A regulamentação do termo não é, portanto, um simples ato de censura ou silenciamento; pelo contrário, ela reduplica o termo que busca restringir, e só pode efetuar tal limitação por meio dessa reduplicação paradoxal. O termo não aparece na regulamentação somente como discurso a ser regulamentado; ele também reaparece no debate público acerca da legitimidade e valor dessa regulamentação, especificamente como o ato evocado ou imaginado da autoatribuição que é explicitamente proibido pela regulamentação, uma proibição que

Discurso de ódio

não pode acontecer sem a evocação do próprio ato. Podemos concluir que o Estado e as Forças Armadas estão preocupados apenas *em manter o controle* sobre o que o termo significa, as condições sob as quais ele pode ser enunciado por um sujeito falante, restringindo essa fala precisa e exclusivamente àqueles sujeitos que não são descritos pelo termo que enunciam. O termo deve continuar sendo utilizado para descrever os outros, não devendo ser utilizado por aqueles que podem fazê-lo para fins de autodescrição; descrever-se a si mesmo por esse termo significa estar proibido de utilizá-lo, exceto para negar ou qualificar a descrição. O termo "homossexual", portanto, descreve uma classe de pessoas que deve continuar sendo proibida de se autodefinir; o termo deve ser sempre atribuído por outra instância. E essa é, de certa forma, a própria definição de homossexual que as Forças Armadas e o Congresso oferecem. Um homossexual é alguém cuja definição deve ser deixada para os outros, aquele ou aquela a quem é negado o ato de se autodefinir quanto à sua própria sexualidade, alguém cuja autonegação é um pré-requisito para o serviço militar.

Como explicar uma regulamentação tão estranha da locução homossexual, uma regulamentação que parece fadada a reduplicar o termo no momento de sua própria proibição? Como compreender a produção e restrição simultâneas do termo? Por que o uso do termo no contexto da autodescrição parece mais ameaçador para a moral das Forças Armadas do que o exercício tácito da própria prática sexual?

As Forças Armadas recusam, a seus próprios membros, certos direitos que são concedidos a civis, mas essa recusa oferece uma oportunidade para questionarmos o que, na zona de cidadania, está talvez menos ancorado e pode ser mais facilmente abandonado. Nesse sentido, poderíamos considerar que o lugar de gays e lésbicas nas Forças Armadas coincide com outras zonas de cidadania revogáveis: a recente lei de imigração e a zona de suspensão de cidadania para imigrantes, os diversos graus de suspensão outorgados a diferentes categorias de imigrantes, não apenas legais e ilegais, mas também em relação a diferentes graus de legalidade. Essas comparações podem ser feitas em relação à tese de Giorgio Agamben de que o próprio Estado se tornou um "estado de exceção" prolongado, no qual os direitos de cidadania são suspensos de modo mais ou menos permanente.[2]

As revisões da política acerca do discurso gay nas Forças Armadas deixam claro o modo como os direitos fundamentados na Primeira Emenda, o direito à intimidade ou a Cláusula de Proteção Igualitária, foram sistematicamente suspensos. Enquanto Clinton propunha que homossexuais só fossem excluídos do serviço militar caso se envolvessem em conduta homossexual, e não com base em seu *"status"*, tornou-se evidente em esclarecimentos subsequentes acerca dessa política que declarar que alguém é homossexual, ou seja, referir-se ao seu *status*, é naturalmente interpretado como conduta homossexual. Na política do Departamento de Defesa, as declarações são, elas mesmas, condutas: de acordo com uma lei mais recente do Congresso, as declarações são evidências de uma "propensão" homossexual que representa um risco inaceitável para as Forças Armadas.

---

2 Agamben, States of Emergency, conferência apresentada na Universidade da Califórnia em Berkeley, em novembro de 1995.

Discurso de ódio

Parece claro, como Janet Halley demonstrou, que os debates que buscam restringir a perseguição jurídica da homossexualidade a uma questão de *status* ou de conduta estão condenados a produzir ambiguidades que ameaçam a coerência de qualquer base jurídica. Segundo Halley, na versão mais recente dessa política, o critério segundo o qual os interrogatórios foram desenvolvidos é o de saber se uma pessoa sensata concluiria que outra pessoa tem uma "propensão" a se envolver em uma conduta homossexual. Halley aponta, com razão, que a "pessoa sensata" é, nesse caso, aquela que encarna as normas culturais homofóbicas. Eu acrescentaria que essa pessoa sensata também é extremamente paranoica, pois externaliza uma homossexualidade que a "coloca em perigo" a partir de seu interior. Já não basta uma declaração que faça referência à própria homossexualidade para que possamos inferir a "propensão" a se envolver com a homossexualidade: podem haver outros "sinais" — companhias, gestos, nuances — que apontam igualmente na mesma direção. A cláusula da "propensão" parece atribuir uma teleologia natural ao *status* homossexual; ela nos sugere que esse *status* quase sempre culmina em um ato. E, no entanto, essa "propensão", uma inclinação natural a se manifestar que atribuímos ao *status* homossexual, é atribuída pela pessoa "sensata", permanecendo, dessa forma, como uma criação do imaginário homofóbico.

Embora as Forças Armadas suspeitem agora de todos os tipos de sinais como indícios de uma "propensão", concentrarei minha atenção na autodeclaração explícita de homossexuais, que as Forças Armadas procuram proibir e que consideram equivalente à própria conduta homossexual.

Judith Butler

O ato pelo qual o Departamento de Defesa procura circunscrever esse ato de fala depende de uma produção do ato de fala a ser limitado, e essa própria produção já começa a performatizar o trabalho de limitação.

Nos recentes regulamentos das Forças Armadas acerca da conduta homossexual, a autodefinição homossexual é explicitamente interpretada como uma conduta contagiosa e ofensiva. As palavras "eu sou homossexual" não são uma simples descrição; acredita-se que elas performatizam o que descrevem, não apenas no sentido de constituir o falante enquanto homossexual, mas também ao constituir o discurso enquanto conduta homossexual. Nas próximas páginas, espero conseguir demonstrar que o regulamento descreve o ato de se descrever enquanto homossexual como performativo, que faz exatamente aquilo que diz. Ao descrever o poder de tais atos de enunciado, o regulamento produz esses enunciados para nós, exercendo uma performatividade que constitui a condição tácita e necessária para estabelecer "eu sou homossexual" como um enunciado performativo. É somente no interior desse discurso regulador que o poder performativo da autoatribuição homossexual é produzido performativamente. Nesse sentido, as regulamentações evocam o espectro de um enunciado homossexual performativo — um enunciado que realiza o feito — que pretendem censurar, envolvendo-se em um processo circular de produção e de censura que será especificado como paranoico.

Se, no entanto, podemos afirmar que as Forças Armadas produzem uma interpretação paranoica do enunciado homossexual como uma ação contagiosa e ofensiva, que performatiza ou constitui aquilo a que se referem tais enunciados, de que

Discurso de ódio

modo podemos distinguir essa performatividade atribuída do tipo de performatividade que é explicitamente praticada pelo movimento que luta por uma maior visibilidade homossexual, claramente o objetivo da política *queer*? De acordo com este último, sair do armário e manifestar-se publicamente são parte do que ser homossexual significa cultural e politicamente; falar sobre o desejo, expô-lo publicamente, é essencial para o próprio desejo; ele não pode subsistir sem essa verbalização e essa exposição, e a prática discursiva da homossexualidade é indissociável da própria homossexualidade.

Antes do final deste capítulo, voltarei a esse ponto, ainda que apenas para avaliar se a homossexualidade é ou não o tipo de termo que constantemente ameaça — ou promete — tornar-se seu próprio referente, isto é, constituir a sexualidade mesma a que se refere. Eu gostaria de sugerir que o termo não pode performatizar seu referente completamente ou de maneira exaustiva, que nenhum termo pode fazê-lo, e que "isso é, inclusive, uma coisa boa". Os benefícios políticos que podem ser obtidos dessa incomensurabilidade entre a performatividade e a referencialidade têm a ver com limitar as construções autoritárias da homossexualidade e manter abertos os significantes de "homossexual", "gay" ou "*queer*", bem como uma série de termos relacionados, para uma vida linguística futura. Diante da e contra a preocupação comumente manifestada de que, se a homossexualidade não tem um referente, não podem haver políticas gays e lésbicas eficazes, eu sugeriria que a ausência de um referente final para o termo impede que ele seja tão performativo quanto as Forças Armadas imaginam que ele seja. O termo aponta para um referente que ele não pode capturar. Além disso, essa incapacidade constitui a possibilidade linguística de uma contestação democrática radical, que abre o termo a futuras reformulações.[3]

Em que sentido os regulamentos militares são sintomáticos de uma paranoia que torna possível a cidadania nas Forças Armadas? A performatividade específica atribuída ao enunciado homossexual não é simplesmente que ele performatiza a sexualidade da qual fala, mas que ele transmite a sexualidade pelo discurso: o enunciado é apresentado como um lugar de contágio, uma imagem que precipita um retorno ao *Totem e tabu* de Freud, no qual pronunciar nomes proibidos ocasiona uma transmissão incontrolável. Recorrendo à concepção freudiana da consciência, segundo a qual a repressão da homossexualidade masculina se torna o pré-requisito para a constituição da virilidade, a análise das regulamentações das Forças Armadas nos permite compreender como elas produzem uma concepção de "homem" enquanto homossexual que nega a si mesmo. Contra o reducionismo psicológico que poderia situar os atos das Forças Armadas como atos do psiquismo individual, pretendo me valer da psicanálise para ler o texto desse regulamento altamente sintomático da cidadania nas Forças Armadas.[4]

A psicanálise não apenas ilumina, de um ponto de vista teórico, as tensões existentes entre a homossexualidade e a cidadania; o discurso psicanalítico é, ele próprio, uma alegoria textual da forma como a produção do cidadão se dá por meio

---

3 Laclau; Mouffe, *Hegemonia e estratégia socialista*.

4 Os seguintes textos de Sigmund Freud são citados neste capítulo: "Sobre o mecanismo da paranoia", "Introdução ao narcisismo", *O mal-estar na civilização* e *Totem e tabu*.

Discurso de ódio

da rejeição e da transmutação de uma homossexualidade sempre imaginada. Assim, espero mostrar que essa forma peculiar de imaginação contra si mesmo, isto é, a paranoia, constitui a homossexualidade não apenas como uma forma de inversão, mas também como modelo exemplar da ação da consciência, o ato de voltar-se contra si mesmo que implica a inversão e a idealização do objetivo sexual. Nesse sentido, o texto de Freud se revela tanto como diagnóstico quanto como sintoma, e, embora eu proponha interpretarmos seu texto psicanaliticamente (e, portanto, não apenas como a enunciação de uma prática psicanalítica), também proporei uma leitura alegórica da psicanálise.[5] Dito de maneira mais simples, isso significa que, enquanto Freud parece nos contar uma história sobre como a cidadania e o sentimento social emergem da sublimação da homossexualidade, seu discurso será, no decorrer dessa narração, implicado na própria sublimação que ele descreve.[6]

Para compreender o ato de autodefinição homossexual como ofensivo, parece razoável perguntar: que conjunto de relações ou vínculos são potencialmente ofendidos ou ameaçados por tal enunciado? Faz sentido recorrer ao texto de Freud "Sobre o mecanismo da paranoia", em que ele relaciona a supressão de tendências homossexuais à produção de

---

5 Por alegoria, entendo um tipo de narrativa em que, de maneira geral, alguém fala de uma forma diferente da que parece falar, na qual alguém apresenta uma narrativa sequencial sobre algo que não pode ser descrito de maneira sequencial e na qual o referente aparente da alegoria se torna o próprio ato de elaborar que a narração alegórica performatiza.

6 Para uma explicação interessante e relevante sobre a alegoria, cf. Craig Owens, *Beyond Recognition: Representation, Power, and Culture*.

sentimento social. No final desse ensaio, Freud observa que as "tendências homossexuais" ajudam a constituir "os instintos sociais, representando assim a contribuição do erotismo à amizade, à camaradagem, ao sentido comunitário e ao amor pelos seres humanos em geral".[7] E, ao final do ensaio "Introdução ao narcisismo", ele pode ser interpretado como se estivesse especificando a lógica dessa produção do sentimento social. O "ideal do Eu", escreve o autor, tem um lado social: "é também o ideal comum de uma família, uma classe, uma nação. Liga não apenas a libido narcísica, mas também um montante considerável da libido homossexual de uma pessoa, que por essa via retorna ao Eu. A insatisfação pelo não cumprimento desse ideal libera libido homossexual, que se transforma em consciência de culpa (angústia social)".[8] Essa transformação da homossexualidade em culpa, e, portanto, na base do sentimento social, ocorre quando o medo da punição dos pais se generaliza e se torna o medo de perder o amor dos companheiros. A paranoia é a maneira pela qual esse amor volta a ser constantemente reimaginado como algo quase sempre perdido, e é, paradoxalmente, o medo de perder esse amor que motiva a sublimação ou a introversão da homossexualidade. De fato, essa sublimação não é tão instrumental quanto pode parecer, pois não se trata de recusar a homossexualidade para conquistar o amor dos companheiros, mas se trata precisamente de certa homossexualidade que pode ser alcançada e contida apenas *através e em virtude* dessa negação.

---

7 Freud, On the Mechanism of Paranoia, p.31 [ed. bras.: Sobre o mecanismo da paranoia, p.53].

8 Id., On Narcissim, in: *General Psychological Theory: Papers on Metapsychology*, p.81 [ed. bras.: Introdução ao narcisismo, p.34-5].

Discurso de ódio

Na discussão de Freud sobre a formação da consciência em *O mal-estar na civilização*, a própria proibição da homossexualidade que a consciência deve colocar em ação ou articular é precisamente o que funda e constitui a consciência em si como um fenômeno psíquico. A proibição do desejo é o desejo que retorna a si mesmo, e esse retorno a si mesmo é a origem do que mais tarde se chamará de "consciência". Desse modo, o que o substantivo "consciência" sugere enquanto entidade psíquica nada mais é do que uma atividade reflexiva habitual, o retorno a si mesmo, a orientação do desejo contra o desejo, de tal modo que a proibição se torna o lugar e a satisfação do desejo. Essa prática repetida da introversão constitui o que nomeamos, de forma equivocada, "consciência" no sentido de uma faculdade mental.

As restrições impostas à autodefinição homossexual indicam que o próprio circuito de autoproibição necessário para a produção e manutenção do sentimento social já não pode ser garantido pela consciência, que já não está a serviço da regulação social. Se as Forças Armadas representam um caso extremo bastante explícito dessa produção reguladora da sociabilidade homoerótica, parece que esse circuito pelo qual a homossexualidade é obrigada a perpetuamente se voltar contra si mesma não conseguiu se fechar. Esse paradoxo foi formulado de maneira mais patente na alegação de que a coesão social nas Forças Armadas exigiria a proibição da homossexualidade, descrevendo essa coesão como um *je ne sais quoi* mágico que manteria os membros das Forças Armadas unidos uns aos outros. A formulação pode ser interpretada como: *devemos abdicar de nossa homossexualidade para manter nossa homossexualidade: por favor, tire-a/não a tire de nós.*

Judith Butler

A proibição que procura limitar a eclosão da homossexualidade a partir do interior desse círculo de introversão coletiva representa a própria palavra como uma substância contagiosa, um fluido perigoso. O contágio será importante aqui porque, como tentarei mostrar, a homossexualidade será representada implicitamente segundo o modelo da aids e será "transmitida" da mesma forma que uma doença.

O texto procura abertamente regulamentar o comportamento homossexual, mas, na medida em que é regulador, também é continuamente produtor. O que é evocado nesse texto é um tipo de homossexualidade que age por meio da eficácia mágica das palavras: declarar que alguém é homossexual se torna, nos termos dessa lei, não apenas a representação de uma conduta, e de uma conduta ofensiva, mas a própria conduta ofensiva.

A orientação sexual não será um impedimento para o serviço militar a menos que se manifeste na conduta homossexual. As Forças Armadas dispensarão os membros que se envolverem em conduta homossexual, que é definida como um ato homossexual, como uma declaração de que o membro é homossexual ou bissexual ou como um casamento ou tentativa de se casar com alguém do mesmo gênero.[9]

A declaração começa fazendo uma distinção entre orientação e conduta, limitando as Forças Armadas a dispensar somente aqueles que se envolvem em uma conduta homossexual.

---

9 The Pentagon's New Policy Guidelines on Homosexuals in the Military, *The New York Times*, s.A, p.16.

Discurso de ódio

Mas a conduta homossexual é definida mais à frente por meio de um conjunto de acordos que, além de delimitar os limites da conduta homossexual, multiplicam as possibilidades da homossexualidade. A conduta homossexual inclui "um ato homossexual" – inclusive, a expressão é usada no singular, o que significa que ainda não se trata de uma prática, um ato repetido ou um ritual. E, embora esclarecimentos posteriores tenham evidenciado que um ato isolado, se for renegado como um equívoco, será perdoado, a linguagem do regulamento mantém essa condição única, insistindo em uma fusão de "ato" e "conduta". Essa fusão pode ser considerada mais apropriadamente como uma *extensão* do ato *em* conduta, pois ela imagina a singularidade do acontecimento tácita e ativamente como uma série de acontecimentos, uma prática regular, e imagina, dessa forma, que certa força própria à homossexualidade poderá levar aquele que pratica o ato uma única vez a repeti-lo de forma compulsiva ou regular. Se o ato já é uma conduta, ele já se repetiu mesmo antes de ter a oportunidade de se repetir; ele está, por assim dizer, sempre se repetindo, ele é uma figura de repetição-compulsão que tem o poder de minar todos os tipos de moral social.

Voltemos ao texto a fim de interpretar essa passagem como a expressão de um fantasmático homofóbico:

> As Forças Armadas dispensarão os membros que se envolverem em conduta homossexual, que é definida como um ato homossexual, como uma declaração de que o membro é homossexual ou bissexual ou como um casamento ou tentativa de se casar com alguém do mesmo gênero.

Judith Butler

A conduta homossexual é definida como "uma declaração de que o membro é homossexual ou bissexual"; nessa definição, a "declaração" é uma forma de "conduta", e a análise de MacKinnon, segundo a qual as palavras não são "apenas palavras", ganha um novo significado. Se uma declaração é uma conduta, e é uma conduta homossexual, então a declaração de que alguém é homossexual é interpretada como uma ação homossexual em relação à pessoa a quem ou diante de quem ela é enunciada. A declaração é, em certo sentido, não apenas um ato, mas uma forma de conduta, uma forma de discurso ritualizada que exerce o poder de *ser* o que *diz*, não uma representação da homossexualidade, mas um ato homossexual e, por consequência, uma ofensa. Em que condições um enunciado que representa uma disposição ou uma prática torna-se essa mesma disposição e essa prática, um tornar-se, uma transitividade que depende da ruína da distinção entre discurso e conduta e também institui essa ruína? Isso não quer dizer que podemos estabelecer uma distinção absoluta entre discurso e conduta. Ao contrário, é certo que uma declaração é um tipo de ato, um ato de fala, mas isso não é a mesma coisa que alegar que uma declaração coloca em ação necessariamente o que ela diz ou constitui o referente ao qual ela se refere. Muitos atos de fala são "condutas" em um sentido restrito, mas nem todos têm sucesso no sentido proposto por Austin. Ou seja, nem todos esses atos têm o poder de produzir efeitos ou desencadear uma série de consequências.

O enunciado que declara ou proclama a identidade homossexual é interpretado como conduta ofensiva somente se admitirmos que algo acerca do próprio ato de verbalizar a homossexualidade no contexto da autodefinição é

Discurso de ódio

perturbador. Mas o que dá a essas palavras o poder de perturbação que elas supostamente exercem? Essa suposição não implica que aquele/a que ouve o enunciado se imagina sendo incitado/a pela declaração? Em certo sentido, a recepção dessa declaração inverte a formulação foucaultiana: se Foucault pensava que primeiramente havia "atos" homossexuais e só depois a homossexualidade surgiu como uma "identidade", as Forças Armadas consideram cada atribuição de identidade como equivalente à realização de um ato. É importante distinguir, entretanto, entre duas maneiras de repensar a identidade como ato: embora se possa dizer que aquilo que afirmo ao declarar "eu sou homossexual" é que "eu realizo atos homossexuais ou me envolvo em práticas ou relacionamentos homossexuais", eu ainda estaria me referindo a esses atos, mas não estaria, estritamente falando, performatizando-os e, certamente, não os estaria performatizando por meio do ato de falar. A interpretação que as Forças Armadas fazem dessa declaração parece, no entanto, ser de outra ordem. Essa interpretação considera a declaração "eu sou homossexual" como um ato homossexual, não como um relato sobre a existência do ato, mas como o acontecimento discursivo do próprio ato.

Em que sentido o ato é uma "conduta"? Certamente, podemos afirmar que qualquer locução é uma "conduta", e Austin admite que todo enunciado é em certo sentido um "ato". Mas ainda que todo enunciado possa ser interpretado como um ato, isso não implica que todos os enunciados *atuem sobre* seu ouvinte de uma forma determinada ou mecânica; o problema da "apreensão" em Austin ressalta a dimensão contingente de toda apropriação desse tipo no que se refere aos performativos perlocucionários. Mas não há situações em que a contingência, a diversidade interpretativa e o fracasso potencial da "apreensão" parecem estar determinados pela força do enunciado? E não é a declaração "eu sou homossexual" um exemplo de tal enunciado determinante?

Perdemos de vista o problema da apreensão quando sobredeterminamos fantasmaticamente a força performativa atribuída ao enunciado. Essa sobredeterminação ocorre na fantasia paranoica através da qual as Forças Armadas interpretam o enunciado homossexual como ato. A declaração "eu sou homossexual" é, então, fabulosamente mal interpretada como "eu te desejo sexualmente". Uma afirmação que é, a princípio, reflexiva, por meio da qual alguém atribui um *status* apenas a si mesmo, é considerada uma solicitação, isto é, uma afirmação que anuncia a disponibilidade ou o desejo, a intenção de agir, o próprio ato: o veículo verbal da sedução. Com efeito, uma intenção desejosa é atribuída à declaração *ou* a declaração é em si investida do poder *contagioso* da palavra mágica, segundo o qual ouvir o enunciado é "contrair" a sexualidade à qual ele se refere. A suposição aqui apresentada é a seguinte: quando e se o termo "homossexual" é reivindicado para si, ele não está sendo utilizado apenas como a declaração do desejo; o termo também se torna a condição discursiva e o veículo do desejo, transferindo esse desejo, despertando-o. Essa é uma declaração interpretada como uma solicitação; um enunciado constativo entendido como interrogativo; uma autoatribuição interpretada como um chamamento.

Quando as Forças Armadas interpretam a declaração de autodefinição como uma ação ofensiva, pressupõe-se que a possibilidade de dizer o termo rompe um tabu do discurso público, as comportas se abrem e as expressões do desejo se

Discurso de ódio

tornam incontroláveis. Em consequência, aquele diante do qual se pronuncia o desejo tabu se percebe afetado imediatamente pelo desejo carregado pela palavra; dizer a palavra diante dessa pessoa significa envolvê-la em um desejo indizível. A palavra — e o desejo — é contraída precisamente da mesma forma que uma doença. No discurso contemporâneo das Forças Armadas, o caráter tabu da homossexualidade é intensificado pela redução fóbica das relações homossexuais à transmissão da aids, intensificando o sentido das declarações homossexuais como atos contagiosos.

Consideremos a relevância da metáfora do contágio para a discussão de Freud sobre o tabu em *Totem e tabu*:

> O tabu é uma proibição [...] imposta do exterior (por uma autoridade) e voltada contra os mais fortes desejos do ser humano. A vontade de transgredi-lo continua a existir no inconsciente; aqueles que obedecem ao tabu têm uma postura ambivalente quanto ao alvo do tabu. A força mágica a ele atribuída remonta à capacidade de induzir em tentação; ela age como um contágio, porque o exemplo é contagioso, e porque o desejo proibido desloca-se para outra coisa no inconsciente.[10]

Nessa última observação, Freud deixa claro que o desejo proibido no inconsciente se desloca de uma coisa para outra, é em si mesmo um desejo incontrolavelmente transferível, sujeito a uma lógica metonímica que ainda não é limitada pela lei. De fato, é a transferência incessante desse desejo que é instituída pelo tabu, e é ela que informa sobre a lógica do

---

10 Freud, *Totem and Taboo*, p.35 [ed. bras.: *Totem e tabu*, p.42].

contágio pela qual o desejo tabu entra no discurso como um nome altamente transmissível. Se eu disser diante de você "eu sou homossexual", você está implicado na "homossexualidade" que eu enunciei; supõe-se que o enunciado estabelece uma relação entre o falante e o público, e, se o falante proclama sua homossexualidade, essa relação discursiva se constitui em virtude desse enunciado, e a própria homossexualidade é comunicada no sentido transitivo. O enunciado parece tanto comunicar quanto transferir essa homossexualidade (ele se torna o veículo de um deslocamento para o destinatário) de acordo com um movimento metonímico que está, por definição, fora do controle da consciência. De fato, a prova de seu caráter *inconsciente* é justamente aquilo que é "comunicado" ou "transferido" do falante ao ouvinte desse modo incontrolável.

Nesse mesmo texto, Freud menciona os "atributos perigosos" que são aplicados indiferente e simultaneamente a pessoas, seus estados e seus atos; o atributo não apenas se desloca entre esses registros, mas também se torna tentador e aterrorizante em virtude desse deslocamento: "O indivíduo que violou um tabu torna-se ele mesmo tabu, porque tem o perigoso atributo de tentar os outros a seguir seu exemplo. [...] por que *lhe* deveria ser permitido o que a outros é proibido? Ele é, portanto, realmente contagioso, na medida em que todo exemplo convida à imitação...".[11] Freud distingue esses tipos de tabus investidos de poder contagioso que têm a "capacidade de induzir à tentação, de incitar à imitação" de outro tipo, daquele em que a transmissibilidade do tabu consiste em

---

11 Ibid., p.32 [ed. bras.: ibid., p.40].

Discurso de ódio

seu deslocamento para objetos materiais.[12] Essas duas formas convergem posteriormente, no entanto, quando o autor se refere aos *nomes* dos tabus como uma instância material da linguagem capaz de carregar o desejo e sua proibição, isto é, que se torna o lugar discursivo para o deslocamento da ambivalência. A "transmissibilidade do tabu" é uma função do deslocamento metonímico, "a inclinação do impulso inconsciente [...] de constantemente deslocar-se para novos objetos por vias associativas".[13]

Uma questão que surge quando tentamos compreender a lógica do contágio em operação na proibição das Forças Armadas acerca das declarações e dos atos homossexuais é: como um nome e, particularmente, o ato de se autonomear se torna o portador material/discursivo desse deslocamento e dessa "transmissibilidade"? O signo enunciado a serviço da proibição carrega essa proibição e se torna dizível apenas a serviço dessa proibição. A violação da proibição por meio do enunciado do signo se torna, então, a desvinculação desse signo de sua função proibitiva, bem como uma transferência inconsciente do desejo que o signo, até essa ressignificação, reprimia. O nome, "homossexual", não é simplesmente um signo de desejo, mas se transforma no meio pelo qual o desejo é absorvido e carregado pelo próprio signo. O signo, colocado a serviço da proibição, substituiu o desejo que representa, mas também adquiriu uma função de "portador" que vincula a homossexualidade ao contágio. Obviamente, não é difícil imaginar de qual contágio se trata. Como podemos explicar essa

---

12 Ibid., p.34 [ed. bras.: ibid., p.41].
13 Id. [ed. bras.: id.].

união simbólica da fluidez do signo e dos "fluidos perigosos"? A homossexualidade, nessa metonímia paranoica, tornou-se um paradigma do contágio. O enunciado autodescritivo da "homossexualidade" se torna o próprio ato de comunicação perigosa que, em uma reavaliação contemporânea da cena sagrada, infecta seu ouvinte – de uma forma imaculada – pelo ouvido.

Freud conclui suas observações chamando nossa atenção para o fato de que o tabu só pode ser reposto por meio do ato de fala que *renuncia* ao desejo: "Expiar a violação do tabu com uma renúncia mostra que na base da obediência ao tabu se acha uma renúncia".[14] De maneira análoga, as Forças Armadas oferecem provisões para aqueles que se retratam de sua indiscrição; a única maneira de se contrapor à força e à ameaça públicas de um ato público de autodefinição homossexual é através de uma renúncia igualmente pública. Em comentários destinados a esclarecer como essa política seria implementada, as Forças Armadas deixaram claro que, quando alguém afirma ser homossexual, essa pessoa apresenta uma "presunção refutável" de que agirá de maneira homossexual. Em outras palavras, podemos dizer agora "eu sou homossexual e não pretendo agir de acordo com meu desejo" e, nesse caso, a primeira oração, "eu sou homossexual", perde sua força performativa; seu caráter constativo é restabelecido através da adição da segunda oração. Em Freud, a renúncia assume a forma de arrependimento e expiação, mas não pretende ter aniquilado o desejo; na verdade, na renúncia, o desejo é mantido intacto, e, estranha e relevantemente, é possível afirmar que a proibição *preserva* o desejo.

---

14 Ibid., p.35 [ed. bras.: ibid., p.42].

Discurso de ódio

Em *O mal-estar na civilização*, a repressão da libido é em si mesma uma repressão libidinalmente investida. A libido não é totalmente negada pela repressão, e sim se torna o instrumento de sua própria sujeição. A lei repressiva não é externa à libido que ela reprime, mas a lei repressiva reprime na medida em que a repressão se torna uma atividade libidinal.[15] Além disso, as interdições morais, especialmente aquelas que se voltam contra o corpo, são elas mesmas sustentadas pela própria atividade corporal que buscam refrear:

> [...] uma ideia inteiramente própria da psicanálise e alheia ao pensamento habitual das pessoas [...] diz que no início a consciência (mais corretamente: o medo que depois se torna consciência) é causa da renúncia instintual, mas depois se inverte a relação. Toda renúncia instintual torna-se uma fonte dinâmica da consciência, toda nova renúncia aumenta o rigor e a intolerância desta [...].[16]

Segundo Freud, os imperativos autoimpostos que caracterizam o trajeto circular da consciência são seguidos e aplicados precisamente porque se tornam o lugar da própria satisfação que eles visam proibir. Em outras palavras, a proibição torna-se o lugar deslocado de satisfação do "instinto" ou do desejo proibido, uma oportunidade para reviver o instinto sob a rubrica da lei condenatória. Essa é, naturalmente, a base dessa forma de comédia na qual o portador da lei moral

---

15 Podemos observar aqui que a crítica que Foucault faz a Freud no primeiro volume de *História da sexualidade* é, em parte, equivocada.

16 Freud, *Civilization and its Discontents*, p.84 [ed. bras.: *O mal-estar na civilização*, p.63].

se revela o mais sério transgressor de seus preceitos. E exatamente porque essa satisfação deslocada é experimentada pela aplicação da lei, essa aplicação é revigorada e intensificada com o surgimento de todo desejo proibido. A proibição não visa à eliminação do desejo proibido; pelo contrário, ela visa à reprodução do desejo proibido e se intensifica por meio das renúncias que ele efetua. O futuro do desejo proibido é garantido por meio da própria proibição, enquanto a proibição não apenas alimenta, mas é *alimentada pelo* desejo que ela impõe à renúncia. Nesse sentido, então, a renúncia ocorre *através* do próprio desejo que é renunciado, o que significa que o desejo *nunca* é renunciado, mas é preservado e reafirmado na própria estrutura da renúncia. A renúncia pela qual o cidadão ou a cidadã das Forças Armadas é purgado/a de seu pecado e restabelecido/a em seu lugar torna-se, então, o ato por meio do qual a proibição simultaneamente nega e concede o desejo homossexual; ela não é, estritamente falando, *in*dizível, mas é, de maneira geral, conservada na fala da proibição. No caso da pessoa homossexual que se declara homossexual, mas que insiste que ele ou ela não agirá de acordo com seu desejo, a homossexualidade persiste na aplicação e como a aplicação dessa proibição a si mesmo/a. É interessante apontar que foi desse modo que Paul Ricoeur descreveu o circuito psíquico do inferno: um círculo vicioso de desejo e interdição. E talvez a "regulamentação" das Forças Armadas seja um lugar cultural intensificado para a perpetuação da força teológica dessa interdição.

Mas analisemos como um termo ou a proclamação de uma identidade pode ser entendida discursivamente enquanto transmissora ou causa de um dano. Qual é a teoria da causação nesse caso? Trata-se de uma "causa" relacionada à

Discurso de ódio

paranoia? Freud nos apresenta a seguinte explicação de como a paranoia é *causada*, sem que a análise de como a explicação causal da paranoia resvale na explicação paranoica da causação. Freud escreve: "justamente na paranoia a etiologia sexual não é óbvia; em sua motivação se destacam, sobretudo para o homem, desprezos e agravos sociais".[17] Até aqui, Freud parece substituir uma causa verdadeira da paranoia por uma falsa: parece que o que causa a paranoia são desprezos e agravos, mas a sua verdadeira causa é um desejo sexual sujeito a uma introversão; a punição que o paranoico imagina receber dos outros é o efeito idealizado e exteriorizado de uma proibição do desejo que está na origem dessa idealização e exteriorização. A agência dessa proibição está, em certo sentido, deslocada, e as razões para a reprovação já se tornaram indecifráveis. Freud continua, então, afirmando que, se nos "aprofundarmos" no assunto, veremos, "nessas injúrias sociais, como o fator verdadeiramente atuante, a participação dos componentes homossexuais da vida emocional".[18]

É essa última frase que introduz a ambiguidade na explicação de Freud. Como devemos entender a maneira pela qual "os componentes homossexuais da vida emocional participam dessas injúrias sociais"? Sentir-se desrespeitado ou ofendido, imaginar-se sendo desrespeitado ou ofendido, de que modo isso deve ser interpretado como uma variante da homossexualidade? O desrespeito, a injúria são a forma externa imaginada que a proibição da homossexualidade assume, e alguém está

---

17 Freud, *On the Mechanism of Paranoia* [ed. bras.: *Sobre o mecanismo da paranoia*, p.51].

18 *Ibid.*, p.30 [*ibid.*, p.51].

Judith Butler

sendo desrespeitado e injuriado em virtude de seus desejos homossexuais? Ou ser desrespeitado e ofendido é uma imagem da injúria social à qual um homossexual assumido está sujeito? A dúvida parece ser esta: a proibição é uma proibição social, que se torna difusa e generalizada, ou é uma proibição psíquica e interna, que se torna externalizada e generalizada no desenvolvimento da paranoia?

No primeiro caso, a vulnerabilidade social do homossexual à injúria induz uma percepção mais generalizada dos outros, em que o comportamento é interpretado como uma reprovação e uma ofensa; mas, no segundo caso, é a sublimação psíquica da homossexualidade que produz a própria noção do social, a noção do Outro como alguém que regula, observa e julga, um cenário imaginário que se transforma no que chamamos de "consciência" e que prepara o sujeito para assumir esse sentimento social que sustenta a cidadania. Essas duas explicações possíveis diferem dramaticamente em suas consequências. A segunda concepção introduz um desejo homossexual que se volta contra si mesmo, e então produz uma ideia do social como consequência daquele processo de voltar-se contra si mesmo: o sentimento social, entendido aqui como coextensivo à regulação social, é uma consequência da homossexualidade sublimada, a projeção e generalização de um conjunto de Outros que julgam e observam. Trata-se de uma concepção que situa a homossexualidade como aquilo que é externo ao social, como o pré-social, e de onde deriva o social, entendido principalmente como um domínio regulador, derivado da autossupressão dessa sexualidade.

Mas como entender essa autossupressão separada das regulações sociais pelas quais a própria homossexualidade

Discurso de ódio

é projetada como o associal, o pré-social, a impossibilidade do social dentro do social? Se ambas as versões da proibição (psíquica e social) são indissociáveis, como pensá-las conjuntamente? Os desrespeitos e as injúrias experimentados dentro do que se chama de paranoia são os traços psíquicos das regulações sociais existentes, mesmo quando esses traços se distanciaram das regulações das quais eles derivam. Os desrespeitos e as injúrias não são apenas os efeitos de um desejo que se voltou sobre si mesmo, e da projeção subsequente desses desejos que se voltaram sobre si mesmos sobre os julgamentos dos outros (na verdade, uma mistura de funções do superego com funções sociais); ao contrário, é a coincidência do julgamento dos Outros e o voltar-se sobre si mesmo que produz o cenário imaginário em que o desejo condenado e não vivido é registrado psiquicamente como os desrespeitos imaginados e as injúrias performatizadas pelos Outros.

Dessa forma, ao recorrermos a Freud, não pretendemos interpretá-lo como a verdade da homossexualidade, mas sobretudo como um exemplo ou uma alegoria da circularidade na explicação da paranoia, uma circularidade que afeta a própria explicação de Freud. Por exemplo, em "Sobre o mecanismo da paranoia", Freud escreve com aprovação sobre o modo como os sentimentos homossexuais são necessários para o amor da humanidade, como eles se "combinam" eufemisticamente com os instintos de autoconservação para produzir o "homem" no "sentido propriamente dito" desse termo. Se, recuperando as palavras de Freud, as tendências homossexuais "se combinam com" os instintos do eu, sendo estes definidos como autoconservação, faz parte do projeto de autoconservação do "homem" — a conservação do "homem, propriamente

Judith Butler

dito" — desviar e manter desviada sua homossexualidade. Assim, a etiologia que nos propõe Freud já está contida no domínio normativo e regulador do social que ele procura explicar. Não é que existam primeiro sentimentos homossexuais que depois se combinam com os instintos de autoconservação, mas sim que, de acordo com as normas sociais que regem as condições de autoconservação *como um homem*, a homossexualidade deve permanecer como uma possibilidade permanentemente desviada. Portanto, não é a homossexualidade do homem que auxilia na constituição de seus instintos sociais e de sua consciência geral dos outros, mas a repressão ou o desvio do narcisismo ostensivo da homossexualidade que é interpretado como a condição para o altruísmo, entendido como um dos benefícios de uma heterossexualidade consumada. Nesse sentido, a dessexualização e a externalização da homossexualidade criam um "homem" — propriamente dito — que sempre se ressentirá do desrespeito e das injúrias no lugar onde poderia ter havido desejo homossexual, e para quem essa transposição do desejo em uma injúria imaginada se tornará a base do sentimento social e da cidadania. Observemos que essa homossexualidade não realizada se torna a condição para a sociabilidade e o amor da humanidade em geral.

Não se trata simplesmente de afirmar que a homossexualidade deve permanecer não realizada e desviada para que o homem, no sentido propriamente dito, aquele que lhe assegura a autoconservação, possa viver, mas que a própria noção do "ideal do eu" — a medida imaginária que permite a regulação psíquica da cidadania — é ela mesma composta dessa homossexualidade não realizada e desviada. O ideal do eu é formado por grandes quantidades de investimento

Discurso de ódio

homossexual carreadas.[19] Essa homossexualidade, no entanto, não é simplesmente eliminada, desviada ou reprimida, mas se volta sobre si mesma, e essa volta sobre si mesma não é uma simples autossupressão; ao contrário, ela é a condição necessária para a produção do ideal do eu em que a homossexualidade e sua proibição se "combinam" na figura do cidadão heterossexual, cujo sentimento de culpa será mais ou menos permanente. Com efeito, Freud afirmará que a libido homossexual é "transformada em sentimento de culpa", e que a própria cidadania – o apego à lei e a sua incorporação – será derivada dessa culpa.

Voltemos, então, ao problema que surge nas Forças Armadas, já que elas são ao mesmo tempo uma zona de suspensão da cidadania e, em virtude dessa suspensão, um lugar em que se articulam, em termos explícitos, a produção do cidadão masculino por meio da proibição da homossexualidade. Embora os regulamentos das Forças Armadas pareçam representar a homossexualidade em termos masculinos, é evidente que as lésbicas também são visadas, mas, paradoxalmente, os questionamentos acerca de sua vida pessoal geralmente se tornam uma forma de assédio sexual. Em outras palavras, as mulheres não podem falar sua homossexualidade porque isso significaria ameaçar o eixo heterossexual que garante a subordinação de gênero. E se os homens falam sua homossexualidade, isso ameaça explicitar e, consequentemente, destruir a homossociabilidade que dá coesão à classe masculina.

---

19 Sigmund Freud, On Narcissism: an Introduction, in: *The Standard Edition of the Complete Psychological Works of Sigmund Freud*, v.XIV, p.96 [ed. bras.: Introdução ao narcisismo, p.29].

Judith Butler

A linha que separa o dizível do indizível estabelece os limites atuais do social. Poderia o enunciar da palavra constituir um desrespeito, uma injúria, de fato, uma ofensa, se a palavra não carregasse a história sedimentada de sua própria repressão? Nesse sentido, a palavra se torna um "ato" precisamente na medida em que sua indizibilidade circunscreve o social. Falar a palavra fora de sua proibição põe em questão a integridade e os fundamentos do social como tal. Desse modo, a palavra contesta os limites do social e o fundamento repressivo do sujeito cidadão ao nomear a relação que deve ser assumida para que a sociabilidade surja, uma relação que só pode produzir essa sociabilidade se permanecer inominada. Ainda que de maneira involuntária, as Forças Armadas introduzem essa palavra em seu circuito contagioso, justamente através da proibição que supostamente assegura sua indizibilidade. E é desse modo que as Forças Armadas expressam seu desejo constantemente no mesmo momento em que tentam reprimi-lo, utilizando os próprios termos pelos quais buscam reprimi-lo.

De fato, é essencial levarmos em conta que as Forças Armadas não apenas confrontam o homossexual como um problema a ser regulado e contido, mas ativamente produzem essa imagem do homossexual, insistindo para que ele seja privado do poder de autoatribuição, para que seja nomeado e animado pelo Estado e seus poderes de interpelação. Em sua dimensão militar, o Estado exige a codificação da homossexualidade. O sujeito homossexual é trazido à existência através de um discurso que nomeia essa "homossexualidade" e, ao mesmo tempo, produz e define essa identidade como uma infração cometida contra o social. Mas, enquanto ele nomeia o sujeito

Discurso de ódio

de forma compulsiva, nega a esse mesmo sujeito o poder de nomear a si mesmo; assim, o Estado procura restringir não apenas as ações homossexuais, mas também o poder excessivo do nome quando ele se liberta das proibições pelas quais foi produzido. O que e quem o nome descreverá quando não mais servir aos objetivos disciplinares da nomeação militar?

Como podemos pensar a situação em que a autoatribuição, a afirmação reflexiva "eu sou homossexual", é mal interpretada como uma tentativa de sedução ou uma agressão, em que o desejo não é meramente descrito, mas, ao ser descrito, é entendido como colocado em ação e transmitido? Em primeiro lugar, acredito que devemos considerar essa interpretação da homossexualidade e dos atos homossexuais como uma agressão e/ou uma doença, como uma tentativa de circunscrever a homossexualidade dentro de um conjunto de representações patologizantes. Não se trata simplesmente de uma explicação sobre o modo como as palavras dos homossexuais produzem a homossexualidade performativamente, mas sim enquanto representação sancionada pelo Estado, uma definição restritiva da homossexualidade como uma ação agressiva e contagiosa. Portanto, a performatividade atribuída ao enunciado homossexual só pode ser estabelecida a partir da performatividade de um discurso estatal que opera essa mesma atribuição. Conceber o enunciado homossexual como um contágio é uma espécie de representação performativa, uma performatividade que pertence ao discurso regulador. A declaração revela o poder performativo do enunciado homossexual ou simplesmente enfatiza o poder produtor ou performativo daqueles que exercitam o poder de definir a homossexualidade nesses termos?

Em última instância, esse poder discursivo de impor uma definição do homossexual não pertence nem às Forças Armadas nem àqueles que se opõem a elas. Afinal, ao apresentar a produção militar, entrei na cadeia de performatividade que venho analisando, me envolvendo na reprodução do termo, obviamente com muito menos poder do que aqueles cujos atos estou descrevendo. Mas estamos descrevendo algo semelhante à homossexualidade nessa cadeia de performatividade? Talvez seja um erro afirmar que temos o poder de produzir uma concepção definitiva ou afirmativa da homossexualidade quando tentamos nomeá-la, que nós nomeamos a nós mesmos e que nos definimos em seus termos. O problema não é simplesmente que as pessoas homofóbicas, ao presenciarem autodeclarações homossexuais, são vítimas de uma alucinação e veem na expressão da palavra o equivalente ao fazer do feito, mas sim que, mesmo aqueles que se opõem às Forças Armadas, estejam dispostos a aceitar a ideia de que nomear é performativo, que, de certa maneira, traz à existência linguística aquilo que nomeia. Parece haver uma impressão de que os atos de fala e o discurso em geral podem ser considerados uma conduta, e que o discurso produzido sobre a homossexualidade faz parte da constituição social da homossexualidade da forma como a conhecemos. As distinções convencionais entre discurso e conduta caem por terra quando, por exemplo, o que poderíamos chamar vagamente de representação *é*, de fato, coextensivo a, digamos, "sair do armário" enquanto prática cultural gay e *queer*, entre as representações culturais que expressam a homossexualidade e a homossexualidade "em si". Afinal de contas, seria de certo modo reducionista afirmar que a homossexualidade é apenas um comportamento sexual em

Discurso de ódio

um sentido muito restrito, e que há, além disso, somado a esse comportamento, um conjunto de representações da homossexualidade que, estritamente falando, *não são* propriamente a homossexualidade. Ou são?

Muitos argumentariam que a homossexualidade e sua representação cultural *não* são dissociáveis, que a representação não é o pálido reflexo da sexualidade, mas que a representação tem uma função constitutiva e que, se uma decorre da outra, é a sexualidade que decorre da representação como um de seus efeitos: essa parece ser a suposição contida na afirmação de que as convenções públicas organizam e possibilitam a "sexualidade", e que nós não podemos distinguir claramente os atos das práticas culturais que, por assim dizer, orquestram e sustentam os atos. Interpretar a sexualidade como um "ato" já pressupõe operar uma abstração a partir de uma prática cultural, de um ritual reiterativo, no qual ela ocorre e da qual é uma instância. De fato, a própria noção de prática sexual é precisamente o que anula a distinção entre o "ato" e a "representação".

Insistir, entretanto, que o discurso sobre a homossexualidade, incluindo o ato discursivo de "sair do armário", faz parte do que é entendido culturalmente como "homossexualidade" não é exatamente o mesmo que afirmar que o ato de se declarar homossexual é, em si, um ato homossexual, muito menos uma ofensa homossexual. Embora eu acredite ser possível imaginar que existem ativistas *queer* que reivindicariam a ideia de que a autodeclaração é um ato sexual — a partir de uma interpretação mais ampla desse termo —, há algo de cômico no fato de o termo *"queer"* ter sido tão deslocado da prática sexual que todo heterossexual bem-intencionado acaba assumindo o termo. Mas não restam dúvidas de que precisamos levar a sério

Judith Butler

a alegação de que "sair do armário" pretende ser um exemplo contagioso, que supostamente abre um precedente e incita uma série de atos de estrutura similar no discurso público. É possível que as Forças Armadas estejam respondendo justamente às consequências perlocucionárias de sucesso do ato de sair do armário, ao fato de que esse exemplo gerou uma série de saídas do armário em toda a esfera pública, se multiplicando como uma espécie de contágio linguístico – um contágio, poderíamos supor, que busca, em parte, se contrapor à força de outro contágio, a saber, a aids. Qual é, então, a diferença entre a lógica que rege a política das Forças Armadas e a que rege o ativismo *queer*?

Uma forma de compreendermos essa questão consiste, eu acredito, em observar a maneira como a interpretação paranoica das Forças Armadas anula constantemente a lacuna entre o dizer do desejo e o desejo que é dito. Um parece comunicar diretamente o outro em momentos de sedução (mas mesmo nesse caso nós sabemos, por meio de exemplos dolorosos, que a comunicação nem sempre é interpretada de maneira correta); na paranoia, no entanto, o desejo suscitado pela fala é imaginado como se surgisse, inteiramente e sem ser solicitado, daquele que o diz. Ele vem de fora, como uma agressão ou uma doença, e é assimilado como uma injúria e/ou uma contaminação. Dessa forma, o desejo já é representado como uma agressão ou uma doença, e pode ser percebido de uma forma ou de outra, ou até de ambas. Como compreender a diferença entre essa representação e a produção de um discurso sobre a homossexualidade que poderia contribuir para evitar essa redução patológica e produzir um significado socialmente afirmativo da homossexualidade?

Discurso de ódio

Quero defender aqui a ideia de que uma produção discursiva da homossexualidade, seja ela falada, escrita ou por meio do reconhecimento institucional, não é exatamente a mesma coisa que o desejo sobre o qual ela fala. Embora o aparato discursivo da homossexualidade constitua sua realidade social, ele não a constitui completamente. A declaração de alguém que "sai do armário" é, sem dúvida, um tipo de ato, mas ela não constitui inteiramente o referente ao qual se refere; na verdade, *ela torna a homossexualidade discursiva, mas não torna o discurso referencial*. Isso não significa que o desejo é um referente que podemos descrever de outra maneira ou de uma maneira mais apropriada; ao contrário, o desejo é um referente que estabelece certos limites para a descrição referencial em geral, e que, no entanto, impõe a cadeia de performatividade pela qual ele nunca é inteiramente captado. A fim de preservar essa concepção do desejo como um limite para a referencialidade, é importante não anular a lacuna entre o performativo e o referencial e não pensar que, ao proclamar a homossexualidade, ela será reduzida apenas à proclamação por meio da qual é declarada. Embora Foucault defenda que o discurso se torna sexualizado através de tal ato, pode ser que, nesse caso, o discurso seja precisamente o que dessexualiza a homossexualidade.[20] Minha impressão é que esse tipo de explicação da produção discursiva da homossexualidade comete o erro de substituir o nome por aquilo que é nomeado, e, embora esse

---

20 Essa seria uma forma de confirmar e negar as sugestões de Leo Bersani em *Homos*, segundo as quais, de um lado, a afirmação de uma identidade estável é uma precondição do ativismo gay e, do outro, o ceticismo intelectual dirigido contra o sucesso desse ato de fala é cúmplice de uma dessexualização da homossexualidade. "Sair do

Judith Butler

referente não possa ser nomeado definitivamente, ele deve ser mantido separado do que é nomeável, ainda que apenas para garantir que nenhum nome pretenda esgotar o significado do que somos e do que fazemos, um acontecimento que efetuaria a forclusão da possibilidade de nos tornarmos mais do que somos e diferentes do que já nos tornamos, em resumo, a forclusão do futuro da nossa vida no interior da linguagem, um futuro em que o significante permanece sendo um campo de disputa que permite uma rearticulação democrática.

Nesse sentido, eu diria que o discurso sobre o desejo homossexual não é, estritamente falando, idêntico ao desejo que ele diz, e que quando pensamos que estamos agindo homossexualmente ao falar da homossexualidade, estamos, eu acredito, cometendo um pequeno erro. Pois uma das tarefas da produção crítica de homossexualidades alternativas será separar a homossexualidade das figuras que veiculam o discurso dominante, especialmente quando elas assumem a forma da agressão ou da doença. De fato, por mais que seja necessário produzir outras figuras, buscar o futuro da performatividade e, por consequência, da homossexualidade, será a distância entre algo a que chamamos de "homossexualidade" e aquilo que não pode ser totalmente interpelado por esse chamamento que solapará o poder de qualquer figura que pretenda dar a última palavra sobre a homossexualidade. E eu acredito que o mais importante seja justamente nos anteciparmos a essa última palavra.

---

armário" ainda é performatizar um ato linguístico e, portanto, não equivale necessariamente a ter relações sexuais ou ser sexual, exceto dessa maneira discursiva que pode constituir uma nova instância da sublimação linguística do sexo que Bersani lastima.

4.
Censura implícita e agência discursiva

> Sim, o discurso é uma espécie de ação. Sim,
> existem atos que somente o discurso pode
> realizar. Mas existem alguns atos que o discurso
> sozinho não pode executar. Não curamos os
> doentes ao declará-los saudáveis. Não inspiramos
> os pobres ao declará-los ricos.
>
> HENRY LOUIS GATES JR.

Afirmar que certos atos de fala devem ser interpretados como condutas em vez de discursos nos permite evitar a questão da censura. A censura é entendida como a restrição do discurso, e, se o discurso de ódio, a pornografia ou a auto-declaração homossexual não forem mais analisados enquanto "discursos", então a restrição imposta a qualquer uma dessas atividades não será mais considerada censura. De fato, MacKinnon já havia afirmado que os decretos contra a pornografia elaborados por ela, e também os que ela apoiou, não são censura, mas têm como objetivo a ampliação do alcance da Cláusula de

Judith Butler

Proteção Igualitária.[1] O que poderíamos ter considerado um problema relacionado à liberdade de expressão agora deve ser interpretado como uma questão de igualdade fundamental.

Se não nos restringirmos à definição jurídica da censura, poderemos nos perguntar como a própria regulação da distinção entre discurso e conduta funciona a serviço de uma forma mais implícita de censura. Afirmar que determinados discursos não são discursos e que, portanto, não estão sujeitos à censura já é uma forma de censura. Na verdade, esse exercício particular da censura excede os limites da definição jurídica, mesmo quando ele utiliza a lei como um dos seus instrumentos.[2]

Respondendo ao censor

As definições clássicas da censura pressupõem que ela é exercida pelo Estado contra aqueles que são menos poderosos do que ele. Para defender os menos poderosos, normalmente argumentamos que é a sua liberdade que está sendo restringida e, algumas vezes, especialmente sua liberdade de expressão. Mais frequentemente nos referimos à censura como aquilo que é dirigido contra as pessoas ou contra o conteúdo de seu discurso. Se a censura, no entanto, é uma maneira de *produzir* discursos, impondo de antemão restrições quanto ao que será ou não será considerado um discurso aceitável, então

---

1 Para uma defesa de MacKinnon, cf. Ferguson, Pornography: the Theory, in: *Critical Inquiry*, v.21, n.3, p.670-95.

2 Para uma defesa incisiva dos "valores" da Primeira Emenda contra a regulamentação do discurso de ódio, cf. Post, Racist Speech, Democracy, and the First Amendment, in: Gates et al., *Speaking of Race, Speaking of Sex: Hate Speech, Civil Rights, and Civil Liberties*.

Discurso de ódio

ela não pode ser compreendida exclusivamente em termos de poder jurídico. Tradicionalmente, a censura parece seguir o enunciado do discurso ofensivo: o discurso já constitui uma ofensa e, em seguida, recorremos a uma agência reguladora. Mas, se entendemos que a censura *produz* o discurso, essa relação temporal se inverte. A censura precede o texto (incluo na definição de "texto" o "discurso" e outras expressões culturais) e é, de certa forma, responsável por sua produção.

Durante uma conferência, tive contato com duas perspectivas aparentemente opostas sobre esse assunto. Uma delas defendia que "nunca conseguimos suspender completamente a censura que paira sobre um texto".[3] Essa afirmação parece sugerir que nenhum texto pode continuar a ser um texto, isto é, permanecer legível, sem antes ser submetido a algum tipo de censura. Essa visão pressupõe que a censura precede o texto em questão e que, para um texto tornar-se legível, ele deve ser produzido por um processo de seleção que exclui certas possibilidades e realiza outras. Esse processo de seleção parece pressupor uma decisão que é tomada pelo autor do texto. E, ainda assim, não é o autor que cria as regras segundo as quais essa seleção é feita; as regras que governam a inteligibilidade do discurso são "decididas" antes de qualquer decisão individual. Uma concepção mais radical diria que essas regras, "decididas" antes de todas as decisões individuais, são precisamente as condições restritivas que *tornam possível* qualquer

---

3 Devo muito às análises propostas por Richard Burt em seu trabalho de grande envergadura sobre a censura: Uncensoring in Detail, apresentado no Getty Center em dezembro de 1995, assim como *Licensed by Authority: Ben Johnson and the Discourses of Censorship* e *The Administration of Aesthetics: Censorship, Political Criticism, and the Public Sphere.*

decisão. Dessa forma, há uma ambiguidade de agência no cerne dessa decisão. O sujeito falante somente toma sua decisão no contexto de um campo de possibilidades linguísticas já circunscrito. A decisão está condicionada ao campo já decidido da linguagem, mas essa repetição não faz da decisão do sujeito falante uma redundância. A lacuna que existe entre a redundância e a repetição é o lugar da agência.

A segunda perspectiva afirmava que "nunca conseguimos censurar completamente um texto". Segundo essa concepção, um texto sempre escapa dos atos que o censuram, e a censura é sempre e somente uma tentativa ou uma ação parcial. Parece, aqui, que alguma coisa do texto que é objeto de censura sempre excede o alcance do censor, sugerindo certa necessidade de explicar essa dimensão "excessiva" do discurso. Poderíamos apelar a uma teoria geral da textualidade para explicar como o esforço para impor restrições ao discurso não consegue atingir ou capturar completamente a polissemia da linguagem. Da mesma forma, poderíamos argumentar que a esfera comunicativa da linguagem postula necessariamente um domínio da obscenidade que ela busca, com um sucesso sempre parcial, manter rigorosamente excluído de seu próprio funcionamento.[4] Essa tentativa de purificar a esfera do discurso público por meio da institucionalização de normas que estabelecem o que deveria ser apropriadamente incluído nela funciona como uma censura preventiva. Tais esforços não são apenas afetados pelo medo da contaminação; eles também são obrigados

---

4 Ellen Burt apresentou essa ideia em An Immediate Taste for Truth: Censoring History in Baudelaire's "Les Bijoux", in: Post (org.), *Censorship and Silencing*.

Discurso de ódio

a reencenar, nos espetáculos das denúncias públicas que performatizam, os mesmos enunciados que buscam banir da vida pública. A linguagem que é obrigada a repetir o que procura restringir invariavelmente reproduz e reencena o mesmo discurso que tem a intenção de abolir. Dessa maneira, o discurso excede o censor pelo qual é reprimido.

O caráter generalizável de ambas as explicações é útil, mas limitado: nenhuma das duas diz quando e por que certos tipos de censura são, de fato, mais completos do que outros ou por que algumas operações de censura parecem conseguir capturar o discurso ofensivo enquanto outras são incapazes de capturar qualquer coisa. O que explica a eficácia e a vulnerabilidade ao fracasso que caracterizam as diferentes operações de censura? Por nunca ser totalmente separável daquilo que tenta censurar, a censura está implicada no próprio objeto que ela repudia, de forma a produzir consequências paradoxais. Se a censura imposta a um texto é sempre, em certo sentido, incompleta, isso talvez se deva, em parte, ao fato de o texto em questão assumir uma nova vida no próprio discurso produzido pelo mecanismo da censura.[5]

Essa produção paradoxal do discurso pela censura funciona de maneiras implícitas e involuntárias. Por isso, é importante distinguir entre censura explícita e implícita. A última se refere ao funcionamento implícito do poder que determina de maneira não dita o que deve permanecer indizível. Nesse caso, não é necessária nenhuma regulação explícita para impor

---

5 Trato dessa questão brevemente em The Force of Fantasy: Mapplethorpe, Feminism, and Discursive Excess, in: *differences: a Journal of Feminist Cultural Studies*, v.2, n.2, p.105-25.

Judith Butler

tal restrição. A operação de formas implícitas e poderosas de censura sugere que o poder do censor não se esgota nas regulamentações ou na política explícitas do Estado. Na verdade, tais formas implícitas de censura podem ser mais eficazes do que as explícitas na aplicação de restrições ao que é dizível. As formas explícitas de censura estão expostas a certa vulnerabilidade precisamente por serem mais facilmente decifráveis. A regulamentação que *declara aquilo que não quer declarar* frustra seu próprio desejo e comete uma contradição performativa que questiona a capacidade da regulamentação de significar e de fazer o que diz, ou seja, sua pretensão à soberania. Tais regulamentações introduzem o discurso censurado no campo do discurso público, estabelecendo-o como um lugar de contestação, isto é, como a cena do enunciado público que elas visavam proibir.

Voltemos a um caso que já analisamos no capítulo anterior: a regulamentação do Congresso aprovada em outubro de 1994, que colocou em vigor a política do "não pergunte, não conte" relacionada à autodeclaração homossexual nas Forças Armadas. Essa regulamentação não inibiu a referência à homossexualidade nas Forças Armadas, mas, ao contrário, fez proliferar essas referências em sua própria documentação e nos debates públicos promovidos em torno do assunto. O objetivo da regulamentação não era apenas limitar a "saída do armário" de membros das Forças Armadas, mas também estabelecer que esse discurso autodescritivo constituía tanto uma forma de conduta homossexual como o signo de uma propensão a se envolver em conduta homossexual.[6] As Forças

---

6 Para um estudo detalhado e perspicaz dessa lei e da cláusula da "propensão", cf. Janet E. Halley, The Status/Conduct Distinction in the

Discurso de ódio

Armadas, portanto, se engajaram em um debate bastante longo acerca do que deveria ser considerado "homossexual", de como distinguir a fala da conduta e de se essa distinção seria possível ou deveria ser realizada. A regulamentação do termo "homossexual" não é, portanto, um mero ato de censura ou silenciamento. A regulamentação *reduplica* o termo que procura restringir, e só pode efetuar tal restrição por meio dessa reduplicação paradoxal. O termo não é em si mesmo impronunciável; ele só se torna impronunciável nos contextos em que alguém o utiliza para descrever a si mesmo e deixa de fazer uma distinção adequada ou convincente entre a atribuição do *status* homossexual e a intenção de se envolver em uma conduta homossexual.

Assim, o esforço para restringir o termo culmina em sua própria proliferação – um efeito retórico imprevisto do discurso jurídico. O termo não aparece apenas na regulamentação como o discurso a ser regulamentado; ele também reaparece no debate público acerca da legitimidade e do valor dessa regulamentação, sob a forma específica do ato imaginado ou evocado de autoatribuição que é explicitamente proibido pela regulamentação. A proibição, portanto, evoca o ato de fala que procura restringir e permanece presa em uma produção circular e imaginária que ela mesma constrói. Esse enunciar do enunciado que as Forças Armadas tentam censurar também coloca em ação a realização de seu desejo de se estabelecerem como autoria ou origem de todos os enunciados que ocorrem em seu domínio. A regulamentação, por assim dizer, assumirá o papel

---

1993 Revisions to Military Anti-Gay Policy. *GLQ: a Journal of Lesbian and Gay Studies*, v.3, n.2-3, p.159-252, jun. 1996.

daquele que é censurado ao mesmo tempo que assume a própria voz que censura, assimilando a representação dramática como uma maneira de estabelecer o controle sobre o enunciado. Desenvolvo esse exemplo porque ele ilustra como o mecanismo da censura está implicado na produção de uma imagem da homossexualidade, uma imagem que é, por assim dizer, apoiada pelo Estado. As regulamentações que determinam se os homossexuais serão ou não autorizados a entrar ou a permanecer nas Forças Armadas não somente limitam o discurso daqueles a quem elas regulam; elas parecem se concentrar em certos tipos de discurso, mas também se preocupam em *estabelecer uma norma que rege a subjetivação militar*. Em relação ao sujeito militar masculino, isso significa que as normas que governam a masculinidade serão aquelas que exigem a negação da homossexualidade. Quanto às mulheres, a negação de si mesmas requer ou o retorno a uma heterossexualidade aparente ou a uma assexualidade (às vezes ligada às concepções dominantes da heterossexualidade feminina) que corresponde à noção militar de coesão das tropas.

Assim, o mecanismo da censura não está apenas ativamente engajado na produção de sujeitos, mas também na circunscrição dos parâmetros sociais do discurso dizível, do que será ou não admissível no discurso público.[7] O fracasso da censura em efetuar uma censura completa do discurso em questão tem tudo a ver com (a) a incapacidade de instituir uma subjetivação completa ou total através de meios jurídicos e (b) a incapacidade de circunscrever de maneira eficaz o domínio social do discurso dizível.

---

7 Para uma análise mais completa do discurso público, cf. Robert Post, Racist Speech, Democracy, and the First Amendment.

Discurso de ódio

Claramente, o esforço das Forças Armadas para regulamentar o discurso não é o paradigma de todas as formas de censura. Ele introduz, no entanto, pelo menos duas modalidades "produtivas" de poder que contrastam com a concepção convencional da censura enquanto poder jurídico. Por "produtivas" eu não quero dizer positivas ou benéficas, mas sim uma concepção do poder como formador e constitutivo, isto é, não concebido exclusivamente como um exercício externo de controle ou como a privação de direitos.[8] De acordo com essa concepção, a censura não é apenas restritiva ou impeditiva; ou seja, sua ação não se reduz a privar os sujeitos da liberdade de se expressar de certas maneiras, ela também contribui para a formação dos sujeitos e para o estabelecimento de fronteiras legítimas do discurso. Essa noção do poder como produtivo ou formativo não se reduz à função tutelar do Estado, isto é, à instrução moral de seus cidadãos, mas faz com que certos tipos de cidadãos sejam possíveis e outros impossíveis. Aqueles que adotam esse ponto de vista deixam claro que a censura não se preocupa principalmente com o discurso, sendo exercida a serviço de outros tipos de objetivos sociais, e que a restrição do discurso é fundamental para a realização dessas outras conquistas sociais e estatais, que frequentemente não são declaradas. Um exemplo é a concepção de censura como parte necessária do processo de construção da nação, onde a censura pode ser exercida por grupos marginalizados que buscam alcançar um controle cultural sobre sua própria representação e narrativização. Um

---

8 Essa distinção é proposta por Michel Foucault no segundo volume de *História da sexualidade* a fim de opor a forma disciplinar do poder ao poder soberano. Ele estabelece uma distinção entre a concepção "repressiva" e a concepção "produtiva" do poder.

raciocínio semelhante, mas distinto, é aplicado normalmente em nome de um poder dominante que tenta controlar todas as contestações de sua própria legitimidade. Outro exemplo, que se relaciona aos anteriores, é o uso da censura em uma tentativa de construir (ou de reconstruir) um consenso dentro de uma instituição, como nas Forças Armadas, ou de uma nação. Um exemplo adicional é o uso da censura na codificação da memória, como podemos observar no controle exercido pelo Estado na preservação e na construção de monumentos ou na exigência de que determinados acontecimentos históricos sejam narrados apenas de uma maneira.

Todavia, a ideia da censura como "produtiva" não implica que ela seja sempre considerada um *instrumento* para a realização de outros objetivos sociais. Consideremos que, nos exemplos que acabei de sugerir, a censura não está primordialmente relacionada ao discurso, e que o controle ou a regulamentação do discurso é secundário para a realização de outros tipos de objetivos sociais (como o fortalecimento de concepções específicas de legitimidade, consenso, autonomia cultural e memória nacional). Na versão mais extrema desse tipo de instrumentalismo, o discurso é totalmente secundário em relação aos objetivos da censura, ou melhor, o discurso tem como função mascarar os verdadeiros objetivos políticos da censura, que não têm nada ou têm muito pouco a ver com o discurso.

A censura é uma forma produtiva de poder: ela não é simplesmente privação, ela também é formação. Eu proponho a ideia de que a censura busca produzir sujeitos de acordo com normas explícitas e implícitas, e que a produção do sujeito tem tudo a ver com a regulamentação do discurso. A produção do sujeito ocorre não apenas através da regulamentação de seu

Discurso de ódio

discurso, mas também através da regulamentação do domínio social do discurso dizível. A questão não está em saber o que eu poderei dizer, mas o que constituirá o domínio do dizível no qual eu poderei começar a falar. Tornar-se um sujeito significa estar sujeito a um conjunto de normas implícitas e explícitas que determinam o tipo de discurso que será lido como o discurso de um sujeito.[9]

Aqui, a questão não está em saber se certos tipos de discurso enunciados por um sujeito são censurados, mas em como certo exercício da censura determina quem será um sujeito dependendo se o discurso desse candidato à sujeitidade obedece ou não a certas normas que governam o que é dizível e o que não é. *Sair do domínio da dizibilidade é arriscar seu estatuto de sujeito. Incorporar as normas que governam a dizibilidade no discurso é consumar seu estatuto de sujeito do discurso.* Os "discursos impossíveis" seriam justamente as divagações dos associais ou o delírio dos "psicóticos" produzidos pelas regras que governam o domínio da dizibilidade e pelos quais elas são continuamente assombradas.[10]

---

9 Essa formulação pode parecer complicada, mas devemos considerar que diferentes teóricos políticos, de Aristóteles a Arendt, afirmaram que é de maneira *linguística* que os seres humanos se tornam seres políticos. Minhas reflexões constituem uma extensão dessa afirmação. Hannah Arendt cita a definição de Aristóteles do "homem como *zoon logon ekhon*" em *A condição humana*, p.36. Cf. p.34-6 para a interpretação que Arendt faz dos escritos em que Aristóteles define o animal político como um ser vivo dotado de fala.

10 Um desenvolvimento suplementar desse conceito pode ser encontrado no estudo de Dina Al-Kassim sobre o "discurso delirante", escrito para o departamento de Literatura Comparada de Berkeley e intitulado *On Pain of Speech: Fantasies of the First Order and the Literary Rant.*

Judith Butler

Algumas pessoas afirmariam que nenhum texto pode ser totalmente livre das correntes da censura, porque todo texto ou expressão é parcialmente estruturado por um processo de seleção que é determinado em parte pelas decisões de um autor ou falante, e em parte por uma linguagem que funciona de acordo com regras de seleção e diferenciação que nenhum falante individual jamais criou (elas podem muito bem ser forjadas coletivamente, mas não é possível relacioná-las a um único autor, exceto em casos específicos de revisão gramatical e neologismos). Essa tese extremamente generalizada parece se aplicar a *toda* e *qualquer* linguagem. E, embora possa ser verdadeira e válida, penso que, em sua forma generalizada, ela não se traduz diretamente em uma análise política da censura ou em uma concepção normativa relacionada a como decidir sobre problemas da censura. De fato, tomada em sua forma mais generalizada, uma das implicações normativas de tal concepção é a seguinte: dado que todas as expressões já são sempre censuradas, não faz sentido tentar se opor à censura, pois isso seria se opor às condições de inteligibilidade (e, assim, se opor aos próprios termos pelos quais a oposição é articulada).

O que proponho, no entanto, é revisar essa tese mais generalizada do seguinte modo: as condições de inteligibilidade são elas mesmas formuladas no e pelo poder, e esse exercício normativo do poder raramente é reconhecido como uma operação de poder. De fato, podemos classificá-lo entre as formas mais implícitas de poder, uma forma que opera justamente através de sua ilegibilidade: ela escapa aos termos de legibilidade que ocasiona. O fato de que esse poder continua a agir de maneiras ilegíveis é uma das fontes de sua relativa invulnerabilidade.

220

Discurso de ódio

Quem fala de acordo com as normas que governam o dizível não está necessariamente seguindo uma regra de maneira consciente. Quando falamos, falamos de acordo com um conjunto tácito de normas que nem sempre são explicitamente codificadas em regras. Charles Taylor afirma que nossa compreensão dessas regras não pode ser reduzida a uma representação consciente delas: "ela se manifesta em padrões de ação apropriada".[11] A "compreensão de fundo [...] está na base da nossa capacidade de compreender instruções e seguir regras", e essa compreensão de fundo não é apenas corporificada, mas corporificada como um sentido social compartilhado: ninguém segue uma regra sozinho. Em *A economia das trocas linguísticas: o que falar quer dizer*, Pierre Bourdieu nos adverte contra a redução de tal compreensão corporal, ou *habitus*, à prática de seguir conscientemente uma regra:

> Toda dominação simbólica supõe, por parte daqueles que sofrem seu impacto, uma forma de cumplicidade que não submissão passiva a uma coerção externa nem livre adesão a valores. O reconhecimento da legitimidade da língua oficial não tem nada a ver com uma crença expressamente professada, deliberada e revogável, nem com um ato intencional de aceitação de uma "norma".[12]

Para entender de que maneira a compreensão social de tais "regras" é uma atividade incorporada, precisamos distinguir mais precisamente, de um lado, o exercício da censura que

---

11 Charles Taylor, To Follow a Rule..., in: Calhoun; LiPuma; Postone (org.), *Bourdieu: Critical Perspectives*, p.51.

12 Bourdieu, *Language and Symbolic Power*, p.50-1 [ed. bras.: *A economia das trocas linguísticas: o que falar quer dizer*, p.37].

Judith Butler

forma tacitamente o sujeito do discurso e, do outro, a ação da censura posteriormente imposta ao sujeito. Se a censura produz os parâmetros do sujeito, como essas normas passam a habitar a vida corporal do sujeito? Finalmente, nos perguntaremos como o exercício tácito da censura, entendida como uma espécie de forclusão, inaugura de forma violenta a vida corpórea do sujeito falante, constitui a incongruência do discurso desse corpo, uma fala cujo aspecto retórico perturba sua normatividade.

Se um sujeito devém um sujeito ao entrar na normatividade da linguagem, então, de modo relevante, essas regras precedem e orquestram a própria formação do sujeito. Embora o sujeito entre na normatividade da linguagem, ele existe apenas como uma ficção gramatical anterior a essa entrada. Além disso, como Lacan e os lacanianos observaram, a entrada na linguagem tem um preço: as normas que governam a constituição do sujeito falante diferenciam o sujeito do indizível, isto é, produzem uma indizibilidade como condição de formação do sujeito.

Embora, para a psicanálise, tal constituição do sujeito ocorra na infância, essa relação primária com o discurso, a entrada do sujeito na linguagem por meio da "barra" originária é reinvocada na vida política quando a sobrevivência do sujeito depende novamente de sua capacidade de falar. O "custo" dessa sobrevivência não se reduz à produção de um inconsciente que não pode ser completamente assimilado ao ego, ou à produção de um "real" que não pode jamais ser representado na linguagem. A condição para a sobrevivência do sujeito está exatamente na forclusão do que ameaça o sujeito de maneira mais fundamental; assim, é a "barra" que simultaneamente produz

Discurso de ódio

a ameaça e o defende dela. Essa forclusão primária é próxima daquelas ocasiões políticas traumáticas nas quais o sujeito que quer falar é restringido pelo mesmo poder que visa proteger o sujeito de sua própria dissolução.

Essa dimensão duplicada da "barra" lacaniana, no entanto, deve ser pensada não apenas como uma estrutura que uma vez inaugurou o sujeito, mas como uma dinâmica que se perpetua na vida do sujeito. As regras que limitam a inteligibilidade do sujeito continuam a estruturá-lo durante toda a sua vida. E essa estruturação nunca é completamente alcançada. Ao cumprir seu papel na linguagem, o sujeito perpetua sua viabilidade, e essa viabilidade é mantida por uma ameaça simultaneamente produzida e combatida, a ameaça de certa dissolução do sujeito. Se o sujeito fala de uma maneira impossível, se ele fala de maneiras que não podem ser consideradas um discurso ou o discurso de um sujeito, então esse discurso é desqualificado e a viabilidade do sujeito é colocada em questão. As consequências de tal irrupção do indizível podem variar de um sentimento de "esfacelamento" à intervenção do Estado para garantir o encarceramento criminal ou psiquiátrico.

A ligação entre a sobrevivência e a dizibilidade é definida no discurso que constitui, nas Forças Armadas, a inauguração do lugar do homossexual que nega a si mesmo e se arrepende: eu não sou o que você suspeita que eu seja, mas o meu não ser é exatamente o que eu me tornei agora, assim, determinado pela minha negação, que é a minha nova autodefinição. Consideremos ainda a situação descrita por Saidiya Hartman, em que a emancipação da escravidão e o acesso à cidadania requerem o escambo da força de trabalho, a tradução do valor do indivíduo na forma-mercadoria e, portanto, em uma nova forma de sujeição.[13] O discurso da liberdade, por meio do qual se reivindica a emancipação, reprime as energias que se propõe a libertar. Observemos, também, a situação das mulheres que processam seus parceiros por abuso sexual doméstico e que são obrigadas, nessa situação, a oferecer uma versão delas mesmas que não deixe nenhuma dúvida quanto à sua pureza sexual e à sua capacidade de corresponder, perante a lei, a uma versão idealizada e dessexualizada da heterossexualidade feminina. Quando nos perguntamos o que significa ter direito a apresentar uma reivindicação perante a lei, notamos a repetição *a posteriori* da forclusão que organiza e torna possível a existência de um sujeito falante com esse tipo de reivindicação.[14]

Nos contextos culturais em que não existem vínculos necessários ou óbvios com a lei, certas formas de "discursividade compulsória"[15] ainda governam as condições segundo as quais uma reivindicação política pode ser feita. Os regimes de discurso confessional estruturam o modo como as questões políticas são construídas; em relação às drogas, por exemplo, uma história que relata o vício e a cura se torna essencial para a forma como a questão é abordada na política; em relação às abordagens contrárias à ação afirmativa pela meritocracia (evidenciadas na resolução da Universidade da Califórnia),[16] as histórias de indivíduos que superam

---

13 Cf. Hartman, *Scenes of Subjection*.

14 Schultz, Women "Before the Law", in: Butler; Scott (org.), *Feminists Theorize the Political*.

15 Brown, Freedom's Silences, in: Post (org.), *Censorship and Silencing*.

16 Em 20 de julho de 1995, o Conselho Administrativo da Universidade da Califórnia aprovou duas resoluções, SP-1 e SP-2, que proíbem o uso de "raça, religião, gênero, cor, etnia ou nacionalidade

Discurso de ódio

circunstâncias adversas de maneira heroica se impõem sobre as análises da discriminação institucional sistemática na educação. Essas narrativas "forçadas", conforme explica Wendy Brown, impõem uma forma discursiva à politização que não só determina (a) sob que forma discursiva uma reivindicação pode ser lida como política, mas, mais importante, (b) consolida *a política como produção de discurso* e estabelece o "silêncio" como um lugar de resistência potencial a esses regimes discursivos e seus efeitos normalizadores.[17]

A concepção da censura como um poder centralizado ou mesmo soberano que reprime unilateralmente o discurso supõe que o sujeito do discurso está sobrecarregado pela exterioridade do poder. O sujeito é menos vitimizado quando afirmamos que os cidadãos detêm o poder de privar uns aos outros da liberdade de expressão. Quando esse sujeito, por meio de observações ou representações depreciativas, atua para "censurar" outro sujeito, essa forma de censura é considerada "silenciadora" (Langton). Dessa forma,

---

como critério para admissão na universidade ou em qualquer outro programa de estudo", bem como para o recrutamento e a contratação pela universidade.

Na seção 4 desse documento, os administradores deixam claro que estão dispostos a abrir exceções para aqueles que tenham superado adversidades de maneira heroica: "levaremos em consideração os indivíduos que, apesar de terem enfrentado desvantagens econômicas ou sociais (por exemplo, aqueles que viveram em ambientes familiares abusivos ou disfuncionais, em bairros perigosos ou foram expostos a influências antissociais), demonstraram possuir caráter e determinação suficientes para superar obstáculos e comprovaram que são dignos de confiança...".

17 Wendy Brown, Freedom's Silences, in: Post (org.), *Censorship and Silencing*.

o cidadão a quem se dirige tal discurso é efetivamente privado do poder de responder, desautorizado pelo ato de fala depreciativo que se dirige ostensivamente a ele. O silêncio é o efeito performativo de certo tipo de discurso, do discurso que tem como objeto a desautorização do discurso daquele a quem o ato de fala é dirigido. A partir de agora, é o sujeito que possui esse poder, e não o Estado ou outra instituição centralizada, embora o poder institucional seja pressuposto e invocado por aquele que emite as palavras que silenciam. Na verdade, o sujeito é descrito segundo o modelo do poder estatal e, embora o *locus* do poder tenha mudado do Estado para o sujeito, a ação unilateral do poder permanece a mesma. O poder é exercido por um sujeito sobre outro sujeito; seu exercício culmina em uma privação da fala.

Uma coisa é censurar certos tipos de discurso, e outra muito diferente é que a censura opere em um nível anterior ao discurso, a saber, como a norma constitutiva segundo a qual o dizível se diferencia do indizível. Os psicanalistas Jean Laplanche e J.-B. Pontalis distinguiram entre o ato de censura da repressão e o exercício preventivo de uma norma e propuseram o termo *"forclusion"* ["forclusão"] para designar essa ação preventiva, que não é performatizada *por* um sujeito, mas cuja operação possibilita a formação do sujeito.[18] Além dos casos

---

18 "Forclusão" [*forclusion*] é a palavra introduzida por Lacan para traduzir para o francês o termo de Freud *"Verwerfung"*. Em inglês, *"Verwerfung"* é normalmente traduzido em Freud como repúdio ou rejeição. No *Vocabulário da psicanálise*, Jean Laplanche e J.-B. Pontalis se referem à *forclusão* como a rejeição primordial daquilo que permanece no exterior do universo simbólico do sujeito. Essa definição utiliza um sentido específico do "exterior", uma definição que se aproxima da

Discurso de ódio

em que o termo é utilizado em situações imobiliárias para referir-se à execução de uma hipoteca, *"forclusion"* [em inglês, *"forclosure"*] significa, de acordo com o *Oxford English Dictionary*, "barrar, excluir, rejeitar completamente".

Por ser uma ação, parece pressupor um sujeito, mas essa pressuposição pode ser simplesmente uma ilusão gramatical. De fato, segundo a psicanálise, a forclusão não é uma ação pontual, mas o efeito reiterado de uma estrutura. Algo é barrado, mas nenhum sujeito o barra; o sujeito surge como o resultado da própria barreira. Essa ação de barrar não é exatamente performatizada *sobre* um sujeito anterior, mas performatizada de tal maneira que o próprio sujeito é produzido performativamente como resultado desse corte primordial.

---

noção de "exterior constitutivo" utilizada por Jacques Derrida. Esse "exterior" é o limite ou a exterioridade que define um universo simbólico determinado e que, caso fosse introduzido naquele universo, destruiria sua integridade e coerência. Em outras palavras, o que é excluído ou repudiado no universo simbólico em questão é exatamente aquilo que dá a esse universo sua unidade *ao estar excluído*.

Laplanche e Pontalis afirmam que o que é forcluído deve ser diferenciado do que é reprimido (*refoulement* em francês e *Verdrängung* em alemão). O que é forcluído não está integrado ao inconsciente do sujeito; não pode ser evocado ou lembrado e trazido à consciência. Isso não pertence ao domínio da neurose, mas ao da psicose; de fato, sua entrada no universo simbólico ameaça psicose, ou seja, sua exclusão garante a coerência simbólica. Freud faz referência a *"Verwerfung"* [rejeição] quando escreve sobre o medo da castração em The Three Essays on the Theory of Sexuality, p.227 [ed. bras.: Três ensaios sobre a teoria da sexualidade, p.150] e The History of an Infantile Neurosis, p.85 [ed. bras.: História de uma neurose infantil ("O homem dos lobos"), p.71]. Enquanto Freud tenta, por vezes, definir uma forma de repressão que corresponda à psicose, Lacan introduz o termo "forclusão" para especificar essa forma de repressão.

O resto, ou o que foi excluído, constitui imperformável de toda performatividade.

O que está antes da barreira só pode ser conhecido por meio da imaginação desse "antes", que está impregnado pelo atraso do próprio imaginário, sua nostalgia frustrada. Ao perguntarmos o que ou quem performatiza a barreira, estamos exigindo que uma expectativa gramatical seja cumprida: o fato de que podemos fazer a pergunta parece pressupor que a pergunta pode ser respondida. Mas que gramática produziu a possibilidade da pergunta, e como essa gramática foi produzida? Se a própria posição gramatical do sujeito é o resultado da forclusão, então qualquer explicação que possamos elaborar sobre a forclusão no interior dessa gramática será sempre o efeito daquilo que ela tenta explicar. Portanto, estamos pedindo que um estado de coisas anterior a essa gramática seja explicado nos termos de uma gramática que, por definição, é posterior a essa cena. A pergunta, então, expõe a condição limitante da gramática que torna a pergunta possível.

Embora o uso psicanalítico do termo forclusão seja particularmente complexo, proponho que nos apropriemos dele indevida e ativamente para outros fins, transpondo seu significado próprio para outro, impróprio, com o objetivo de repensar de que maneira a censura age como uma forma "produtiva" de poder. Faço essa proposta não apenas porque penso que tal mudança pode ser interessante, mas porque acredito que a ação da forclusão não acontece somente uma vez, e sim que ela continua a acontecer, e que aquilo que é reinvocado em sua ação continuada é precisamente aquela cena primária na qual a formação do sujeito está ligada à produção circunscrita do domínio do dizível. Isso explica a sensação

Discurso de ódio

que um sujeito tem de estar em risco quando a possibilidade de fala é forcluída.

Fazemos referências tácitas à operação da forclusão nas situações em que perguntamos: o que deve permanecer indizível para que os regimes de discurso contemporâneos possam continuar a exercer seu poder? Como o "sujeito" perante a lei é produzido através da exclusão de outros possíveis espaços de enunciação dentro da lei? Na medida em que essa exclusão constitutiva é a condição de possibilidade para qualquer ato de fala, entende-se que "não censurar um texto é necessariamente algo incompleto". Supondo que nenhum discurso seja permissível sem que algum outro discurso se torne *não* permissível, a censura é o que permite o discurso ao impor a própria distinção entre discurso permissível e impermissível. Entendida como forclusão, a censura produz regimes discursivos através da produção do indizível.

Embora aquele que fala seja um efeito dessa forclusão, o sujeito nunca é completa ou exaustivamente reduzido a esse efeito. O sujeito cuja fala está no limite do dizível corre o risco de retraçar a distinção entre o que é e o que não é dizível, o risco de ser lançado no indizível. Como a agência do sujeito não é uma propriedade do sujeito, uma vontade ou liberdade inerente, mas um efeito do poder, ela é limitada, mas não determinada antecipadamente. Se o sujeito é produzido no discurso por meio de um conjunto de forclusões, então essa limitação fundadora e formativa define a cena para a agência do sujeito. A agência se torna possível sob a condição dessa forclusão. Não se trata da agência do sujeito soberano, aquele que apenas e sempre exerce o poder de forma instrumental sobre o outro. Enquanto agência de um sujeito pós-soberano, sua operação discursiva está delimitada de antemão, mas também está aberta a delimitações posteriores e inesperadas. Como a ação de forclusão não ocorre de uma vez por todas, ela deve ser repetida para que seu poder e eficácia sejam consolidados. Uma estrutura só permanece como estrutura ao ser restabelecida como tal.[19] Assim, o sujeito que fala no interior da esfera do dizível reinvoca implicitamente a forclusão da qual depende e, desse modo, depende dela novamente. Essa reinvocação, no entanto, não é nem mecânica nem deliberada. Na verdade, o sujeito não se mantém a uma distância instrumental dessa forclusão; o que é reinvocado é também aquilo que fundamenta a possibilidade da reinvocação, mesmo que a forma adotada pela reinvocação não seja redutível à sua forma pressuposta. Falamos uma língua que nunca é totalmente nossa, mas essa língua só continua a existir por meio da repetição dessa invocação. Essa língua obtém sua vida temporal apenas nos e pelos enunciados que reinvocam e reestruturam as condições de sua própria possibilidade.

A tarefa crítica não está simplesmente em falar "contra" a lei, como se a lei fosse externa ao discurso e o discurso fosse o local privilegiado da liberdade. Se o discurso depende da censura, então o princípio ao qual alguém pode tentar se opor é, ao mesmo tempo, o princípio formativo do discurso de oposição. Não há oposição aos limites traçados pela forclusão, exceto se os próprios limites forem retraçados. No entanto, esse não é um impasse para a agência, mas a dinâmica

---

19 Aqui, me inspiro no famoso ensaio de Derrida, Structure, Sign, and Play in the Discourse of the Human Sciences, in: *Writing and Différence*, p.278-94 [ed. bras.: A estrutura, o signo e o jogo no discurso das ciências humanas, p.229-49, in: *A escritura e a diferença*, p.229-49].

Discurso de ódio

temporal e a promessa de seu vínculo peculiar. A possibilidade reside em explorar os pressupostos do discurso para produzir um futuro da linguagem que não seja implicado por nenhum desses pressupostos.

Essa concepção da censura, entendida em um sentido amplo como formativa do sujeito do discurso, não nos indica a melhor maneira de resolver as questões da censura. Ela não nos fornece critérios que nos permitem distinguir as instâncias de censura que são injustas das que não são. Ela nos oferece, no entanto, uma análise de um conjunto de pressupostos dos quais dependem os critérios de discussão. É importante sabermos o que se entende por "censura" (ou seja, o que está "censurado" na definição de censura) para entender os limites de sua erradicação, bem como os limites dentro dos quais essas exigências normativas podem ser feitas de modo plausível. Além disso, o que entendemos por "normativo" muda necessariamente quando reconhecemos que o próprio campo do discurso é estruturado e enquadrado por normas que precedem a possibilidade da descrição. Estamos acostumados a pensar que devemos primeiro oferecer uma descrição de diferentes práticas de censura para depois decidir entre elas enquanto recorremos a princípios normativos. Mas se nossas próprias descrições são estruturadas normativamente *a priori*, através de uma forclusão que estabelece o domínio do dizível (e, dentro dele, aquilo que é descritível), então adotar essa concepção da censura significa repensar de onde e como compreendemos os poderes da normatividade.

Todas as decisões acerca do que fazer serão implicadas em um processo de censura ao qual elas não poderão se opor nem eliminar completamente. Nesse sentido, a censura é ao mesmo tempo a condição da agência e seu limite necessário. Esse paradoxo não refuta a possibilidade de decisão, mas sugere simplesmente que a agência está implicada no poder; a decisão se torna possível apenas sob a condição de um campo decidido, que não é decidido de uma vez por todas. Essa decisão anterior que não é performatizada por ninguém não tem por efeito a forclusão da agência, mas constitui a forclusão que inicialmente torna possível a agência.

O discurso atua politicamente

A operação implícita da censura é, por definição, difícil de descrever. Se ela opera dentro de um entendimento corporal, como Taylor e Bourdieu sugerem, como compreender o funcionamento corporal desse entendimento linguístico? Se a censura é a condição da agência, como podemos compreender melhor a agência linguística? Em que consiste a "força" do performativo e como podemos entendê-lo como parte do político? Bourdieu afirma que a "força" do performativo é o efeito do poder social, e que o poder social deve ser compreendido a partir de contextos de autoridade estabelecidos e de seus instrumentos de censura. Em oposição a essa explicação social da força do performativo, Derrida sugere que a ruptura do enunciado a partir de contextos anteriores e estabelecidos constitui a "força" do enunciado.

Na introdução, defendi que o ato de fala é um ato corporal e que a "força" do performativo nunca é totalmente separável da força corporal: isso é o que constitui o quiasmo da "ameaça" como um ato de fala ao mesmo tempo corporal e linguístico. A contribuição de Felman para a teoria dos atos

Discurso de ódio

de fala evidencia que o discurso, exatamente porque é um ato corporal, nem sempre "sabe" o que diz. Em outras palavras, os efeitos corporais do discurso excedem as intenções do falante, colocando em questão o papel do próprio ato de fala enquanto um nexo de forças corporais e psíquicas. Na discussão anterior, apontei que a forclusão, em seu sentido revisado, inaugura ou forma o sujeito, estabelecendo os limites do discurso dizível, que também são os limites da viabilidade do sujeito. A forclusão implica que a produção normativa do sujeito ocorre antes de qualquer ato explícito de censura do sujeito e deve ser entendida como uma modalidade de poder produtivo no sentido foucaultiano. A questão que agora surge é a seguinte: como as normas que governam o discurso vêm a habitar o corpo? Além disso, como as normas que produzem e regulam o sujeito do discurso também habitam e elaboram a vida corporal do sujeito?

Pierre Bourdieu oferece uma explicação acerca de como as normas se incorporam, sugerindo que elas elaboram e cultivam o *habitus* do corpo, o estilo cultural dos gestos e do comportamento. Nessa discussão final, então, espero mostrar como Bourdieu propõe uma explicação promissora da maneira pela qual ocorre a incorporação não intencional e não deliberada das normas. O que Bourdieu não compreende, contudo, é como aquilo que é corporal no discurso resiste às próprias normas pelas quais é regulado e as confunde. Além disso, ele propõe uma explicação da performatividade do discurso político que negligencia a performatividade tácita do "discurso" corporal, a performatividade do *habitus*. Sua explicação conservadora do ato de fala pressupõe que as convenções que autorizam o performativo já estão estabelecidas, deixando

Judith Butler

assim de explicar a "ruptura" derridiana com o contexto performatizada pelos enunciados. Sua concepção não considera a crise na convenção produzida pelo ato de dizer o indizível, a "força" insurrecional do discurso censurado à medida que ele emerge no "discurso oficial" e abre o performativo a um futuro imprevisível.

Pierre Bourdieu escreveu que as modalidades das práticas são "tão poderosas e tão difíceis de revogar por serem silenciosas e insidiosas, insistentes e insinuantes".[20] Ele explicou claramente o significado dessa afirmação em diversas obras, mas talvez o tenha feito de maneira mais precisa no ensaio "Censura e formulação".[21] Nesse ensaio, ele trata das linguagens especializadas, principalmente das linguagens especializadas do mundo acadêmico, sugerindo que elas não se baseiam apenas na censura, mas também na sedimentação e distorção do uso linguístico cotidiano – que ele chama de "estratégias de eufemização". Concentrando-se no trabalho de Heidegger, Bourdieu afirma que a linguagem desse filósofo se baseia em estratégias sistemáticas que produzem a ilusão de uma ruptura com a linguagem comum. Os códigos de legitimidade se estabelecem justamente pela invocação de palavras não comuns, de tal forma que elas parecem ter uma relação sistemática entre si. "[...] transformada e transfigurada", escreve

---

20 Ed. bras.: A produção e a reprodução da língua legítima, in: *A economia das trocas linguísticas: o que falar quer dizer*, p.38. (N. E. B.)

21 Bourdieu, Censorship and the Imposition of Form, in: *Language and Symbolic Power*, p.137-62 [ed. bras.: Censura e formulação, in: *A economia das trocas linguísticas: o que falar quer dizer*, p.131-58].

Discurso de ódio

Bourdieu, "[a palavra] perde sua identidade social e seu sentido comum para se revestir de um sentido deslocado."[22] "[...] cada palavra", afirma Bourdieu, "exibe a marca indisfarçável da *ruptura* que separa o sentido autenticamente ontológico do sentido comum e vulgar."[23] Ele não apenas sugere que esse discurso filosófico depende da distinção entre o saber sagrado e o profano, mas também que a codificação dessa distinção deve ser ela mesma uma instância de seu exercício sagrado.

A tarefa de Bourdieu, no entanto, não é simplesmente nos devolver ao mundo da linguagem comum. Na verdade, ele propõe uma reconstrução teórica da divisão que seria institucionalizada pelo discurso de Heidegger, recusando-se a tratar a linguagem comum como primária e irredutível. A linguagem comum, na sua opinião, é politicamente informada: os princípios de oposição objetivamente políticos (entre grupos sociais) são registrados e conservados na linguagem comum.[24]

Por consequência, segundo Bourdieu, o discurso filosófico parece se opor à linguagem comum, e a linguagem comum é estruturada por oposições políticas e sociológicas entre diferentes grupos, que são estruturados em parte pelo que ele chama de mercado, entendido como um campo objetivo. A linguagem comum registra e conserva as oposições sociais, mas ela o faz de uma forma que não é imediatamente evidente. Essas oposições são sedimentadas na linguagem comum, e é necessária uma reconstrução teórica desse processo de sedimentação para compreendê-las. Um discurso filosófico como

---

22 Ibid., p.142 [ed. bras.: ibid., p.136].
23 Ibid., p.144 [ed. bras.: ibid., p.140].
24 Ibid., p.147 [ed. bras.: ibid., p.143].

o de Heidegger, portanto, distancia-se tanto da linguagem comum como da possibilidade de reconstituir teoricamente a maneira pela qual as oposições sociais são sedimentadas. Além disso, o discurso filosófico resume uma oposição de classe, mas de forma desviada; oposta à linguagem comum, a filosofia participa de um conjunto hierárquico de oposições que reencenam obscuramente as oposições sociais sedimentadas e ocultadas pela linguagem comum.

Bourdieu se posiciona a favor de uma reconstrução teórica dessa separação entre o uso comum e o uso filosófico. Nesse sentido, ele se opõe a um hiperintelectualismo incapaz de reconhecer que performatiza uma ruptura com a linguagem comum, mas também se opõe a um anti-intelectualismo que não é capaz de dar uma explicação teórica para a separação existente entre o discurso comum e o filosófico.

Recentemente, nos Estados Unidos, no campo da política cultural, diferentes posicionamentos têm defendido a necessidade de se livrar das amarras da censura e voltar a uma forma de discurso mais imediata e direta. Nos estudos literários e culturais mais recentes, testemunhamos não apenas uma mudança para a voz pessoal, mas uma espécie de produção quase compulsória de afetos exorbitantes como prova de que as forças da censura estão sendo ativa e insistentemente combatidas. O fato de que essas expressões rapidamente se tornaram genéricas e previsíveis sugere que uma forma mais insidiosa de censura opera no lugar de sua produção e que o fracasso em se aproximar de uma emocionalidade supostamente subversiva é na verdade o fracasso de se conformar a certas regras implícitas, que governam as possibilidades "libertadoras" da vida cultural.

Discurso de ódio

Quando o anti-intelectualismo se torna o contraponto à anticensura, e a linguagem acadêmica procura se dissolver em um esforço de se aproximar do ordinário, do corporal e do íntimo, então os rituais de codificação que operam nessas formas de expressão se tornam mais insidiosos e menos legíveis. A substituição de uma concepção da linguagem ordinária, muitas vezes romantizada e hipostática, por uma linguagem intelectual aparentemente evasiva torna-se a alternativa à censura, não consegue compreender o poder formativo da censura, bem como seus efeitos subversivos. A "ruptura" com o discurso ordinário que a linguagem intelectual performatiza não precisa ser completa para que uma certa descontextualização e desnaturalização do discurso aconteça, com consequências potencialmente salutares. O jogo entre o ordinário e o não ordinário é crucial para o processo de reelaboração das restrições que definem os limites do dizível e, consequentemente, a viabilidade do sujeito.

Os efeitos da catacrese no discurso político somente são possíveis quando termos que tradicionalmente têm um certo significado são apropriados indevidamente para outros fins.[25] Quando, por exemplo, um termo como "sujeito" parece estar muito ligado a pressupostos de soberania e transparência epistemológica, afirma-se que tal termo não pode mais ser utilizado. E, no entanto, parece que a reutilização desse termo, digamos, em um contexto pós-soberano, questiona o sentido garantido do contexto que o termo invoca. Derrida se refere a essa possibilidade como uma "reinscrição".

---

25 Cf. Gayatri Chakravorty Spivak, In a Word. Interview, *differences: a Journal of Feminist Cultural Studies*, v.1, n.2, p.124-56.

Os termos-chave da modernidade também são vulneráveis a essas reinscrições, um paradoxo ao qual retornarei no final deste capítulo. Resumidamente, porém, o que quero dizer é que: é precisamente a capacidade que tais termos possuem de adquirir significados não ordinários que constitui sua promessa política inesgotável. De fato, eu sugeriria que o potencial insurrecional de tais invocações consiste exatamente na ruptura que elas produzem entre um sentido ordinário e um sentido extraordinário. Proponho tomarmos como ponto de partida a concepção de Bourdieu do ato de fala como um rito de instituição para mostrar que certas invocações discursivas são atos insurrecionais.

Para explicar esses atos de fala, no entanto, é necessário entender a linguagem não como um sistema estático e fechado, cujos enunciados são funcionalmente assegurados *a priori* pelas "posições sociais" às quais estão relacionados mimeticamente. A força e o sentido de um enunciado não são determinados exclusivamente por contextos ou "posições" prévias; um enunciado pode obter sua força justamente a partir da ruptura com o contexto que ele performatiza. Essas rupturas com o contexto anterior ou mesmo com o uso ordinário são cruciais para a operação política do performativo. A linguagem assume um significado não ordinário justamente para contestar o que se tornou sedimentado na e como a linguagem ordinária.

Bourdieu sublinha que certo intelectualismo, que se apresenta sob o nome de "semiologia literária" ou "formalismo linguístico", interpreta erroneamente sua própria construção teórica como uma descrição válida da realidade social. Esse empreendimento intelectual, segundo Bourdieu, não

Discurso de ódio

apenas se equivoca ao interpretar as posições sociais que o poder ocupa dentro das instituições da academia legitimada, mas também não consegue discernir a diferença radical entre as dimensões *linguística* e *social* das próprias práticas textuais das quais é testemunha. Embora Bourdieu não especifique quais posições intelectuais critica sob o nome de "semiologia literária", ele parece estar implicado em uma batalha explícita com a interpretação proposta por Jacques Derrida para a teoria do performativo de Austin em "Assinatura acontecimento contexto".

Tanto Bourdieu quanto Derrida leram Austin a fim de delinear de forma mais precisa a "força" do enunciado performativo, do que dá a um enunciado linguístico a força de fazer o que diz, ou facilitar um conjunto de efeitos como resultado do que diz. Austin afirma claramente que o performativo ilocucionário obtém sua força ou efetividade ao recorrer às convenções estabelecidas. Uma vez que uma convenção é definida e que o performativo se conforma a essa fórmula convencional – e se todas as circunstâncias são apropriadas –, então a palavra se torna o feito: o batismo é performatizado, o suspeito pelo crime é preso, o casal heterossexual se casa. Para Austin, as convenções parecem ser estáveis, e essa estabilidade é refletida em um contexto social estável, no qual essas convenções foram sedimentadas ao longo do tempo. A fragilidade dessa "teoria" do contexto social é criticada por Bourdieu justamente porque ela pressupõe – sem elaborar – uma interpretação do poder das instituições sociais, incluindo sua linguagem, mas não se limitando a ela. Em uma tentativa de combater a tendência ao formalismo incipiente da explicação de Austin, Bourdieu escreve sobre "o princípio do erro cuja

Judith Butler

expressão mais acabada é dada por Austin (em seguida, por Habermas)":

> [Austin] acredita descobrir no próprio discurso, isto é, na substância propriamente linguística (se é que se pode utilizar tal expressão) da palavra, o princípio da eficácia da palavra. Tentar compreender linguisticamente o poder das manifestações linguísticas ou, então, buscar na linguagem o princípio da lógica e da eficácia da linguagem institucional, é esquecer que a autoridade de que se reveste a linguagem vem de fora [...] a linguagem, na melhor das hipóteses, representa tal autoridade, manifestando-a e simbolizando-a.[26]

Para Bourdieu, portanto, a distinção entre os performativos que funcionam e aqueles que falham está diretamente relacionada com o poder social de quem fala: aquele que está investido de poder legítimo faz a linguagem agir; aquele que não está investido pode repetir a mesma fórmula, mas ela não produzirá nenhum efeito. O primeiro é legítimo e o segundo, um impostor.

Mas é possível distinguir entre o impostor e a autoridade real? Não há momentos em que o enunciado provoca uma indefinição entre os dois, quando põe em dúvida os fundamentos estabelecidos da legitimidade ou quando, de fato,

---

26 Bourdieu, Authorized Language: the Social Conditions for the Effectiveness of Ritual Discourse, in: *Language and Symbolic Power*, p.109 [ed. bras.: A linguagem autorizada: as condições sociais da eficácia do discurso ritual, in: *A economia das trocas linguísticas: o que falar quer dizer*, p.89].

Discurso de ódio

produz performativamente uma mudança nos termos da legitimidade como um *efeito* do próprio enunciado? Bourdieu propõe como exemplo o ritual litúrgico e mostra os diferentes casos em que as condições de seu enunciado e as alterações em suas fórmulas fazem com que a liturgia seja falsa. No entanto, sua análise sobre o que é um ritual verdadeiro e o que é falso pressupõe que as formas legítimas do ritual litúrgico já estejam estabelecidas e que novas formas legítimas de invocação não transformarão ou substituirão as antigas. Na verdade, o ritual que performatiza a violação da liturgia pode ser ele mesmo a liturgia, a liturgia em sua forma futura.

O exemplo de Bourdieu é significativo porque sua teoria não permite reconhecer que certa força performativa resulta da repetição das fórmulas convencionais de modos não convencionais. A possibilidade de ressignificar esse ritual se baseia na possibilidade anterior de que uma fórmula pode romper com seu contexto originário, assumindo sentidos e funções para os quais ela não foi concebida. Ao dar um caráter estático às instituições sociais, Bourdieu não explica a lógica da iterabilidade que rege a possibilidade de transformação social. Se analisarmos as invocações falsas ou equivocadas como *reiterações*, podemos ver como a forma das instituições sociais sofre mudanças e alterações e como uma invocação que não tinha legitimidade anteriormente pode desafiar as formas existentes da legitimidade, promovendo a possibilidade de formas futuras. Quando Rosa Parks se sentou na parte dianteira do ônibus, ela não tinha direito prévio de fazê-lo garantido por nenhuma das convenções segregacionistas do Sul. E ainda assim, ao reivindicar o direito para o qual ela não tinha autorização *prévia*, ela conferiu a seu ato certa autoridade, inaugurando o processo insurrecional de abolição daqueles códigos de legitimidade estabelecidos.

É significativo que essa mesma iterabilidade do performativo que Bourdieu é incapaz de ver esteja no centro da leitura que Derrida faz de Austin. Para Derrida, a força do performativo é derivada justamente de sua descontextualização, de sua ruptura com um contexto anterior e de sua capacidade de assumir novos contextos. De fato, Derrida afirma que um performativo, na medida em que é convencional, deve ser repetido para funcionar. E essa repetição pressupõe que a própria fórmula continua a funcionar em contextos sucessivos e que não está vinculada a nenhum contexto em particular, mesmo que, eu acrescentaria, ela seja sempre encontrada em um contexto ou outro. A "ilimitabilidade" do contexto significa simplesmente que qualquer delimitação de um contexto que queiramos performatizar está sujeita a uma nova contextualização e que os contextos não são dados de forma unitária. Isso não significa, e nunca significou, que deveríamos abandonar qualquer tentativa de delimitar um contexto; significa apenas que qualquer delimitação está sujeita a uma revisão potencialmente infinita.

Se Bourdieu fracassa ao teorizar a força particular produzida pelo enunciado que rompe com seu contexto anterior e desempenha a lógica da iterabilidade, Derrida se concentra naqueles traços ostensivamente "estruturais" do performativo que persistem independentemente de todo e qualquer contexto social e consideração semântica. Segundo Derrida, os enunciados performativos operam de acordo com a mesma lógica das marcas escritas, que, enquanto signos, possuem "uma força de ruptura com o seu contexto [...]. Esta

Discurso de ódio

força de ruptura [*force de rupture*] não é um predicado acidental, mas a própria estrutura da escrita".[27] Mais adiante, na mesma página, Derrida vincula a força de ruptura ao espaçamento, ao problema do intervalo que a iterabilidade introduz. O signo, enquanto iterável, é uma marca diferencial desvinculada de sua suposta origem e produção. Se a marca é "separada" de sua origem, como afirma Derrida, ou presa a ela de forma frouxa, levanta-se a questão que discute se a função do signo está essencialmente vinculada à sedimentação de seus usos ou essencialmente livre de sua historicidade.

A explicação proposta por Derrida tende a acentuar a relativa autonomia da operação estrutural do signo, identificando a "força" do performativo como um traço estrutural de todo signo que deve romper com seus contextos anteriores para manter sua iterabilidade como signo. A força do performativo não é, portanto, herdada de um uso anterior, mas resulta justamente de sua ruptura com todo e qualquer uso anterior. Esse corte, essa força de ruptura, constitui a força do performativo, além de toda questão de verdade ou de sentido. Derrida opõe a dimensão estrutural da linguagem à sua dimensão semântica e descreve o funcionamento autônomo dessa dimensão estrutural, aparentemente purificada de todo resíduo social. Ao escrever que um performativo "só pode ser de estrutura repetitiva ou citacional",[28] Derrida se opõe claramente à explicação austiniana da repetibilidade como uma função da linguagem enquanto convenção social. Para

---

27 Derrida, Signature Event Context, in: *Limited Inc.*, p.9 [ed. bras.: Assinatura acontecimento contexto, in: *Margens da filosofia*, p.358].

28 Ibid., p.17 [ed. bras.: ibid., p.368].

Judith Butler

Derrida, a iterabilidade própria da convenção tem um estatuto estrutural que parece separável de toda e qualquer consideração do social. Quando ele afirma que a disseminação "não se reduz à polissemia", quer dizer que a disseminação do signo, enquanto marca grafemática, não é redutível à capacidade do signo de conter múltiplos significados; a disseminação se dá em um nível estrutural, e não semântico.

Em resposta à afirmação de Austin de que "o fracasso [...] é um mal ao qual estão sujeitos *todos os atos* que possuem o caráter de um rito ou de uma cerimônia: portanto, todos os *atos convencionais*", Derrida propõe a seguinte reformulação do performativo (representando a repetição da fórmula com uma diferença):

> Austin parece considerar nesse lugar preciso apenas a convencionalidade que forma a *circunstância* do enunciado [*énoncé*], o seu ambiente contextual e não uma certa convencionalidade intrínseca do que constitui a própria locução [*locution*], tudo o que se resumirá, em suma, sob o título problemático de "o arbitrário do signo"; o que alarga, agrava e radicaliza a dificuldade. O "rito" não é uma eventualidade [*éventualité*], é, enquanto iterabilidade, um traço estrutural de qualquer marca.[29]

Se a iterabilidade é um traço estrutural de qualquer marca, então não há marca sem sua própria iterabilidade; isto é, para que uma marca seja uma marca, ela deve poder ser repetida e ter essa repetibilidade como uma característica necessária e constitutiva de si mesma. Antes, nesse mesmo ensaio, Derrida

---

29 Ibid., p.15 [ed. bras.: ibid., p.365].

Discurso de ódio

sugere que "comunicar, no caso do performativo [...] seria comunicar uma força por impulsão [*impulsion*] de uma marca".[30] Essa força está associada à ruptura com o contexto, à cena na qual, por meio da repetição, a fórmula estabelece sua independência estrutural em relação a qualquer um dos contextos específicos em que aparece. Sua "força" não é derivada de condições que estão fora da linguagem, como sugere Bourdieu, mas resulta da iterabilidade do signo grafemático.

Ao notar que os efeitos do performativo estão vinculados a uma força que é distinta de questões de significado ou verdade, Derrida escreve que "o horizonte semântico que comanda habitualmente a noção de comunicação é excedido ou fendido pela intervenção da escrita". Ele então acrescenta a frase pela qual já havíamos passado: "de uma *disseminação* que não se reduz a uma *polissemia*".[31] Nessa formulação, o semântico e o estrutural parecem funcionar sempre e somente um de encontro ao outro. Como podemos defender que isso ocorre "sempre e somente"? O que garante a permanência dessa relação cruzada e polêmica na qual o estrutural ultrapassa e se opõe ao semântico e na qual o semântico é sempre cruzado e frustrado pelo estrutural? Existe uma necessidade estrutural por trás dessa relação confusa, existe uma estrutura que funda essa estrutura ou, talvez, uma semântica?

A questão ganha importância se queremos estudar a sério a exigência de pensar a lógica da iterabilidade como uma lógica social. Considerar a questão do performativo a partir de diferentes cenas políticas – o discurso de ódio, a cruz em chamas,

---

30 Ibid., p.13 [ed. bras.: ibid., p.363].
31 Ibid., p.20 [ed. bras.: ibid., p.372].

Judith Butler

a pornografia, a autodeclaração homossexual – obriga-nos a realizar uma leitura do ato de fala que faz mais do que universalizar sua operação com base em sua suposta estrutura formal. Se a ruptura com o contexto que um performativo pode ou, segundo Derrida, *deve* performatizar é algo que toda "marca" performatiza em virtude de sua estrutura grafemática, então todas as marcas e enunciados são igualmente afetados por esse fracasso e não faz sentido perguntar como é possível que certos enunciados rompam com contextos anteriores com mais facilidade do que outros ou por que certos enunciados adquirem o poder de ferir, enquanto outros não conseguem exercer essa força. Enquanto Bourdieu é incapaz de explicar o modo pelo qual um performativo pode romper com o contexto existente e assumir novos contextos, reformulando os próprios termos do enunciado legítimo, Derrida parece fazer da ruptura um traço estruturalmente necessário de todo enunciado e de toda marca escrita codificável, paralisando, assim, a análise social do enunciado convincente. Precisamos, ainda, chegar a uma explicação da iterabilidade social do enunciado.

Quando Austin escreveu que todos os atos convencionais estão sujeitos e expostos ao fracasso, ele procurou isolar as condições do fracasso, em parte, como circunstanciais. Derrida, no entanto, afirma que há uma convencionalidade e um risco de fracasso próprio ao próprio ato de fala[32] – um fracasso que é equivalente à arbitrariedade do signo. O sentido da convenção em Austin, acrescido dos termos "rito" e "cerimônia", é totalmente transformado em iterabilidade

---

32 Ibid., p.15 [ed. bras.: ibid., p.365-6].

Discurso de ódio

linguística em Derrida. A noção socialmente complexa de rito, que também aparece na definição que Althusser faz da ideologia como um "ritual", é esvaziada de todo significado social; sua função repetitiva é abstraída de seu funcionamento social e se estabelece como um traço estrutural inerente a toda e qualquer marca.

Bourdieu, por outro lado, procurará ampliar o significado "ritual" da "convenção" e excluir toda consideração sobre a temporalidade ou a lógica da performatividade. Na verdade, Bourdieu contextualiza o ritual no campo social do "mercado" para exteriorizar radicalmente a origem do poder linguístico.

Os "fracassos" austinianos aos quais os performativos são expostos são concebidos de formas muito diferentes: os performativos fracassam porque, segundo Derrida, eles devem fracassar, essa é uma condição de sua iterabilidade; para Bourdieu, eles fracassam porque não estão respaldados por expressões apropriadas do poder social. Derrida afirma que o fracasso do performativo é a condição de sua possibilidade, "a própria força e a lei do seu aparecimento".[33] O fato de que os enunciados performativos possam dar errado, ser aplicados ou invocados indevidamente é essencial para seu funcionamento "normal": essas instâncias ilustram uma citacionalidade mais geral, que pode sempre dar errado e que é explorada pela "impostura" performatizada pelas artes miméticas. Na verdade, toda performatividade repousa sobre a produção crível de "autoridade" e é, portanto, não apenas uma repetição de sua própria instância anterior — e, logo, uma perda da instância originária —, mas sua citacionalidade assume a forma

---

33 Ibid., p.17 [ed. bras.: ibid., p.367].

Judith Butler

de uma mimese sem fim. A impostura do performativo é, consequentemente, central para o seu funcionamento "legítimo": toda produção crível deve ser produzida de acordo com as normas da legitimidade e, portanto, deixa de ser idêntica a essas normas, permanecendo distante da própria norma. A performatividade da legitimidade é a produção crível do legítimo, aquilo que aparentemente anula a lacuna que o torna possível.

Bourdieu afirma que toda falha e aplicação indevida revela as condições sociais pelas quais o performativo opera e nos permite articular essas condições. Por meio de sua crítica à "semiologia literária", Bourdieu acusa Derrida de propor uma interpretação excessivamente formal do performativo; enquanto isso, Bourdieu amplifica a dimensão social do performativo às custas de sua capacidade de se transformar. Nesse sentido, paradoxalmente, a formulação de Derrida oferece uma forma de pensar a performatividade em relação à transformação, à ruptura com contextos anteriores, com a possibilidade de inaugurar contextos que ainda estão por vir.

Entretanto, a questão do que constitui a "força" do performativo não pode ser adequadamente respondida por nenhuma dessas formulações, embora ambos os pontos de vista, considerados em conjunto, apontem para uma teoria da iterabilidade social do ato de fala. É importante lembrarmos que a "força" do ato de fala, conforme articulada por Toni Morrison e Shoshana Felman, está diretamente relacionada com o estatuto da fala enquanto ato corporal. Está claro que a fala não é a mesma coisa que a escrita, não porque o corpo esteja presente na fala de uma forma que não está na escrita, mas porque a relação oblíqua do corpo com o discurso é ela própria performatizada pelo enunciado, desviada mas conduzida

Discurso de ódio

pela própria performatização. A afirmação de que o corpo está igualmente ausente tanto na fala quanto na escrita só é verdadeira na medida em que nem a fala nem a escrita tornam o corpo imediatamente presente. Mas as formas pelas quais o corpo aparece obliquamente na fala são, necessariamente, diferentes da maneira como ele aparece na escrita. Embora ambos sejam atos corporais, é a marca do corpo, por assim dizer, que é lida no texto escrito. É provável que nunca saibamos a quem pertence esse corpo. O ato de fala, no entanto, é performatizado corporalmente e, embora não suponha a presença absoluta ou imediata do corpo, a simultaneidade da produção e da entrega da expressão comunica não apenas o que é dito, mas também o suporte do corpo como instrumento retórico de expressão. Isso aparece de maneira evidente na relação incongruente que liga o corpo à fala, e à qual Felman se refere; há um excesso na fala que deve ser lido juntamente com o conteúdo proposicional do que é dito, e muitas vezes contra ele.

Bourdieu propõe uma teoria do conhecimento corporal em sua noção de *habitus*, mas ele não relaciona esse debate sobre o corpo com a teoria do performativo. O *habitus* se refere àqueles rituais cotidianos incorporados pelos quais uma dada cultura produz e sustenta a crença em sua própria "evidência".[34]

---

34 A noção de *habitus* de Bourdieu poderia ser lida como uma reformulação da noção de ideologia de Althusser. Althusser escreve que a ideologia constitui a "evidência" do sujeito, mas que essa evidência é o efeito de um *dispositif*. Esse mesmo termo ressurge em Bourdieu para descrever a maneira pela qual um *habitus* gera certas crenças. As disposições são geradoras e transponíveis. Note a origem dessa reapropriação tardia no texto de Althusser: "Um indivíduo crê em Deus, ou no Dever, ou na Justiça, etc. Esta crença provém (para todos os que vivem numa representação ideológica da ideologia, que

Judith Butler

Assim, Bourdieu ressalta o lugar do corpo, seus gestos, seu estilo, seu "conhecimento" inconsciente, como o lugar de reconstituição de um sentido prático sem o qual a realidade social não poderia se constituir como tal. O sentido prático é conduzido pelo corpo, um corpo que não é um mero dado positivo, mas o depositário ou o lugar de uma história incorporada.[35]

O corpo não é apenas o lugar dessa história; ele é também o instrumento graças ao qual a crença na evidência contemporânea é reconstituída. Assim, seu funcionamento é mágico, mas no mesmo sentido que Bourdieu reserva para o funcionamento do performativo. Bourdieu menciona o fenômeno da "magia social" para caracterizar a força produtiva dos atos de fala performativos, aquelas "estratégias de oficialização" pelas quais os que estão no poder usam a linguagem para produzir determinados tipos de efeitos sociais vinculantes. Esse mesmo termo, entretanto, poderia se aplicar ao *habitus*, à sua noção de "*hexis* corporal" e aos efeitos sociais que essa prática

---

reduz a ideologia a ideias dotadas por definição de existência espiritual) das ideias desse mesmo indivíduo, portanto dele, como sujeito possuindo uma consciência na qual estão contidas as ideias da sua crença. Através do dispositivo [*dispositif*] 'conceitual' perfeitamente ideológico assim estabelecido (um sujeito dotado de uma consciência em que forma livremente, ou reconhece livremente, as ideias em que crê), o comportamento (material) do dito sujeito decorre naturalmente"; Althusser, Ideology and Ideological State Apparatuses (Notes towards an Investigation), in: *Lenin and Philosophy, and Other Essays*, p.167 [ed. bras.: *Ideologia e aparelhos ideológicos do Estado*, p.85-6; com alterações].

35 Cf. a introdução do editor em Bourdieu, *Language and Symbolic Power*, p.13.

Discurso de ódio

incorporada produz. É interessante notar que o domínio gerador ou produtivo do *habitus não* está relacionado ao problema da performatividade que Bourdieu elabora em relação ao problema do intelectualismo e do formalismo linguístico. Nesses últimos contextos, Bourdieu repensa o sentido dos atos de fala performativos em oposição a Austin, a fim de estabelecer o funcionamento dual e separado dos elementos sociais e linguísticos na constituição de certos tipos de atos de fala em "magia social", isto é, no que dá a certos atos de fala a força eficaz da autoridade.

Em que medida o *habitus* é estruturado por um tipo de performatividade, reconhecidamente menos explícita e jurídica que os exemplos extraídos do exercício do poder do Estado, como o casamento, declarações, pronunciamentos de vários tipos? De fato, se considerarmos que o *habitus* opera de acordo com uma performatividade, então a distinção teórica entre o social e o linguístico parece ser difícil, se não impossível, de sustentar. A vida social do corpo é produzida por meio de uma interpelação ao mesmo tempo linguística e produtiva. O modo pelo qual esse chamamento interpelativo continua a nos chamar, a tomar forma em um estilo corporal que, por sua vez, performatiza sua própria magia social, constitui a operação tácita e corporal da performatividade.

As interpelações que "chamam" um sujeito à existência, isto é, os performativos sociais que são ritualizados e sedimentados através do tempo, são centrais para o próprio processo de formação do sujeito, bem como para o *habitus* incorporado e participativo. Ser chamado ou ser objeto de uma interpelação social é ser constituído ao mesmo tempo discursiva e socialmente. Não é necessário que essa interpelação assuma uma

Judith Butler

forma explícita ou oficial para que ela seja socialmente eficaz e contribua para a formação do sujeito. Considerada dessa maneira, a interpelação como performativo estabelece que a constituição discursiva do sujeito está inevitavelmente ligada à constituição social do sujeito. Embora a análise da interpelação proposta por Althusser não seja suficiente para explicar a constituição discursiva do sujeito, ela estabelece a cena onde poderá ocorrer a apropriação indevida das interpelações performativas que são fundamentais a todos os projetos de territorialização subversiva e de ressignificação de ordens sociais dominantes.

Em *O senso prático*, Bourdieu escreve sobre a relação entre "A crença e o corpo": "O corpo crê naquilo que ele expressa: ele chora se imita a tristeza. Ele não representa o que expressa, não memoriza o passado, ele *age* o passado, assim anulado como tal, ele o revive".[36] Aqui, Bourdieu deixa claro que o corpo não atua apenas de acordo com certas práticas regularizadas ou ritualizadas; ele *é* essa atividade ritual sedimentada; sua ação é, nesse sentido, um tipo de memória incorporada.[37] Aqui, a materialidade aparente do corpo é reformulada

---

36 Bourdieu, *The Logic of Practice*, p.73 [ed. bras.: *O senso prático*, p.120].

37 Bourdieu defende, em uma óbvia referência aos argumentos de Henri Bergson em *Matéria e memória*, que o corpo atua como um repositório da totalidade de sua história. Bourdieu escreve: "História incorporada, feita natureza, e por isso esquecida como tal, o *habitus* é a presença operante de todo o passado do qual é o produto"; Bourdieu, *The Logic of Practice*, p.56 [ed. bras.: *O senso prático*, p.93]. A metáfora do corpo como "depósito" ou "repositório" evoca Bergson (e a discussão de Platão sobre a *chôra*, o célebre receptáculo de *Timeu*). Mas a suposição de que a totalidade da memória é preservada ou "desempenhada" no presente caracteriza a dimensão temporal da

Discurso de ódio

como uma espécie de atividade prática, não deliberada e, até certo ponto, improvisada, mas esse *habitus* corporal é gerado pela normatividade tácita que governa o jogo social em que o sujeito encarnado atua. Nesse sentido, o corpo se apropria do caráter regulado do *habitus* ao se regular por essas regras no contexto de um dado campo social. Sua participação no jogo é a precondição da mimesis ou, mais precisamente, uma identificação mimética, que adquire o *habitus* justamente por meio de uma conformidade prática às suas convenções. "O processo de aquisição", Bourdieu escreve, é uma *"mimesis* (ou mimetismo) prático que, como simulação, que implica uma relação global de identificação, não tem nada de uma *imitação* que supõe o esforço consciente para reproduzir um ato, uma palavra ou um objeto explicitamente constituído como modelo".[38] Essa aquisição é histórica na medida em que as "regras do jogo"[39] são, literalmente, *incorporadas*, transformadas em uma segunda natureza, constituídas como uma *doxa* dominante. Nem o sujeito nem o seu corpo formam uma representação dessa atividade convencional, pois o próprio corpo se forma pela *hexis*[40] dessa atividade mimética e aquisitiva. O corpo não é, portanto, um fenômeno puramente subjetivo que conserva a memória

---

materialidade do corpo para Bergson: "[a] própria memória, com a totalidade de nosso passado, exerce uma pressão para diante a fim de inserir na ação presente a maior parte possível de si mesma"; Bergson, *Matter and Memory*, p.168 [ed. bras.: *Matéria e memória*, p.197]. Ele escreve: "Antes hábito do que memória, ela desempenha nossa experiência passada, mas não evoca sua imagem"; ibid., p.151 [ed. bras.: ibid., p.176-7].

38 Bourdieu, *The Logic of Practice*, p.73 [ed. bras.: *O senso prático*, p.120].

39 Ibid., p.67 [ed. bras.: ibid., p.109].

40 Ibid., p.69 [ed. bras.: ibid., p.114].

de sua participação nos jogos convencionais do campo social; sua competência participativa depende ela mesma da incorporação dessa memória cultural e do conhecimento que ela implica. Nesse sentido, ouvimos os ecos dos escritos de Merleau-Ponty sobre o "conhecimento" sedimentado ou habitual do corpo e, mesmo, sobre a indissociabilidade do pensamento e do corpo: "[...] o pensamento e a expressão constituem-se simultaneamente, quando nossa aquisição cultural se mobiliza a serviço dessa lei desconhecida, assim como nosso corpo repentinamente se presta a um gesto novo na aquisição do hábito".[41] Isso também evoca a referência que Althusser faz a Pascal em sua explicação da ideologia: um indivíduo se ajoelha em oração e só depois adquire a crença.

Na medida em que Bourdieu reconhece que esse *habitus* se forma ao longo do tempo e que sua formação consolida a crença na "realidade" do campo social no qual opera, ele entende que as convenções sociais animam os corpos, que, por sua vez, reproduzem e ritualizam essas convenções como práticas. Nesse sentido, o *habitus* é formado, mas também é *formativo*: é dessa forma que o *habitus* corporal constitui uma forma tácita de performatividade, uma cadeia citacional vivida e crida no nível do corpo. O *habitus* não é apenas um lugar para a reprodução da crença na realidade de um campo social dado — uma crença pela qual esse campo se sustenta —, ele também gera *disposições* que "inclinam" o sujeito social a agir

---

41 Merleau-Ponty, *The Phenomenology of Perception*, p.183 [ed. bras.: *Fenomenologia da percepção*, p.249].

Discurso de ódio

com relativa conformidade às demandas claramente objetivas desse campo.[42]

O corpo, no entanto, não é simplesmente a sedimentação dos atos de fala que o constituíram. Se essa constituição fracassa, uma resistência se une à interpelação no momento em que ela impõe suas exigências; então, alguma coisa excede a interpelação, e esse excesso é vivido como o exterior da inteligibilidade. Isso se manifesta na maneira como o corpo excede retoricamente o ato de fala que também performatiza. Esse excesso é o que a explicação de Bourdieu parece deixar passar ou, talvez, suprimir: a incongruência permanente do corpo falante, o modo pelo qual ele excede sua interpelação e não pode ser contido por nenhum de seus atos de fala.

Para Felman, o corpo que fala é um escândalo justamente porque seu discurso não é completamente regido pela intenção. Nenhum ato de fala pode controlar ou determinar totalmente os efeitos retóricos do corpo que fala. Isso também é escandaloso porque a ação corporal da fala não é previsível de modo mecânico. O fato de que o ato de fala é um ato corporal não significa que o corpo esteja totalmente presente em sua fala. A relação entre a fala e o corpo é a de um quiasmo. A fala é corporal, mas o corpo excede a fala que ele produz; e a fala permanece irredutível aos meios corporais de sua enunciação.

A análise de Bourdieu, no entanto, pressupõe que o corpo é formado pela repetição e pela acumulação de normas e que

---

42 Para uma análise particularmente interessante e aprofundada dos paradoxos produzidos pela teoria da "inclinação" e da "motivação" de Bourdieu, cf. Schatzki, Overdue Analysis of Bourdieu's Theory of Practice, *Inquiry*, v.30, n.1-2, p.113-35.

essa formação é efetiva. O que se quebra no curso da interpelação, abrindo a possibilidade de um descarrilamento a partir do interior, permanece inexplicado. Os corpos são formados por normas sociais, mas o processo dessa formação tem seus riscos. Bourdieu não aborda a situação de contingência restrita que governa a formação discursiva e social do corpo e suas (re)produções. Essa omissão tem consequências para a explicação da condição e a possibilidade da agência discursiva. Ao afirmar que os enunciados performativos só são efetivos quando pronunciados por aqueles que (já) estão em uma posição de poder social para exercer as palavras como feitos, Bourdieu inadvertidamente exclui a possibilidade de uma agência que surge das margens do poder. Sua principal preocupação, entretanto, é que a explicação formal da força performativa seja substituída por uma explicação social; nesse processo, ele opõe à suposta leveza da desconstrução uma explicação do poder social que permanece estruturalmente comprometida com o *status quo*.

Na explicação que Bourdieu propõe para os atos de fala performativos, o sujeito que enuncia o performativo está situado de forma relativamente fixa em um mapa de poder social, e a efetividade desse performativo dependerá do fato de o sujeito que performatiza o enunciado estar ou não autorizado a fazê-lo funcionar pela posição de poder social que ocupa. Em outras palavras, um(a) falante que declara uma guerra ou performatiza uma cerimônia de casamento e transforma em realidade aquilo que declara ser verdadeiro será capaz de animar a "magia social" do performativo *à medida que* o sujeito já esteja autorizado ou, nos termos de Bourdieu, já tenha sido *delegado* para performatizar tais atos de fala

Discurso de ódio

vinculantes.[43] Embora Bourdieu esteja certo ao afirmar que nem todos os performativos "funcionam" e que nem todos os falantes podem participar da autorização aparentemente divina pela qual o performativo faz sua mágica social e nos força o reconhecimento coletivo de sua autoridade, ele não explica como as posições sociais são construídas por uma operação performativa mais tácita. De fato, não apenas o ato de "delegar" é performativo, isto é, uma nomeação que é ao mesmo tempo o ato de habilitar alguém, mas também, de forma geral, a autorização depende em grande medida de como se é chamado ou interpelado pelas formas dominantes do poder social. Além disso, essa operação tácita e performativa de autorização e habilitação nem sempre é empreendida por um sujeito ou por um representante do aparato estatal. Por exemplo, a racialização do sujeito ou sua generificação ou, mesmo, sua abjeção social em geral é induzida performativamente por discursos diversos e difusos que nem sempre operam como discursos "oficiais".

O que acontece nas práticas linguísticas reflete ou espelha o que acontece nas ordens sociais concebidas como externas

---

43 Bourdieu também afirma que essa magia deve ser entendida como o poder de produzir um reconhecimento coletivo da autoridade do performativo e que o performativo não pode ser bem-sucedido sem esse reconhecimento coletivo: "Jamais se deveria esquecer que a língua, em razão da infinita capacidade geradora, mas também, originária, no sentido kantiano, que lhe é conferida por seu poder de produzir para a existência produzindo a representação coletivamente reconhecida, e assim realizada, da existência, é com certeza o suporte por excelência do sonho de poder absoluto"; Bourdieu, *Language and Symbolic Power*, p.42 [ed. bras.: *A economia das trocas linguísticas: o que falar quer dizer*, p.28].

Judith Butler

ao próprio discurso. Portanto, em seu esforço para elaborar o paradoxo saussuriano da "heterogeneidade social inerente à linguagem", Bourdieu constrói uma relação mimética entre o linguístico e o social, reabilitando o modelo de base/superestrutura em que o linguístico se torna epifenomênico:

> Os usos sociais da língua devem *seu valor propriamente social* ao fato de se mostrarem propensos a se organizar em sistemas de diferenças [...] reproduzindo o sistema das diferenças sociais [...]. Falar é apropriar-se de um ou outro dentre os *estilos expressivos* já constituídos no e pelo uso, objetivamente marcados por sua posição numa hierarquia de estilos que exprime através de sua ordem a hierarquia dos grupos correspondentes.[44]

Referindo-se às "capacidades geradoras da língua [...] para produzir discursos *formalmente* corretos, mas semanticamente vazios", ele afirma que "os rituais representam o limite de todas as situações de *imposição*, nas quais, por meio do exercício de uma competência técnica, que pode ser muito imperfeita, se exerce uma competência social, a do falante legítimo, autorizado a falar e a falar com autoridade".[45] O que nos interessa aqui é a equivalência estabelecida entre "estar autorizado a falar" e "falar com autoridade", pois é perfeitamente possível falar com autoridade *sem* estar autorizado a falar.

De fato, eu diria que é precisamente a *expropriabilidade* do discurso dominante, o discurso "autorizado" que constitui um lugar potencial de sua ressignificação subversiva. O que

---

44 Ibid., p.54 [ed. bras.: ibid., p.41].
45 Ibid., p.41 [ed. bras.: ibid., p.28, com alterações].

Discurso de ódio

acontece, por exemplo, quando aqueles a quem foi negado o poder social de reivindicar a "liberdade" ou a "democracia" se apropriam desses termos fortemente catexados do discurso dominante e os transformam ou os ressignificam a fim de mobilizar um movimento político?[46] Se o performativo deve implicar um reconhecimento coletivo para funcionar, ele deveria implicar apenas os tipos de reconhecimento que *já* estão institucionalizados ou pode também implicar uma perspectiva crítica das instituições existentes? Qual é o poder performativo de reivindicar a habilitação a esses termos – "justiça", "democracia" – que foram articulados de forma a excluir quem agora reivindica essa habilitação? Qual é o poder performativo de pedir a liberdade ou o fim do racismo justamente quando aquele – ou o "nós" – que faz esses pedidos foi radicalmente *des*legitimado a fazer tal reclamação, quando o "nós" que faz essa exigência reterritorializa o termo de sua operação dentro do discurso dominante precisamente para se opor aos efeitos da marginalização desse grupo? Ou, igualmente importante, qual é o poder performativo de se apropriar daqueles mesmos termos pelos quais alguém foi humilhado a fim de esvaziar o termo de sua degradação ou de obter dele uma afirmação dessa degradação, se manifestando sob o signo de "*queer*" ou revalorizando afirmativamente as categorias de "negro" ou de "mulher"?

A questão está em saber se o uso impróprio do performativo pode vir a produzir um efeito de autoridade na ausência de uma autorização prévia; na verdade, saber se a apropriação indébita

---

46 Para uma importante discussão da promessa fantasmática do performativo, cf. Žižek, *The Sublime Object of Ideology*, p.94-120.

ou a expropriação do performativo pode não ser a melhor ocasião para a exposição das formas dominantes de autoridade e os procedimentos de exclusão nos quais elas se baseiam.

Se afirmamos que a linguagem só pode atuar na medida em que é "apoiada" pelo poder social existente, então precisamos fornecer uma teoria que explique como esse poder social "apoia" a linguagem. Se a linguagem representa apenas as condições institucionais mais gerais que lhe dão sua força, então, qual é essa relação de "representação" que explica quais instituições estão representadas na linguagem? A relação mimética atribuída à linguagem e às instituições anteriores do poder social não é, ela mesma, uma relação de significação? Ou seja, como a linguagem passa a significar o poder social? Parece que essa relação só pode ser explicada por uma nova teoria da linguagem e da significação.

Os performativos não refletem apenas as condições sociais preexistentes, mas também produzem um conjunto de efeitos sociais e, embora eles nem sempre sejam os efeitos do discurso "oficial", eles ainda assim exercem seu poder social não apenas na regulação dos corpos, mas também em sua formação. De fato, as ações do discurso performativo excedem e perturbam a autorização que lhes é conferida pelos contextos nos quais surgem. Os performativos nem sempre podem ser vinculados ao momento de seu enunciado, mas carregam o traço mnêmico do corpo na força que exercem. Basta considerarmos como a história de ser chamado por um nome injurioso é incorporada, como as palavras penetram nos membros, moldam os gestos, envergam a espinha. Basta reconhecer como as ofensas raciais ou de gênero vivem e se alimentam da carne daqueles a quem são endereçadas e como esses insultos se acumulam com o tempo, dissimulando sua história, assumindo a aparência do natural, configurando e limitando essa *doxa* a que chamamos de "realidade". Em tais produções corporais reside a história sedimentada do performativo, a forma como o uso sedimentado contribui para constituir, sem determinar, o sentido cultural do corpo e como o corpo desorienta esse sentido cultural ao expropriar os meios discursivos de sua própria produção. A apropriação dessas normas para opor-se ao seu efeito historicamente sedimentado constitui o momento insurrecional dessa história, o momento que funda um futuro mediante uma ruptura com o passado.

A performatividade tácita do poder

O performativo precisa ser repensado não apenas enquanto um ato que um usuário oficial da linguagem exerce a fim de implementar efeitos já autorizados, mas de forma mais precisa enquanto um ritual social, como a própria "modalidade das práticas, [...] tão poderosas e tão difíceis de revogar por serem silenciosas e insidiosas, insistentes e insinuantes".[47] Quando dizemos que um insulto nos acerta como um golpe, sugerimos que nosso corpo é ferido por tal discurso. E realmente é, mas não da mesma maneira como em uma ferida puramente física. Assim como as feridas físicas resultam em efeitos psíquicos, as feridas psíquicas afetam a *doxa* corporal, que viveu e registrou corporalmente um conjunto de crenças que constitui a realidade social. O poder "construtivo" do

---

47 Bourdieu, *Language and Symbolic Power*, p.51 [ed. bras.: *A economia das trocas linguísticas: o que falar quer dizer*, p.38].

performativo tácito é justamente a sua capacidade de estabelecer um sentido prático para o corpo; não apenas um sentido do que é o corpo, mas de como ele pode ou não negociar seu espaço, seu "lugar" em relação às coordenadas culturais dominantes. O performativo não é um ato singular executado por um sujeito já estabelecido, mas uma das formas poderosas e insidiosas pelas quais os sujeitos são chamados, de regiões sociais difusas, para a existência social e introduzidos na sociabilidade por uma variedade de interpelações difusas e poderosas. Nesse sentido, o performativo social é uma parte crucial não apenas da *formação* do sujeito, mas também da contestação política e da reformulação contínuas do sujeito. O performativo não é apenas uma prática ritual: ele é um dos rituais influentes pelos quais os sujeitos são formados e reformulados.

Esse ponto me parece ser crucial e levanta novamente a possibilidade de um ato de fala enquanto ato insurrecionário. A afirmação de que um ato de fala exerce autoridade na medida em que *já* está autorizado sugere que os contextos de autorização para esses atos já estão em vigor e que os atos de fala não transformam os contextos que lhes conferem ou não conferem autoridade. Se o discurso de ódio constitui o tipo de ato que procura silenciar a quem é endereçado, mas que pode renascer no vocabulário de quem foi silenciado na forma de uma réplica inesperada, então a resposta ao discurso de ódio é a "desoficialização" do performativo, a sua expropriação para funções não ordinárias. Na esfera política, a performatividade pode servir justamente dessas maneiras contra-hegemônicas. O momento em que um ato de fala, sem autorização anterior, apropria-se da autorização no

Discurso de ódio

curso de sua performatização pode antecipar e instituir contextos diferentes para sua futura recepção.[48]

No que diz respeito ao discurso político da modernidade, é possível dizer que seus termos básicos são fundamentalmente impuros e que usar tais termos é reinvocar os contextos de opressão nos quais eles foram usados anteriormente. Paul Gilroy observa, por exemplo, que termos como "universalidade" têm como premissa a exclusão das mulheres e das pessoas de cor e são formados por posições de classe e de interesses coloniais poderosos. Mas, ele acrescenta, e isso é crucial, as lutas contra essas exclusões acabam se *reapropriando* desses mesmos termos da modernidade a fim de configurar um futuro diferente. Um termo como "liberdade" pode vir a significar o que nunca significou antes, pode vir a promover interesses e sujeitos que haviam sido excluídos de sua jurisdição; "justiça" também pode vir a englobar exatamente o que sua descrição não incluía. "Igualdade" certamente acabou sendo um termo com um tipo de alcance que é difícil, se não impossível, de antecipar a partir de suas formulações anteriores.

Essas reapropriações ilustram a suscetibilidade dos termos corrompidos a recuperarem uma inocência inesperada; tais termos não são propriedades; eles assumem uma vida e um propósito para o qual nunca foram destinados. Eles não devem ser vistos como meros bens impuros, fortemente

---

48 Aqui, está claro que a noção de Derrida de performativo como um ato de fala que deve romper com os contextos anteriores caso permaneça um performativo, isto é, governado por um código iterável, oferece um importante contraponto à teoria social funcionalista. Vê-se também o sentido social específico da iterabilidade derridiana no contexto dessa discussão da expropriação e da ressignificação.

ligados a uma história de opressão, mas também não devemos acreditar que possuem significados puros, que podem ser extraídos de seus vários usos em contextos políticos. A tarefa, ao que parece, é obrigar os termos da modernidade a abarcar aqueles que foram tradicionalmente excluídos e saber que esse movimento pode não ser fácil; isso destruiria e desestabilizaria os princípios políticos que promovem tal abrangência. Essa não é uma simples assimilação e acomodação do que foi excluído nos termos existentes, mas sim a admissão de um sentido de diferença e de futuridade na modernidade que estabelece para aquele tempo um futuro desconhecido, que acaba por somente produzir ansiedade naqueles que procuram vigiar suas fronteiras convencionais. Se pode haver uma modernidade sem fundacionalismo (e talvez seja isso o que entendemos por pós-modernidade), então ela será uma modernidade em que os termos essenciais de seu funcionamento não serão totalmente garantidos de antemão e que assumirá uma forma futura de política que não pode ser totalmente prevista: e essa será uma política tanto de esperança quanto de ansiedade, à qual Foucault nomeou "uma política do desconforto".

Eu tendo a concordar com a crítica de Bourdieu a algumas posições desconstrucionistas que afirmam que o ato de fala, em virtude de seus poderes internos, rompe com todos os contextos dos quais emerge. Esse simplesmente não é o caso, e está claro para mim, especialmente no que diz respeito ao discurso de ódio, que os contextos inerentes a certos atos de fala são muito difíceis de abalar. Por outro lado, eu gostaria de frisar a ideia de que o ato de fala, enquanto rito de instituição, é um ato cujos contextos nunca são totalmente determinados com antecedência e que a possibilidade de o ato de fala

Discurso de ódio

assumir um significado não ordinário, de funcionar em contextos aos quais não pertence, é exatamente a promessa política do performativo, que o posiciona no centro de uma política da hegemonia, que oferece um futuro político imprevisto para o pensamento desconstrucionista.

A abertura de contextos desconhecidos, no entanto, é claramente uma fonte de ansiedade para algumas pessoas. O desejo de não ter um futuro aberto pode ser poderoso. Nos cálculos políticos, é importante não subestimar a força do desejo de forcluir a futuridade. Essa é uma das razões pelas quais fazer determinadas perguntas é considerado perigoso e também porque vivemos um momento em que o trabalho intelectual é rebaixado na esfera pública e em que o anti-intelectualismo marca uma parte substancial do clima dentro da academia. Imagine a situação relatada por um dos meus alunos, que, ao ler um livro, pensou: "Eu não posso me fazer as perguntas aqui colocadas porque fazê-las seria duvidar das minhas convicções políticas, e duvidar das minhas convicções políticas poderia levar à dissolução dessas convicções". Nesse momento, o medo de pensar, na verdade, o medo de questionar, torna-se uma defesa moralizada da política, e o trabalho da vida intelectual e o trabalho da política são apartados um do outro. A política parece requerer um certo anti-intelectualismo. Relutar em repensar nossa posição política diante das questões que se colocam é optar por uma posição dogmática às custas tanto da vida como do pensamento.

Esse dogmatismo também se encontra na tentativa de circunscrever o discurso que fere, excita, ameaça e ofende. Seja a censura a formas particulares de representação ou a delimitação do domínio do próprio discurso público, o esforço para

Judith Butler

segurar as rédeas do discurso mina os movimentos políticos que visam explorar o discurso por seus efeitos insurrecionais. No mundo acadêmico, esse dogmatismo é encontrado na oposição intelectual às questões que desestabilizam nosso senso de realidade.

Questionar um termo – como "sujeito" ou "universalidade" – é se perguntar como ele funciona, de quais investimentos ele é objeto, que objetivos ele alcança, que alterações ele sofre. A vida mutável desse termo não exclui a possibilidade de o utilizarmos. Se um termo se torna questionável, isso significa que ele não pode mais ser usado e que só podemos usar os termos que *já sabemos como dominar*? Por que colocar uma pergunta a respeito de um termo equivaleria a proibir seu uso? Por que às vezes sentimos que, se um termo é desalojado de seus contextos anteriores e conhecidos, nós não poderemos viver, sobreviver, usar a linguagem ou falar por nós mesmos? Que garantia encontramos nesse esforço para remeter o ato de fala ao seu contexto de origem, e de que tipo de terror ele nos protege? É porque presumimos, de maneira ordinária, termos como "o sujeito" e "universalidade", e porque o sentido em que eles "devem" ser presumidos é *moral*, que eles assumem a forma de um imperativo e, como certas interdições morais, de uma proteção contra o que mais nos apavora? Não estamos paralisados pelo medo do futuro desconhecido das palavras, que nos impede tanto de questionar os termos de que precisamos para viver como de correr o risco de viver os termos que colocamos em questão?

Começamos pela observação de que o discurso de ódio coloca em questão a sobrevivência linguística, que ser chamado de um nome pode dar lugar a uma injúria, e concluímos

Discurso de ódio

pela observação de que esse chamamento por um nome pode ser o momento inicial de uma contramobilização. O nome pelo qual alguém é chamado pode tanto subordinar o indivíduo como capacitá-lo, produzindo uma cena de agência a partir da ambivalência, um conjunto de efeitos que excedem as intenções motivadoras do chamamento. Assumir o nome pelo qual se é chamado não é a simples submissão a uma autoridade preexistente, pois o nome já foi arrancado de seu contexto anterior e entrou em trabalho de autodefinição. A palavra que machuca se torna um instrumento de resistência na reorganização que destrói o território em que ela operava anteriormente. Tal reorganização significa falar palavras sem autorização prévia e colocar em risco a segurança da vida linguística, o sentido do nosso lugar na linguagem e o fato de que nossas palavras fazem o que nós dizemos. Esse risco, no entanto, a linguagem injuriosa já nos fez correr, uma vez que ela coloca em questão a sobrevivência linguística do destinatário. O discurso insurrecionário torna-se a resposta necessária à linguagem injuriosa, um risco que assumimos em resposta quando somos colocados em risco, uma repetição na linguagem que impõe a mudança.

Referências bibliográficas

AGAMBEN, G. States of Emergency. In: Universidade da Califórnia em Berkeley, nov. 1995.

AL-KASSIM, D. *On Pain of Speech*: Fantasies of the First Order and the Literary Rant. Berkeley: University of California Press, 2010.

ALTHUSSER, L. Ideology and Ideological State Apparatuses (Notes towards an Investigation). In: *Lenin and Philosophy, and Other Essays*. Trad. Ben Brewster. New York/London: Monthly Review Press, 1971. p.170-86. [Ed. bras.: *Ideologia e aparelhos ideológicos do Estado*. Trad. Joaquim José de Moura Ramos. Lisboa/São Paulo: Editorial Presença/Martins Fontes, s.d.]

ARENDT, H. *The Human Condition*. Chicago: University of Chicago Press, 1985. [Ed. bras.: *A condição humana*. Trad. Roberto Raposo. 10. ed. Rio de Janeiro: Forense Universitária, 2007.]

AUSTIN, J. L. *How to Do Things with Words*. Cambridge: Harvard University Press, 1962. [Ed. bras.: *Quando dizer é fazer*: palavras e ação. Trad. Danilo Marcondes de Souza Filho. Porto Alegre: Artes Médicas, 1990.]

BALIBAR, E. Racism as Universalism. In: *Masses, Classes, and Ideas*. Trad. James Swenson. New York: Routledge, 1994.

BENNETT, W.; TUCKER, C. D. Lyrics from the Gutter. *The New York Times*, section A, p. 29, 2 jun. 1995.

Judith Butler

BERGSON, H. *Matter and Memory.* New York: Zone Books, 1991. [Ed. bras.: *Matéria e memória*: ensaio sobre a relação do corpo com o espírito. Trad. Paulo Neves. São Paulo: Martins Fontes, 1999.]

BERSANI, L. *Homos.* Cambridge: Harvard University Press, 1995.

BOURDIEU, P. *The Logic of Practice.* Stanford University Press, 1990. [Ed. bras.: *O senso prático.* Trad. Maria Ferreira. Petrópolis: Vozes, 2009.]

_____. *Language and Symbolic Power.* Ed. John B. Thompson. Trad. Gino Raymond e Matthew Adamson. Cambridge: Harvard University Press, 1991. [Ed. bras.: *A economia das trocas linguísticas*: o que falar quer dizer. Trad. Sergio Miceli et al. 2. ed., 1. reimpr. São Paulo: Edusp, 2008.]

BROWN, W. *States of Injury.* Princeton: Princeton University Press, 1995.

_____. Freedom's Silences. In: POST, R. (Org.). *Censorship and Silencing.* Los Angeles: Getty Research Institute for the History of Art and the Humanities, 1998.

BURT, E. An Immediate Taste for Truth: Censoring History in Baudelaire's "Les Bijoux". In: POST, R. (Org.). *Censorship and Silencing.* Los Angeles: Getty Research Institute for the History of Art and the Humanities, 1998.

BURT, R. *Licensed by Authority*: Ben Johnson and the Discourses of Censorship. Ithaca: Cornell University Press, 1993.

_____. Uncensoring in Detail. In: Getty Center, dez. 1995.

BURT, R. (Org.). *The Administration of Aesthetics*: Censorship, Political Criticism, and the Public Sphere. Minneapolis: University of Minnesota Press, 1994.

BUTLER, J. The Force of Fantasy: Mapplethorpe, Feminism, and Discursive Excess. *differences*: a Journal of Feminist Cultural Studies, v.2, n.2, p.105-25, 1990.

_____. Burning Acts: Injurious Speech. In: SEDGWICK, E. K.; PARKER, A. (Org.). *Performativity and Performance* [Performatividade e performance]. New York: Routledge, 1995. [Publ. orig.: HAVERKAMP, A. (Org.). *Deconstruction Is/In America*: a New Sense

Discurso de ódio

of the Political. New York: New York University Press, 1995, p.149-80.]

BUTLER, J. Conscience Doth Make Subjects of Us All. *The Psychic Life of Power*: Theories in Subjection. Stanford: Stanford University Press, 1997. [Publ. orig.: *Yale French Studies*, n.88, p.6-26, 1995.]

_____. *The Psychic Life of Power*: Theories in Subjection. Stanford: Stanford University Press, 1997.

_____. Sovereign Performatives in the Contemporary Scene of Utterance. *Critical Inquiry*, Chicago, v.23, n.2, 1997, p.350-77.

CARUTH, C. Psychoanalysis, Culture, and Trauma. *American Imago*, v.48, n.1, p.1-12, 1991.

CAVELL, S. *A Pitch of Philosophy*: Autobiographical Exercises. Cambridge: Harvard University Press, 1994.

_____. What Did Derrida Want of Austin? In: *Philosophical Passages*: Wittgenstein, Emerson, Austin, Derrida. Cambridge/Oxford: Basil Blackwell, 1995. (The Bucknell Lectures in Literary Theory.)

CORNELL, D. *The Imaginary Domain*. New York: Routledge, 1995.

COVER, R. M. Violence and the Word. *Yale Law Journal*, New Haven, v.95, n.1, p.1601-29, 1986. [Ed. bras.: Violência e a palavra. Trad. Maurício Pedroso Flores. *Revista da Faculdade de Direito do Sul de Minas*, Pouso Alegre, v.35, n.2, p.1-33, jul.-dez. 2019.]

CRENSHAW, K. W. Beyond Racism and Misogyny: Black Feminism and 2 Live Crew. In: MATSUDA, M. J. et al. (Org.). *Words that Wound*: Critical Race Theory, Assaultive Speech and the First Amendment. Boulder: Westview Press, 1993.

DERRIDA, J. Structure, Sign, and Play in the Discourse of the Human Sciences. In: *Writing and Difference*. Trad. Alan Bass. Chicago: University of Chicago Press, 1978. p.278-94. [Ed. bras.: A estrutura, o signo e o jogo no discurso das ciências humanas. In: *A escritura e a diferença*. Trad. Maria Beatriz Marques Nizza da Silva, Pedro Leite Lopes e Pérola de Carvalho. São Paulo: Perspectiva, 1971. p.229-49.]

_____. Signature Event Context. In: *Limited Inc*. Trad. Samuel Weber e Jeffrey Mehlman. Evanston: Northwestern University Press,

Judith Butler

1988. p.1-23. [Ed. bras.: Assinatura acontecimento contexto. In: *Margens da filosofia*. Trad. Joaquim Torres Costa e António M. Magalhães. Rev. téc. Constança Marcondes Cesar. Campinas: Papirus, 1991.]

FELMAN, S. *The Literary Speech Act*: Don Juan with J. L. Austin, or Seduction in Two Languages. Trad. Catherine Porter. Ithaca: Cornell University Press, 1983. [Publ. orig.: *Le Scandale du corps parlant*. Paris: Seuil, 1980.]

FELMAN, S.; LAUB, D. *Testimony*: Crisis of Witnessing in Literature, Psychoanalysis, and History. New York: Routledge, 1992.

FERGUSON, F. Pornography: the Theory. *Critical Inquiry*, v.21, n.3, p.670-95, 1995.

FISS, O. *The Irony of Free Speech*. Cambridge: Harvard University Press, 1996.

FOUCAULT, M. Two Lectures. In: GORDON, C. (Org.). *Power/Knowledge*: Selected Interviews and Other Writings 1972-1977. Trad. Colin Gordon et al. New York: Pantheon Books, 1980.

_____. *História da sexualidade*, v.1: *A vontade de saber*. Trad. Maria Thereza da Costa Albuquerque e J. A. Guilhon Albuquerque. Rio de Janeiro: Graal, 1988.

_____. Politics and the Study of Discourse. In: BURCHELL, G.; GORDON, C.; MILLER, P. (Org.). *The Foucault Effect*: Studies in Governmentality. Chicago: University of Chicago Press, 1991.

FREGE, G. On Sense and Reference. In: GEACH, P.; BLACK, M. (Org.). *Translations from the Philosophical Writings of Gottlob Frege*. Trad. Max Black. Oxford: Oxford University Press, 1952.

FREUD, S. *Totem and Taboo*. Trad. James Strachey. New York: Norton, 1950. [Ed. bras.: *Totem e tabu, Contribuição à história do movimento psicanalítico e outros textos (1912-1914)*. Obras Completas, v.11. Trad. Paulo César de Souza. São Paulo: Companhia das Letras, 2012.]

_____. The History of an Infantile Neurosis. In: *The Standard Edition of the Complete Psychological Works of Sigmund Freud*, v.XVII. Trad. James Strachey et al. London: Hogarth Press, 1957. [Ed. bras.: *História de uma neurose infantil ("O homem dos lobos"), além do princípio do prazer*

Discurso de ódio

e outros textos (1917-1920). Obras Completas, v.14. Trad. Paulo César de Souza. São Paulo: Companhia das Letras, 2010.]

FREUD, S. On Narcissism: an Introduction (1914). In: *The Standard Edition of the Complete Psychological Works of Sigmund Freud*, v.XIV. Trad. James Strachey et al. London: Hogarth Press, 1957.

_____. The Three Essays on the Theory of Sexuality. In: *The Standard Edition of the Complete Psychological Works of Sigmund Freud*, v.VII. Trad. James Strachey et al. London: Hogarth Press, 1957. [Ed. bras.: *Três ensaios sobre a teoria da sexualidade, análise fragmentária de uma histeria ("O caso Dora") e outros textos (1901-1905)*. Obras Completas, v.6. Trad. Paulo César de Souza. São Paulo: Companhia das Letras, 2016.]

_____. *Civilization and its Discontents*. Trad. James Strachey. New York: Norton, 1961. [Ed. bras.: O mal-estar na civilização. In: *O mal-estar na civilização, novas conferências introdutórias e outros textos (1930-1936)*. Obras Completas, v.18. Trad. Paulo César de Souza. São Paulo: Companhia das Letras, 2011.]

_____. On Narcissism: an Introduction (1914). In: *General Psychological Theory*: Papers on Metapsychology. New York: MacMillan, 1963. p.56-82. [Ed. bras.: Introdução ao narcisismo. In: *Introdução ao narcisismo, ensaios de metapsicologia e outros textos (1914-1916)*. Obras Completas, v.12. Trad. Paulo César de Souza. São Paulo: Companhia das Letras, 2010.]

_____. On the Mechanism of Paranoia (1911). In: *General Psychological Theory*: Papers on Metapsychology. New York: MacMillan, 1963. p.29-48. [Ed. bras.: Sobre o mecanismo da paranoia. In: *O caso Schreber e outros textos (1911-1913)*. Obras Completas, v.10. Trad. Paulo César de Souza. São Paulo: Companhia das Letras, 2010.]

GADAMER, H.-G. *Truth and Method*. New York: Seabury Press, 1991. [Ed. bras.: *Verdade e método*: traços fundamentais de uma hermenêutica filosófica. Trad. Flávio Paulo Meurer. 3. ed. Petrópolis: Vozes, 1997.]

GREENAWALT, K. *Fighting Words*: Individual, Communities, and Liberties of Speech. Princeton: Princeton University Press, 1995.

Judith Butler

HABERMAS, J. *The Philosophical Discourse of Modernity*. Trad. Frederick Lawrence. Cambridge: MIT Press, 1987. [Ed. bras.: *O discurso filosófico da modernidade*: doze lições. Trad. Luiz Sérgio Repa e Rodnei Nascimento. São Paulo, Martins Fontes, 2000.]

HALLEY, J. The Status/Conduct Distinction in the 1993 Revisions to Military Anti-Gay Policy. *GLQ: a Journal of Lesbian and Gay Studies*, v.3, n.2-3, p. 159-252, jun. 1996.

HANKS, W. F. Notes on Semantics in Linguistic Practice. In: CALHOUN, C.; LIPUMA, E.; POSTONE, M. (Org.). *Bourdieu*: Critical Perspectives. Chicago: University of Chicago Press, 1993. p.139-54.

HARTMAN, S. *Scenes of Subjection*: Terror, Slavery, and Self-Making in Nineteenth-Century America. New York: Oxford University Press, 1997.

HEIDEGGER, M. *Being and Time*. Trad. John Macquarrie e Edward Robinson. New York: Harper & Row, 1962. [Ed. bras.: *Ser e tempo*. Trad. Márcia Sá Cavalcante Schuback. 15. ed. Petrópolis/Bragança Paulista: Vozes/EdUSF, 2005. 2 v.]

HJORT, M. (Org.). *Rules and Conventions*: Literature, Philosophy, Social Theory. Baltimore: Johns Hopkins University Press, 1992.

LACLAU, E.; MOUFFE, C. *Hegemony and Socialist Strategy*. London: Verso, 1986. [Ed. bras.: *Hegemonia e estratégia socialista*: por uma política democrática radical. Trad. Joanildo A. Burity, Josias de Paula Jr. e Aécio Amaral. São Paulo: Intermeios, 2015.]

LACOUR, C. B. The Temporality of Convention: Convention Theory and Romanticism. In: HJORT, M. (Org.). *Rules and Conventions*: Literature, Philosophy, Social Theory. Baltimore: Johns Hopkins University Press, 1992.

LANGTON, R. Speech Acts and Unspeakable Acts. *Philosophy and Public Affairs*, v.22, n.4, p.293-330, 1993.

LAPLANCHE, J.; PONTALIS, J.-B. *Vocabulaire de la psychanalyse*. Paris: Presses universitaires de France, 1967. [Ed. bras.: *Vocabulário da psicanálise*. Trad. Pedro Tamen. 4. ed. São Paulo: Martins Fontes, 2001.]

LAWRENCE III, C. If He Hollers Let Him Go: Regulating Racist Speech on Campus. In: MATSUDA, M. J. et al. (Org.). *Words that Wound*: Critical Race Theory, Assaultive Speech and the First Amendment. Boulder: Westview Press, 1993.

LEWIS, D. K. *Convention*: a Philosophical Study. Cambridge: Harvard University Press, 1986.

LIPSITZ, G. Censorship of Commercial Culture: Silencing Social Memory and Suppressing Social Theory. In: Getty Center, Los Angeles, dez. 1995.

MACKINNON, C. *Only Words*. Cambridge: Harvard University Press, 1993.

MATSUDA, M. J. et al. (Org.). *Words that Wound*: Critical Race Theory, Assaultive Speech, and the First Amendment. Boulder: Westview Press, 1993.

MERLEAU-PONTY, M. *The Phenomenology of Perception*. Trad. Colin Smith. London: Routledge & Kegan Paul, 1962. [Ed. bras.: *Fenomenologia da percepção*. Trad. Carlos Alberto Ribeiro de Moura. 2. ed. São Paulo: Martins Fontes, 1999.]

MICHELMAN, F. I. Conceptions of Democracy in American Constitutional Argument: the Case of Pornography Regulation. *Tennessee Law Review*, n.56, n.291, p.291-320, 1989.

MORRISON, T. Nobel Lecture, 7 dez. 1993. Disponível em: https://www.nobelprize.org/prizes/literature/1993/morrison/lecture/. Acesso em: 18 jun. 2020.

NIETZSCHE, F. *On the Genealogy of Morals*. Trad. Walter Kaufmann. New York: Vintage, 1989. [Ed. bras.: *Genealogia da moral*: uma polêmica. Trad. Paulo César de Souza. São Paulo: Companhia das Letras, 1998.]

OWENS, C. *Beyond Recognition*: Representation, Power, and Culture. Ed. Scott Bryson. Berkeley: University of California Press, 1992.

PARELES, J. An Album is Judged Obscene; Rap: Slick, Violent, Nasty and, Maybe Helpful. *The New York Times*, section 4, p.1, 17 jun. 1990. Disponível em: https://www.nytimes.com/1990/06/17/weekinreview/an-album-is-judged-obscene-

-rap-slick-violent-nasty-and-maybe-hopeful.html. Acesso em: 30 jul. 2020.

THE PENTAGON'S New Policy Guidelines on Homosexuals in the Military. *The New York Times*, section A, p.16, 20 jul. 1993.

POCOCK, J. G. A. Verbalizing a Political Act: towards a Politics of Speech. In: SHAPIRO, M. J. *Language and Politics*. New York: New York University Press, 1984. p.25-43.

POST, R. C. Racist Speech, Democracy, and the First Amendment. In: GATES H. L. et al. *Speaking of Race, Speaking of Sex*: Hate Speech, Civil Rights, and Civil Liberties. New York: New York University Press, 1994. p.115-80.

_____. Recuperating First Amendment Doctrine. *Stanford Law Review*, v.47, n.6, p.1249-81, jul. 1995.

ROSE, T. *Black Noise*: Rap Music and Black Culture in Contemporary America. Hanover: New England Universities Press, 1994.

RUBENSTEIN, W. B. The "Hate Speech" Debate from a Lesbian/Gay Perspective. In: GATES, JR., Henry Louis et al. (Org.). *Speaking of Race, Speaking of Sex*: Hate Speech, Civil Rights, and Civil Liberties. New York: New York University Press, 1994. p.280-99.

SCARRY, E. *The Body in Pain*: the Making and Unmaking of the World. New York: Oxford University Press, 1985.

SCHATZKI, T. R. Overdue Analysis of Bourdieu's Theory of Practice. *Inquiry*: an Interdisciplinary Journal of Philosophy, v.30, n.1-2, p.113-35, mar. 1987.

SCHULTZ, V. Women "Before the Law". In: BUTLER, J.; SCOTT, J. W. (Org.). *Feminists Theorize the Political*. New York: Routledge, 1993.

SCOTT, J. W. *Only Paradoxes to Offer*: French Feminists and the Rights of Man. Cambridge: Harvard University Press, 1996.

SPIVAK, G. C. In a Word. Interview. Entr. Ellen Rooney. *differences*: a Journal of Feminist Cultural Studies, v.1, n.2, p.124-56, 1989.

TAYLOR, C. To Follow a Rule... In: CALHOUN, C.; LIPUMA, E.; POSTONE, M. (Org.). *Bourdieu*: Critical Perspectives. Chicago: University of Chicago Press, 1993.

Discurso de ódio

THOMAS, K. The Eclipse of Reason: a Rhetorical Reading of *Bowers vs. Hardwick*. *Virginia Law Review*, v.79, 1993.

WILLIAMS, P. *The Alchemy of Race and Rights*. Cambridge: Harvard University Press, 1991.

ŽIŽEK, S. *The Sublime Object of Ideology*. London/New York: Verso, 1989.

Índice remissivo

2 Live Crew, 113n, 128

ação afirmativa, 157-8, 224-5
Agamben, Giorgio, 178
aids, 44-6, 186, 191, 206
Al-Kassim, Dina, 219n
Althusser, Louis, 12, 48-51, 59-62, 246-7, 249-50n, 251-4
Arendt, Hannah, 219n
Artigo VII, 111
Austin, J. L., 11, 13-5, 25-6, 26-7n, 28-9, 34-41, 48-51, 64n, 77-8, 85-6, 88, 139, 141, 188-90, 238-40, 242-4, 246-8, 250-1

Balibar, Étienne, 151-2
Bell, Derrick, 169
Bennett, William, 45-6
Benveniste, Émile, 51n, 57-8
Bergson, Henri, 252-3n

Bersani, Leo, 207-8n
Bhabha, Homi, 9, 154-5
Bourdieu, Pierre, 14n, 58-9n, 221, 232-6, 237-51, 252-8, 264-5
Brown, Wendy, 9, 77n, 158n, 224-5
Burt, Ellen, 212n
Burt, Richard, 211n

Cavell, Stanley, 49n, 64n
Chaplinsky v. New Hampshire, 91, 96-7, 99n, 110n
Cláusula de Proteção Igualitária, 83-4, 113-4, 130, 145, 178
Clinton, Bill, 131-2, 178
Cornell, Drucilla, 9, 153n
Cover, Robert, 82-5, 93
Crenshaw, Kimberlé, 113n

De Man, Paul, 79-80

Delgado, Richard, 16-7, 82, 113-5, 163-4, 168-9

Derrida, Jacques, 11, 14*n*, 49*n*, 88, 141*n*, 226-7*n*, 230*n*, 232, 237-40, 242-8, 263*n*

Felman, Shoshana, 25-7, 34-5, 51*n*, 68*n*, 141*n*, 232-3, 248-9, 255

Ferguson, Francis, 210*n*

Fiss, Owen, 153*n*

Forças Armadas dos Estados Unidos, 30-1, 44, 72, 114-5, 128-9, 131-2, 164-5, 173-96, 201-2, 204-6, 214-8, 223-4

Foucault, Michel, 55-6, 65-7, 127, 134-7, 158-9, 188-9, 195*n*, 207-8, 217*n*, 232-3, 263-4

Frege, Gottlob, 31*n*

Freud, Sigmund, 52-3, 144, 159*n*, 160-1, 182-5, 191-201, 226-7*n*

Gadamer, Hans-Georg, 67*n*

Gates Jr., Henry Louis, 128-9, 131*n*, 209, 210*n*

Gilroy, Paul, 263

Greenawalt, Kent, 42*n*

Habermas, Jürgen, 58*n*, 147-50, 154, 239-40

Halley, Janet, 9, 173-5*n*, 179, 214-5*n*

Hanks, William, 58-9*n*

Hartman, Saidiya, 223-4

Hegel, G. W. F., 17, 52-3

Heidegger, Martin, 58-9*n*, 67*n*, 234-6

Helms, Jesse, 112-3

Hill, Anita, 73, 142-6, 148-9, 161

Holmes, juiz, 99-101*n*

Ice-T, 167-8

Kennedy, juiz Anthony, 91-3

King, Rodney, 104-5, 112-3

Lacan, Jacques, 26-7*n*, 51*n*, 56, 222-3, 226-7*n*

Laclau, Ernesto, 182*n*

Lacour, Claudia Brodsky, 49*n*

Langton, Rae, 37-8, 144-5, 147, 156, 158, 160, 225-6

Laplanche, Jean, 226-7

Laub, Dori, 47*n*

Lawrence III, Charles, 16-7, 84*n*, 92*n*, 106, 113-4, 163-4

Lewis, David, 49*n*

Lipsitz, George, 30-1*n*

MacKinnon, Catharine, 37-9, 42-4, 109-11, 113-5, 115-20, 126-7, 141-6, 147, 156, 158-61, 166, 188, 209-10

Mapplethorpe, Robert, 44-5, 164-5, 213*n*

Discurso de ódio

Matsuda, Mari, 16-7, 38-41, 106, 113-4, 124-5n, 125-7, 129-31, 135-6, 149-51, 154, 156, 163-7
Merleau-Ponty, Maurice, 252-4
Michelman, Frank, 83-4n
Miller v. California, 109-2, 128-9
Mitchell, Todd, 106-9
Morrison, Toni, 19-29, 102n, 248-9
Mouffe, Chantal, 182n

New York v. Ferber, 109-11
Nietzsche, Friedrich, 79-82
Novas Diretrizes de Políticas sobre Homossexuais nas Forças Armadas, 173-4n

Owens, Craig, 183n

Parks, Rosa, 241-2
Pascal, Blaise, 49-50, 252-4
Pocock, J. G. A., 53n
Política do Departamento de Defesa a respeito dos Homossexuais nas Forças Armadas 173-6, 178, 180
Pontalis, J.-B., 226-7
Post, Robert, 9, 77n, 85n, 137n, 210n, 216n
Primeira Emenda (à Constituição dos Estados Unidos), 41, 41-2n, 46-8, 90-6, 99-101n, 112-5, 115-7, 123-6, 131n, 137n, 145-6, 173-5n, 178, 210n

R. A. V. v. St. Paul, 41-2, 44, 90, 91n, 94n, 96n, 97n, 99-101n, 103-4n, 106-9, 111n, 164-5
Rabin, Yitzhak, 43-4
Rehnquist, juiz William, 91-3, 106-8
Resoluções do Conselho Administrativo da Universidade da Califórnia, SP-1 e SP-2, 224-5n
Ricoeur, Paul, 195-6
Rose, Tricia, 30-1n
Rubenstein, William, 131n

Salt N Pepa, 128-9
Scalia, juiz Antonin, 91-8, 100-1, 103-4n, 104-5, 109-11, 164-5
Scarry, Elaine, 18-9
Schatzki, Theodore, 255n
Schultz, Vicki, 224n
Scott, Joan, 9, 156n
Souter, juiz David, 91-3
Spence v. Washington, 137n
Spivak, Gayatri, 237n
St. Paul Bias Motivated Crime Ordinance, 91n
Stevens, juiz John Paul, 99-101n, 100-3, 103-4n

Taylor, Charles, 221, 232

The New York Times, 114n, 129n, 173-5n, 186n

Thomas, juiz Clarence, 73n, 91-3

Thomas, Kendall, 85-6, 103-4n

Tucker, C. Delores, 44-6

White, juiz Byron, 99-101n

Williams, Patricia, 39n

Wisconsin v. Mitchell, 106-8

Žižek, Slavoj, 259n

SOBRE O LIVRO

Formato: 14 x 21 cm
Mancha: 23 x 44 paicas
Tipologia: Venetian 301 12,5/16
Papel: Off-white 80 g/m² (miolo)
Cartão Supremo 250 g/m² (capa)

1ª edição Editora Unesp: 2021

EQUIPE DE REALIZAÇÃO

Edição de texto
Bibiana Leme (Copidesque)
Carmen T. S. Costa (Revisão)

Capa
Marcelo Girard

Editoração eletrônica
Sergio Gzeschnik (Diagramação)

Assitência editorial
Alberto Bononi
Gabriel Joppert

Rettec
artes
gráficas
e editora

Rua Xavier Curado, 388 • Ipiranga - SP • 04210 100
Tel.: (11) 2063 7000 • Fax: (11) 2061 8709
rettec@rettec.com.br • www.rettec.com.br